Danos ao Trabalhador Decorrentes do Ambiente de Trabalho

EDITORA AFILIADA

O livro é a porta que se abre para a realização do homem.

Jair Lot Vieira

Marta Gueller

Danos ao Trabalhador Decorrentes do Ambiente de Trabalho

Conceito de risco ambiental
Responsabilidade civil
Ações regressivas

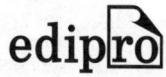

Danos ao Trabalhador Decorrentes
do Ambiente de Trabalho

Conceito de risco ambiental - Responsabilidade civil - Ações regressivas

Marta Gueller

© desta edição: Edipro Edições Profissionais Ltda. – CNPJ nº 47.640.982/0001-40

1ª Edição 2012

Editores: Jair Lot Vieira e Maíra Lot Vieira Micales
Produção editorial: Murilo Oliveira de Castro Coelho
Assessor editorial: Flávio Ramalho
Revisão: Tatiana Tanaka
Arte: Karina Tenório e Danielle Mariotin

Dados Internacionais de Catalogação na Publicação (CIP)
(Câmara Brasileira do Livro, SP, Brasil)

Gueller, Marta Maria Ruffini Penteado
    Danos ao trabalhador decorrentes do ambiente de trabalho : preservação da saúde do trabalhador financiamento dos benefícios previdenciários : riscos no ambiente de trabalho / Marta Maria Ruffini Penteado Gueller. – São Paulo : EDIPRO, 2012.

Bibliografia.
ISBN 978-85-7283-788-0

1. Ambiente de trabalho 2. Danos (Direito civil) - Brasil 3. Direito do trabalho - Brasil 4. Meio ambiente 5. Trabalhadores - Saúde I. Título.

11-14342   CDU-34:331.822(81)

Índices para catálogo sistemático:
1. Brasil : Meio ambiente do trabalho e saúde do trabalhador
: Direito do trabalho 34:331.822(81)

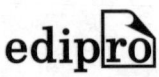

edições profissionais ltda.
São Paulo: Fone (11) 3107-4788 – Fax (11) 3107-0061
Bauru: Fone (14) 3234-4121 – Fax (14) 3234-4122
www.edipro.com.br

Sumário

Apresentação 11

Prefácio 13

Introdução 17

capítulo I Saúde

    1.1. A importância do pensamento filosófico contemporâneo
na formação do conceito de saúde..23

        1.1.1. Considerações iniciais 23

        1.1.2. O conceito de saúde 25

        1.1.3. O pensamento contemporâneo sobre a ciência 28

    1.2. Aspectos históricos, políticos, sociais e econômicos do
Brasil que influenciaram o tratamento legal dado à saúde...........38

        1.2.1. O período após a 2ª Guerra Mundial e a Constituição
Federal de 1988 38

capítulo II A saúde na Constituição Federal de 1988

    2.1. A saúde na Constituição Federal de 1988...............................53

        2.1.1. Conceito de seguridade social adotado
pelo constituinte de 1988 60

        2.1.2. Diretrizes constitucionais para as ações e serviços de saúde 65

    2.2. Reserva do possível e efetividade da cobertura
universal da saúde...68

capítulo III SAÚDE DO TRABALHADOR E MEIO AMBIENTE DO TRABALHO

3.1. Aspectos históricos, políticos, sociais e econômicos do Brasil e suas consequências para a saúde do trabalhador na vigência da Constituição Federal de 1988 89

3.2. A saúde e os demais ramos do Direito 110

    3.2.1. A relevância pública das ações e serviços de saúde 112

    3.2.2. A saúde do trabalhador e os benefícios previdenciários decorrentes dos riscos ambientais do trabalho 116

3.3. O meio ambiente e o meio ambiente do trabalho 123

capítulo IV A NOVA METODOLOGIA PARA O FINANCIAMENTO DOS BENEFÍCIOS DO REGIME GERAL DECORRENTES DOS RISCOS AMBIENTAIS DO TRABALHO

4.1. Nota introdutória 137

    4.1.1. Histórico legislativo do financiamento dos benefícios previdenciários do regime geral decorrentes dos riscos ambientais do trabalho 138

4.2. Conceito de risco ambiental do trabalho 152

4.3. Princípios constitucionais aplicáveis ao financiamento das prestações previdenciárias decorrentes dos riscos ambientais do trabalho 161

    4.3.1. Princípio da reserva da lei e a hipótese de incidência tributária 163

        4.3.1.1. Hipóteses de incidência para o financiamento dos benefícios decorrentes de riscos ambientais do trabalho 170

    4.3.2. Princípio da referibilidade entre a atividade estatal e o sujeito passivo 180

    4.3.3. A equidade na forma de participação do custeio 181

    4.3.4. Da decadência do direito da seguridade apurar, constituir e cobrar as contribuições devidas pelos contribuintes 184

4.4. A nova metodologia para o financiamento do risco ambiental do trabalho: benefícios acidentários e aposentadorias especiais 187

    4.4.1. O custeio do risco acidentário e das aposentadorias especiais 187

    4.4.2. Da natureza da atividade empresarial 191

4.5. NTEP – Nexo Técnico Epidemiológico Previdenciário: afastamentos decorrentes de doenças relacionadas ao trabalho 199

    4.5.1. Introdução 199

    4.5.2. Os dados estatísticos que fundamentam o NTEP 201

    4.5.3. Conceito e fundamento legal 204

    4.5.4. A inversão do ônus da prova 205

        4.5.4.1. O controle administrativo do risco acidentário 206

4.6. Do Fator Acidentário de Prevenção – FAP 210

    4.6.1. Introdução 210

    4.6.2. Frequência, gravidade e custo dos benefícios previdenciários relacionados a riscos ambientais do trabalho (doença, sequela definitiva, invalidez e morte) 212

    4.6.3. Os objetivos e marco inicial da nova metodologia 215

capítulo V A RESPONSABILIDADE CIVIL DO EMPREGADOR E AS AÇÕES REGRESSIVAS

5.1. Da obrigação de fazer que antecede a responsabilidade civil do empregador 221

5.2. A responsabilidade solidária dos sócios da empresa 223

5.3. A responsabilidade administrativa do empregador decorrente do autoenquadramento tributário, efetuado em desacordo com a lei 225

5.4. Responsabilidade criminal do empregador 226

5.5. Responsabilidade civil por ato ilícito do empregador: as ações regressivas 229

    5.5.1. Natureza jurídica da ação regressiva de autoria do INSS 236

    5.5.2. Prazo prescricional para o INSS ajuizar da ação regressiva 238

    5.5.3. Competência para o julgamento da ação regressiva 239

5.6. Responsabilidade civil do empregador decorrente de ato ilícito: o dever de indenizar o empregado e seus familiares 239

CONCLUSÕES 247

REFERÊNCIAS 255

OUTRAS FONTES DE PESQUISA 269
    Internet 269
    Jornais e revistas...270
    Teatro..271
    Cinema..272
    Televisão 272
    Música...272
    Anexo..272

À Heloisa Hernandez Derzi, Miguel Hovarth Jr. e Daniel Pulino pela dedicação que demonstraram nas diversas leituras durante o período de sistematização deste trabalho.

A Wagner Balera, pelo apoio que sempre me deu desde a graduação; por ter aberto, generosamente, sua biblioteca para minha pesquisa e, ainda, pela sugestão da abordagem do tema deste livro.

Aos meus pais, Maria e Nestor, pelo apoio dado quando eu, adolescente, fiz, ao mesmo tempo, três opções profissionais diferentes, e por terem me mostrado, nos momentos difíceis, que eu poderia continuar acreditando na minha capacidade de continuar fazendo escolhas.

Aos meus amigos dos grupos de estudos de direitos humanos e previdenciário, especialmente a Heloisa Hernandez Derzi, Zélia Luiza Pierdoná, Eduardo Dias de Souza Ferreira e Vanessa Carla Vidutto Berman, com quem partilhei teses e discussões jurídicas em seus aspectos mais criativos, dinâmicos e inteligentes.

Para Marcelo Gueller e para os meus filhos Pedro e Maurício, com o meu amor.

Apresentação

"Todos têm direito ao meio ambiente ecologicamente equilibrado, bem de uso comum do povo e essencial à sadia qualidade de vida, impondo-se ao Poder Público e à coletividade o dever de defendê-lo e preservá-lo para as presentes e futuras gerações". (Constituição Federal de 1988, artigo 225)

O presente estudo objetivou apresentar material de pesquisa sobre a saúde do trabalhador e a nova metodologia para o financiamento dos benefícios previdenciários decorrentes dos riscos ambientais no ambiente de trabalho, apontando a repercussão da nova sistemática para os empregadores e seus empregados, bem como para toda a sociedade.

Para melhor desenvolvimento do tema, optamos por demonstrar a abrangência do conceito de saúde e da integridade dos trabalhadores, abordando as diretrizes constitucionais adotadas para a problemática e a importância do orçamento público na prestação dos serviços de saúde pública e privada frente aos avanços tecnológicos criados para serem consumidos pela coletividade protegida.

É importante, para a nossa reflexão, que haja uma definição entre saúde, bem-estar e dignidade da pessoa humana, assim como a colocação da saúde pública no cenário contemporâneo, guiada por princípios constitucionais.

O estudo da nova metodologia para o financiamento dos benefícios do Regime Geral de Previdência Social (RGPS), concedidos em decorrência de riscos ambientais existentes ou que venham a existir no ambiente de trabalho, nos levaram a abordar a necessidade de preservação do meio ambiente do trabalho, o respeito à saúde pública e os aspectos garantidores do desenvolvimento sustentável. Essa abordagem se fundamenta em valores sociais da economia de nossa época, na participação governamental e também de todos os envolvidos com a preservação da saúde e da integridade dos trabalhadores.

Marta Maria Ruffini Penteado Gueller

Prefácio

Da extensa pauta de direitos sociais que foi catalogada na Constituição de 1988, merece destaque o cuidado das questões ambientais, particularmente o do meio ambiente do trabalho.

Esse tema interessa de perto ao direito previdenciário, notadamente porque os riscos ambientais do trabalho devem ser corretamente avaliados, a fim de que se garanta não apenas a respectiva prevenção, mas, igualmente, a reparação dos danos provocados à saúde e integridade física do trabalhador, que devem ser custeados, diretamente, por aqueles que os causem.

Neste estudo, cuidou-se, precisamente, do moderno método de custeio das prestações decorrentes da verificação, no plano fático, dos riscos ambientais do trabalho.

O exame da questão foi colocado dentro da moldura mais abrangente do direito à saúde e do direito à previdência social, elementos componentes da tríade constitucional da seguridade social, o mais importante dos programas de proteção criados pela Lei Suprema.

A autora percebeu, claramente, que a valorização do trabalho humano depende de um complexo de medidas próprias do estado do bem-estar e, nesse contexto, a saúde do trabalhador sobressai como o dado mais importante, por ser expressão da dignidade humana.

É evidente que o financiamento da seguridade social, como bem demonstra este estudo, deve ser proporcional ao custo que a atividade econômica da empresa acarreta para o sistema. Quanto maior o risco da atividade, maior deverá ser, proporcionalmente, a cota/parte da empresa no custeio previdenciário. Tal verdade, tão elementar, só agora começa a ser entendida e a metodologia aqui estudada com grande profundidade é a primeira tentativa de modelagem do tema. Ainda que esteja recheada de imperfeições, e mesmo que venha a suscitar contestações e questionamentos, será sem dúvida pauta importante para o encaminhamento mais justo da questão.

Demonstramos, aliás, que a meta da justiça social – objetivo da ordem social constitucional – será atingida mediante movimentos que se esgotam com a simples outorga de benefícios. Será necessário que as empresas firmem compromisso com medidas de prevenção e com a melhoria das condições ambientais em que o trabalho é desenvolvido.

Repleto de questões teóricas e técnicas de maior importância, o estudo revela que a sua autora é estudiosa, competente, conhecedora dos temas relevantes da nossa disciplina e, sobretudo, engajada na solução dos graves problemas que afligem a vida dos trabalhadores.

Aliás, este último aspecto – o engajamento social – caracteriza a trajetória profissional da autora. Advogada previdenciária militante, que defende de maneira aguerrida os direitos de milhares de beneficiários, revela seus dotes didáticos sempre que é chamada a se pronunciar, nos meios de comunicação social, sobre as mais atuais e relevantes questões previdenciárias, em espaço no qual a informação, se não for transmitida de maneira adequada, pode causar dúvidas e perplexidades. Ademais, com seu compromisso profissional e social claramente orientado, não tem se escusado de prestar sua colaboração com iniciativas dos setores populares, especialmente na formação cultural da comunidade, mediante elaboração de textos didáticos e de cartilhas de direito previdenciário que possam subsidiar as lutas dos segurados e de seus dependentes.

O livro é o resultado de anos de pesquisa e trabalho. Cumpriu sua finalidade acadêmica, enquanto Dissertação de Mestrado, conferindo à autora o grau de mestre em direito previdenciário pela Pontifícia Universidade Católica de São Paulo (PUC-SP). Agora, o livro parte para o seu novo e mais abrangente desafio: fazer doutrina e engajar os demais, estudiosos e interessados, nas suas instigantes propostas. Certamente, será muito bem-sucedido!

Wagner Balera
Titular da Faculdade de Direito
Coordenador da subárea de direito previdenciário do
Programa de Estudos Pós-Graduados em Direito da
Pontifícia Universidade Católica de São Paulo

Introdução

"...As leis são, portanto, pai e déspota num só, como explica Sócrates a seu amigo em Crito" (ARENDT, 2008, p. 244[1]).

No cenário mundial da atualidade, os Estados se preocupam com a proteção do meio ambiente (incluindo neste conceito o meio ambiente do trabalho) e com a saúde do trabalhador.

No Brasil, o legislador preocupou-se com a prevenção das doenças e consequente diminuição dos períodos de afastamentos do trabalhador, fazendo modificações na legislação para proporcionar o mais breve e desejável retorno do infortunado ao mercado de trabalho, visando não só a manutenção de sua dignidade, como igualmente sua reinserção no mercado de trabalho.

Por essa razão, julgamos importante trazer a nossa contribuição à doutrina sobre o tema que envolve não só o novo seguro de acidente de trabalho, mas principalmente a saúde do trabalhador e a nova metodologia para o financiamento dos benefícios do regime geral decorrentes dos riscos ambientais do trabalho, considerando que a nova sistemática valeu-se da aplicação de métodos graduais de tributação, visando à prevenção dos riscos ocupacionais do trabalho e à preservação da saúde do trabalhador.

---

1 H. Arendt. *A Promessa da política*, p. 244. O trecho citado foi escolhido por estar dentro do contexto que a pensadora faz da limitação da liberdade do homem na vida entre iguais.

Para melhor entendimento do tema proposto, a saúde foi abordada nos dois primeiros capítulos, o seu conceito, os aspectos históricos, políticos, sociais e econômicos do Brasil que influenciaram o seu tratamento legal, no período entre 1950 até a Constituição de 1988, passando à análise da saúde na Constituição Federal de 1988 e às diretrizes constitucionais adotadas para as ações e serviços de saúde.

No terceiro e quarto capítulos foi analisada a saúde do trabalhador, o meio ambiente do trabalho e a nova metodologia para o financiamento dos benefícios do regime geral decorrentes dos riscos ambientais do trabalho.

Optamos por conceituar o risco ambiental no meio ambiente do trabalho, demonstrando a abrangência do termo na lei de custeio e benefício da previdência social, passando, em seguida, ao custeio dos riscos ambientais do trabalho, que abrange o custeio do risco acidentário e da aposentadoria especial.

Notamos que no estado do bem-estar social e no que respeita os direitos humanos deve prevalecer o respeito à vida, à dignidade da pessoa humana, com garantia da universalidade da saúde, do emprego em meio ambiente saudável e da responsabilização do empregador pelos danos causados à saúde do trabalhador e aos cofres públicos, quando negligenciar as medidas de prevenção, por agir com culpa ou dolo.

Fizemos, ainda, breves considerações sobre o histórico legislativo do financiamento dos benefícios acidentários, com ênfase nos *princípios da legalidade, referibilidade* e *a equidade na forma de participação do custeio do risco acidentário.*

Como princípio organizador de seguridade social, a equidade almejada pela Emenda Constitucional nº 20/1998 pode ser resumida no seguinte conceito: a empresa que, em razão de sua atividade econômica, gerar maior risco e maior ônus social deverá verter maiores contribuições à seguridade social, em oposição àquela que investir na prevenção de acidentes e na exposição de seus trabalhadores a agentes físicos, químicos e biológicos, reduzindo a incidência de afastamentos do trabalhador dos postos de trabalho, bem como de concessões de aposentadorias precoces, denominadas especiais.

Especificamente, esse escopo consiste em demonstrar que a justiça social somente pode ser distribuída com igualdade se levar em conta a desigual condição jurídica dos diversos atores na cena social: os empregadores, seus empregados, os trabalhadores, de modo geral, o Estado e toda a sociedade, que contribuem para o sistema da previdência social e que tem à disposição o sistema universal de saúde pública, muitas vezes complementado por planos de saúde privados, subvencionados, total ou parcialmente, por seus empregadores, em apólices coletivas de trabalho.

A nova metodologia da aferição da alíquota para o Seguro contra Acidentes do Trabalho (SAT) será demonstrada com análise da criação do Nexo Técnico Epidemiológico (NTEP) e do Fator Acidentário Previdenciário (FAP), para, finalmente, abordarmos o controle administrativo do risco acidentário e o devido processo legal assegurado aos três sujeitos envolvidos na relação jurídica de concessão dos benefícios previdenciários, decorrentes de riscos ambientais do trabalho, devidos aos segurados do regime geral de previdência social.

No quinto e último capítulo foram tratadas as ações regressivas movidas pela União, por meio da Procuradoria Geral federal, em face dos empregadores que negligenciarem as normas de segurança do trabalho, analisando a natureza jurídica atual dessas demandas com o advento da nova metodologia para o financiamento dos riscos ocupacionais do trabalho.

A necessidade de a legislação previdenciária coibir a irresponsabilidade do empregador será observada, obrigando-o a fazer investimentos em programas de redução de riscos ocupacionais, capazes de proteger o trabalhador, reduzindo seu afastamento do trabalho e aposentadorias precoces.

O resultado esperado será a economia aos cofres públicos, decorrentes da provável diminuição, no futuro, de aposentadorias precoces e, ainda, da sinistralidade por riscos ambientais do trabalho. Também pode, por conseguinte, decorrer de dispêndio com o pagamento de benefícios daquelas naturezas, sem contar a economia com os custos da saúde pública e até mesmo privada, que possibilitará, ainda, a redução do custo dos planos de saúde coletivos, oferecidos pelos empregadores a seus empregados.

Uma questão importante tratada na doutrina pátria diz respeito à presunção do nexo de causalidade entre a atividade desenvolvida pelo empregador e a lesão causada em seus empregados, evitando casos de subnotificação da comunicação de acidente do trabalho, permitindo, ainda, o enquadramento unilateral do empregador em determinado grupo de risco, tendo como base dados individuais da empresa/contribuinte, como o custo aos cofres públicos dos benefícios e gastos com saúde de seus empregados, a frequência com que se dão os afastamentos na empresa, bem como, a gravidade das lesões causadas em função da atividade econômica da empresa empregadora.

Cabe indagar, portanto, se a interpretação da Administração seria vinculada ou comandaria concessões permitindo eventual valoração subjetiva e, portanto, discricionária no enquadramento do contribuinte entre aqueles que oferecem maior ou menor grau de risco.

Lembramos, finalmente, que os objetivos de desenvolvimento do milênio só serão alcançados com ajuda dos países ricos, que deverão, em plena crise econômica mundial, manter o apoio dado ao programa das Nações Unidas e à promessa de implementação de medidas de expansão do comércio e de abertura de novos mercados para as exportações, garantindo desta forma os empregos de milhares de brasileiros. De acordo com Rebeca Grynspan (2008), "para tanto será necessário que o Estado aumente a intensidade de suas ações nos próximos sete anos – nas áreas de saúde, renda, educação, recursos, nutrição – para pôr fim à pobreza e melhorar a equidade na América Latina e além dela".[2]

---

2   Trecho tirado do artigo "É preciso avançar no combate à pobreza", de Rebeca Grynspan, diretora regional para a América Latina e o Caribe do PNUD (Programa das Nações Unidas para o Desenvolvimento), publicado na seção Tendências e Debates do jornal *Folha de São Paulo*, de 26.10.2008, p. A3.

Abordaremos o tema proposto com base nos ensinamentos jurídicos e filosóficos desenvolvidos durante o nosso curso, fazendo o confronto entre entendimentos diferenciados dos estudiosos da matéria, demonstrando a importância do empenho de todos na garantia de dignidade ao trabalhador, visando o alcance dos objetivos de desenvolvimento do milênio que têm entre suas metas a melhoria das áreas de saúde e educação, diminuindo a pobreza, erradicando a fome e preservando o meio ambiente, assegurando a igualdade de tratamento a todos.

Os benefícios previdenciários decorrentes de risco ambiental do trabalho abrangem as aposentadorias especiais, além do auxílio-doença, aposentadoria por invalidez, pensão por morte e ainda, os serviços de reabilitação profissional, próteses e órteses.

Os benefícios previdenciários acidentários têm sua fonte constitucional de custeio previstas no artigo 7º, inciso XXVIII e 195, inciso I, letra "a", § 4º e ainda, no § 9º ao prever alíquotas ou bases de cálculo diferenciadas, em razão da atividade econômica do empregador, enquanto ao benefício de aposentadoria especial aplica-se apenas o artigo 195, I, "a", §§ 4º e 9º.

Optou-se por demonstrar[3] a nova metodologia para o financiamento dos benefícios por risco ocupacional do trabalho abrangendo

---

3   A nova metodologia para o custeio dos benefícios por incapacidade poderá ser a solução encontrada por M. Tahan, em *O homem que calculava*, 2008, 73ª ed., p. 21/23, para a divisão da herança deixada em testamento para três irmãos. O homem que calculava acrescentou um camelo aos 35 camelos deixados em herança a três filhos do testador, sendo que o filho mais velho deveria receber a metade, o do meio 1/3 e o mais novo 1/9 da herança. Como a divisão dos 35 camelos não era possível, pois o resultado não era exato e um único camelo não poderia ser dividido em partes, à herança foi acrescentado um camelo. O filho mais velho recebeu então 18 camelos (receberia antes 17 e meio), o do meio 12 camelos ao invés de 11 e pouco e ao mais novo couberam 4 camelos (receberia 3 e tanto) . Todos saíram lucrando e a soma da partilha (18+12+4) foi de 34 camelos. Dos 36, portanto, sobraram dois. Um foi devolvido ao doador e outro foi dado em pagamento ao homem que calculava, pela solução da controvérsia familiar. Da mesma forma, no custeio dos benefícios por incapacidade, a maior carga tributária permitirá que com maior investimento por parte dos empregadores na prevenção dos riscos ocupacionais haja diminuição do número de afastamentos acidentários, atualmente subnotificados. O empregador acrescentará até o dobro de sua contribuição ou a reduzirá à metade na proporção do investimento que fizer na prevenção.

os benefícios acidentários (artigo 7º e inciso XXVIII da Constituição Federal de 1988) e as aposentadorias especiais (artigo 7º, XII e XIV da Constituição Federal de 1988), como meio de fazer valer o princípio da equidade na forma de participação no custeio, previsto no artigo 194, inciso V combinado com o artigo 195, inciso I, letra "a" e §§ 4º e 9º,[4] este último aplicável ao nosso estudo em razão da atividade econômica do empregador ou empresa, ambos da Constituição Federal. Foi observada a legalidade tributária, a referibilidade do empregador, sujeito passivo da relação jurídica, para com o Estado na relação jurídica de custeio, objeto de nosso estudo, para assim garantir maior justiça social, desde que tomadas algumas cautelas que serão abordadas oportunamente, como o devido processo legal administrativo e judicial (TAHAN, 2008).

---

4 Desde a Emenda Constitucional nº 20/1998, a Constituição passou a prever que "as contribuições sociais – do empregador, da empresa e da entidade a ela equiparada na forma da lei, previstas no inciso I do *caput* do artigo 195 poderiam ter alíquotas ou bases de cálculo diferenciadas, *em razão da atividade econômica*, da utilização intensiva de mão de obra". A Emenda Constitucional nº 47 acrescentou a expressão "do porte da empresa ou da condição estrutural do mercado de trabalho" à redação do §9º.

capítulo I

Saúde

Não é evidente que se coloque para uma época o problema de sua legitimidade histórica, como tampouco é evidente que ela se compreenda em geral como época. Para a época moderna o problema está latente na pretensão de consumar, ou de poder consumar, uma ruptura radical com a tradição e no equívoco que essa pretensão representa em relação à realidade histórica, que nunca é capaz de recomeçar desde o princípio. (BLUMENBERG, 1966, p. 72)

1.1. A importância do pensamento filosófico contemporâneo[5] na formação do conceito de saúde

1.1.1. Considerações iniciais

O século XX foi marcado pela revolução científica.[6] Em 1929, a indústria farmacêutica com a ajuda de Fleming descobriu a penici-

---

5 J. Arruda, *A História Moderna e Contemporânea*, p. 11/36. O capitalismo nasce da crise do sistema feudal, sendo fruto do desenvolvimento do comércio, incentivado desde as Primeiras Cruzadas. Começou a ser desenhado por meio de um novo sistema econômico, social e político por volta do século XII, quando o trabalho passou a ser remunerado, em substituição ao trabalho feudal, ainda na Idade Média até se instalar totalmente na Europa Ocidental a partir do século XVI, dando início a um novo período histórico: os *Tempos Modernos*. No plano cultural, a Era Moderna é marcada pelo Renascimento que cultuava a antiguidade em detrimento à cultura medieval. A Reforma e a Contrarreforma também causaram modificações intelectuais importantes na Igreja. O capitalismo aprimora-se depois da Revolução Industrial, iniciada no século XVIII, na Inglaterra, se difundindo pelo mundo durante os séculos XIX e XX, já na era contemporânea.

6 Na matemática os trabalhos de Norbert Wiener desenvolveram a cibernética. Na física, depois da Teoria da Relatividade criada por Einstein, em 1916, Fermi construiu em Chi-

lina, um grande avanço na medicina. Em 1944, Seman Waksman descobriu um novo antibiótico: a estreptomicina. Em 1954, Jonas Salk inventou a vacina contra a poliomielite, aperfeiçoada mais tarde por Albert Sabin e utilizada em todo o mundo até os dias de hoje (ARRUDA, 1983).

Em 1967, o médico Cristian Barnard fez o primeiro transplante cardíaco e Zerbini repetiu com sucesso a experiência. Em 1972, surgiu o marcapasso cerebral utilizado em pacientes com epilepsia e mal de Parkinson. No Brasil, atualmente, são realizados inúmeros transplantes de fígado, medula óssea, rins, córneas, com elevada expectativa de sobrevida em razão do desenvolvimento de drogas contra rejeição do órgão transplantado.

Em 2009, foi realizado no país o transplante de coração mantendo em funcionamento o coração do receptor que passou a viver com dois corações, mas infelizmente o paciente sobreviveu apenas por duas semanas. A tentativa demonstra que as pesquisas se desenvolvem de forma célere.

---

cago o primeiro reator nuclear e Theodore Maiman demonstrou a existência do que anos mais tarde denominamos raio *laser*. Na Química, vários elementos novos foram inseridos na antiga Tabela Periódica dos Elementos Químicos. Na Biologia, estudos revelaram existência de diferentes grupos sanguíneos, com identificação de pelo menos 15 sistemas diversos. Em 1978, nasceu uma criança fecundada em um tubo de ensaio e mais recentemente nasceu a ovelha Dolly, clonada de células da ovelha-mãe, da qual é uma réplica. Os dados sobre pesquisas foram extraídos de *História Moderna e Contemporânea*, (ob cit.), p. 437/438. Não estamos ainda na era narrada no clássico romance de ficção científica escrito em 1941, *Admirável Mundo Novo*, de A. HUXLEY, tradução de Lino Vallandro e Vidal Serrano, Globo, 2005, mas muito próximos daquele mundo tão diferente descrito pelo romancista, conforme se depreende da leitura de folder de seguro-saúde da ACCESS – Administradora de Serviços de Saúde da Carteira Coletiva SulAmérica da Classe dos Advogados de São Paulo – CAASP –"por meio de uma tela em três dimensões de alta resolução, o médico analisa o interior do organismo do paciente, sem precisar manejar órgãos ou realizar procedimentos delicados com as próprias mãos. Em vez disso, controla, de uma cabine de comando, os braços de um robô e pinças cirúrgicas que reproduzem os movimentos do punho humano. Parece ficção científica, mas já é realidade" (texto extraído do folder disponível no site http://www.accessclube.com.br/nova3/informativo_1.asp, no link Cirurgias Robóticas).

Em 1961, a URSS realizou o primeiro voo orbital tripulado e em 1969, os EUA enviaram à Lua a nave Apolo 11, levando os astronautas Armstrong, Aldrin e Collins. Recentemente, o Brasil[7] enviou o astronauta e engenheiro Marcos Pontes ao espaço. O computador faz parte do cotidiano de todas as atividades econômicas e educacionais, no mundo todo, sendo instrumento de inclusão social, substituindo os meios de comunicação de massa (rádio e TV), tornando a globalização uma realidade, diminuindo as distâncias e acelerando a troca de informações por meio da internet, tornando obsoletos o telex e o fax.

Convivemos com a tecnologia diariamente e todo este desenvolvimento tecnológico tem reflexos na forma de pensarmos e de conceituarmos a saúde.

1.1.2. O conceito de saúde

A Organização Mundial da Saúde (OMS) define "saúde" como sendo um estado de bem-estar físico, mental e social e não meramente a ausência de doença.[8] Enquanto a referida organização faz sua definição com ênfase ao estado geral da pessoa, as diferentes áreas da medicina sempre priorizaram o estudo da doença e das formas de avaliar sua frequência e intensidade.

Conceituar doença não é simplesmente saber defini-la. Implica, pois, na possibilidade de se compreender sua história, suas consequências e, sobretudo, o ambiente em que está inserido o seu portador.

---

7   Em 18 de Outubro de 2005, a Agência Espacial Brasileira (AEB) e a Agência Espacial da Federação Russa (Roscosmos) assinaram um acordo que possibilitou a realização da primeira missão espacial tripulada brasileira, batizada como "Missão Centenário" em referência à comemoração dos 100 anos do voo de Santos Dumont.

8   Em 22 de julho de 1946 foi aprovada a Constituição da Organização Mundial de Saúde. No preâmbulo daquela Constituição, consta a seguinte definição: "A saúde é o estado de completo bem-estar físico, mental e social e não consiste apenas na ausência de doença ou de enfermidade".

Saúde, entre outras definições de Lo Zingarelli (1995),[9] pode ser definida como um processo investigativo focado no histórico dos diversos sujeitos, passíveis de contrair determinadas doenças, desenvolvendo relações de fato entre as causas das mesmas e a ausência de saúde.

Jacques Maritain,[10] discorrendo sobre os direitos fundamentais do homem, relaciona o direito à existência e à vida e o direito à integridade física como meio de obtenção da felicidade.[11] Daí podermos afirmar que o conceito de saúde envolve o de felicidade, que implica ter acesso à alimentação, ao vestuário, à moradia, ao lazer, ao saneamento básico e a todos os direitos sociais enumerados no *caput* do artigo 6º, da Constituição Brasileira de 1988.[12]

Compactuamos com o posicionamento de Oliveira Silva[13] para quem o direito à saúde é condição para uma vida digna e, para tanto, carece de uma proteção eficaz ao meio ambiente.

---

9   L. Zingarelli; N. Zingarelli. *Vocabulario Della Lingua Italiana*, p. 1601. Salúte: 1. Stato di benessere físico e psichico dell'organismo umano derivante dal buon funzionamento di tutti gli irgani e gli apparati; 2. Complesso delle condizioni fisiché in cui si trova, abitualmente o attualmente, un organismo umano; 3. salvezza, salvamento: il supremo bene, la contemplazione di Dio.

10 J. Maritain, *Os direitos do Homem*, p.106. "(...) a procura da felicidade na terra é a procura, não das vantagens materiais, porém da retidão moral, do vigor e perfeição da alma, com as condições materiais e sociais que isto implica".

11 Ibid., p. 146. Texto de telegrama publicado no *New York Times*, de 13.04.1942: Londres, abril, 12. "Foi adotada aqui hoje, pela *New Education Fellowship Conference,* um estatuto defendendo alguns básicos, mínimos direitos para todas as crianças, acima de quaisquer considerações de sexo, idade, nacionalidade, crença ou proteção social. Em seis cláusulas ficaram estabelecidas as seguintes disposições: o direito de toda a criança a uma adequada alimentação, roupa e amparo, deve doravante ser assegurado pela ação, como uma das suas responsabilidades; assistência médica deve ser dispensada a todos; todos devem ter iguais oportunidades para completa instrução; e deve haver ensino religioso geral".

12 O Colóquio de 1978, da Academia de Direito Internacional de Haia sobre o "direito à saúde como um direito humano", em seu artigo 12, alínea "b" reconhece o direito de toda pessoa desfrutar o mais elevado nível possível de saúde física e mental, comprometendo-se os Estados-partes a adotarem as medidas necessárias para assegurar a melhoria de todos os aspectos de higiene do trabalho e do meio ambiente.

13 Para Oliveira e Silva "não há como discorrer de maneira convincente sobre a saúde do trabalhador sem uma abordagem do direito à saúde como gênero, do meio ambiente e do direito à vida, que pode ser traduzido na proteção da integridade físico-funcional (inclu-

Para Sueli Gandolfi Dallari (2003),[14] em seu livro Direito Sanitário, a saúde, desde o início do século XX, passou a ser preocupação merecedora de proteção por meio de políticas de governo. Para a doutrinadora, são hierarquizadas três formas de política sanitária de prevenção:

> (...) a primária, que se preocupa com a eliminação das causas e condições de aparecimento das doenças, agindo sobre o ambiente (segurança nas estradas, saneamento básico, por exemplo) ou sobre o comportamento individual (exercício e dieta, por exemplo) ; a secundária ou prevenção específica, que busca impedir o aparecimento de doença determinada, por meio da vacinação, dos controles de saúde, da despistagem; e a terciária, que visa limitar a prevalência de incapacidades crônicas ou de recidivas. O Estado do Bem-Estar Social da segunda metade daquele século reforça a lógica econômica, especialmente em decorrência da evidente interdependência entre as condições de saúde e de trabalho, e se responsabiliza pela implementação da prevenção sanitária. Instituem-se, então, os sistemas de previdência social, que não se limitam a cuidar dos doentes, mas organizam a prevenção sanitária. Inicialmente eles pressupunham uma diferenciação entre a assistência social – destinada às classes mais desfavorecidas e baseada no princípio de solidariedade e, portanto, financiada por fundos públicos estatais – e a previdência social, um mecanismo asseguratório restrito aos trabalhadores.
>
> Entretanto, exatamente porque a prevenção sanitária era um dos objetivos do desenvolvimento do Estado, logo se esclarece o conceito de seguridade social, que engloba os subsistemas de assistência, previdência e saúde públicas (DALLARI, 2003, p. 42).

Conceituamos "saúde" como direito à proteção da saúde física, mental e social, com garantia de acesso a todos aos serviços de saúde e às medidas de prevenção de doenças. Entre elas, podemos citar o

---

sive mental) da pessoa humana" (J. A. R. O. Silva, *A saúde do trabalhador como um direito humano*, 2008, São Paulo, p. 69.

14 S. G. Dallari. *Direito Sanitário e Saúde Pública*, p. 42, Brasília, Ministério da Saúde, 2003.

saneamento básico e as medidas protetivas do empregado em seu meio ambiente de trabalho.

1.1.3. O pensamento contemporâneo sobre a ciência

Vejamos o pensamento de Popper (2006),[15] em sua abordagem sobre a ciência e a arte, onde o autor afirma que o conhecimento é positivo quando passível de experimentação, sendo "a ciência a busca da verdade, e sua meta é a aproximação da verdade".

Na ciência, o pesquisador faz experimentos. Erros e acertos durante os experimentos poderão resultar na descoberta do objeto pesquisado e, muitas vezes, até em soluções para problemas diversos daqueles inicialmente propostos.

Discorrendo sobre a busca da verdade pela ciência, Hannah Arendt (2005)[16] lembra que na ciência não pode haver a falsidade deliberada e que o falso para o cientista decorre das tentativas, às vezes, equivocadas, dizendo:

> (...) É claro que o erro é possível e mesmo comum com respeito à verdade factual, caso em que ela não difere de modo algum da verdade científica ou racional. Mas o problema é que, com relação a fatos, há uma outra alternativa, e esta, a falsidade deliberada, não pertence ao mesmo gênero que as proposições, as quais certas ou equivocadas, não pretendem nada mais que dizer o que é ou como alguma coisa que é me parece (ARENDT, 2005, p. 308).

---

15 K. Popper. *Em busca de um mundo melhor*, São Paulo, Martins Fontes, 2006 (coleção dialética), p. 293/295, cujo trecho transcrevemos: "ainda há alguns cientistas naturais e obviamente também muitos leigos que creem que as ciências compilam fatos – talvez para analisá-los de modo primeiramente indutivo e, em seguida, industrial. Minha visão da ciência é totalmente diferente. Seu início deve ser buscado no mito poético, na fantasia humana que tenta fornecer uma explicação de nós mesmos e do mundo. Do mito, a ciência se desenvolveu por meio da crítica racional; isto é, por meio de uma crítica inspirada pela ideia da verdade e da busca da verdade".

16 H. Arendt. *Entre o passado e o futuro*. p. 308.

O estudo da etiologia das doenças e a busca da cura não estão dissociados da política. Discorrendo sobre verdade e política, a pensadora supracitada demonstra a dificuldade da alma humana em dar o crédito da descoberta ao seu concorrente, fazendo-o glorioso perante todos:

> (...) a busca desinteressada da verdade tem uma longa história; caracteristicamente, sua origem precede todas as nossas tradições teóricas e científicas, incluindo nossa tradição de pensamento filosófico e político. Penso que se pode remontá-la ao momento em que Homero decidiu cantar os feitos dos troianos não menos que os dos aqueus, e louvar a glória de Heitor, o inimigo e o homem derrotado, não menos que a glória de Aquiles, o herói de seu povo. Isso jamais acontecera em parte alguma antes: nenhuma outra civilização, por mais esplêndida que fosse, fora capaz de olhar com iguais olhos o amigo e o adversário, a vitória e a derrota – que desde Homero não se têm reconhecido como medidas últimas do julgamento dos homens, muito embora sejam definitivas para os destinos das suas vidas. A imparcialidade homérica ecoa através de toda a história grega, e inspirou o primeiro grande contador da verdade fatual, o qual tornou-se o pai da História: Heródoto diz-nos já nas primeiras sentenças de suas estórias ter-se decidido a impedir "os grandes e portentosos feitos dos gregos e dos bárbaros de perderem seu devido galardão de glória".
>
> Essa é a raiz de toda a chamada objetividade – essa curiosa paixão, desconhecida exteriormente à civilização ocidental, pela integridade intelectual a qualquer preço. Sem ela, ciência alguma jamais poderia ter existido[17] (ARENDT, 2005, p. 324).

Arendt (2005) demonstra que nem tudo pode ser modificado pela política e conclui, finalmente, para a tranquilidade do homem, que "conceitualmente, podemos chamar de verdade aquilo que não podemos modificar; metaforicamente, ela é o solo sobre o qual nos colocamos de pé e o céu que se estende acima de nós".[18]

---

17 Ibid., p. 324.
18 Ibid., p. 325.

Tratando a ciência como experimento, a mesma pensadora em "A dignidade da pessoa humana"[19], ao abordar "a ação como processo" afirma ser o homem o único ser capaz de agir e criar, por meio de ação, novos processos:

> o próprio fato de que as ciências naturais tenham se tornado exclusivamente ciências de processos e, em seu último estágio, ciências de "processos sem retorno", potencialmente irreversíveis e irremediáveis, indica claramente que, seja qual for o poder mental necessário para desencadeá-los, a capacidade humana responsável por esse poder mental – e única força capaz de realizar tais feitos – não é nenhuma capacidade "teórica", não é contemplação nem razão; é a faculdade humana de agir, de iniciar processos novos e sem precedentes, cujo resultado é incerto e imprevisível, quer sejam desencadeados na esfera humana ou no reino da natureza (ARENDT, 2004, p. 243).

Analisando o pensamento de Anthony Giddens (1998)[20] sobre as ciências naturais e as ciências sociais, concluímos que a ação humana não é inocente, nem tampouco descompromissada com o meio social em que os atores sociais estão inseridos, sofrendo, ainda, a influência de outros agentes:

> (...) as profecias de "autorrealização" e "autonegação" não estão, como ele afirmou, em analogia direta com as ciências naturais. (...) "Os seres humanos são agentes racionais que aplicam o conhecimento dos seus contextos de ação reflexivamente na sua produção

---

19 H. Arendt. *A condição humana*. 2004, p. 243.
20 A. Giddens. *Política, Sociologia e Teoria Social, Encontros com o pensamento social, clássico e contemporâneo*, 1998, p. 233. No mesmo sentido é o pensamento de Dalmo de Abreu Dallari para quem "A busca de maior ganho, sem qualquer limitação ética, observando apenas as leis do mercado, transformou em mercadoria a própria pessoa humana, seus órgãos e seus componentes, fazendo-se também o comércio, sem considerações éticas, dos cuidados de saúde, dos medicamentos e de tudo o que é fundamental para a preservação da integridade física e mental da pessoa humana. Assim, em última análise, a globalização decretou a marginalização da ética, substituída pelas leis do mercado". D. A. Dallari. *Dalmo de Abreu. Ética Sanitária, Direito Sanitário, Direito Sanitário e Saúde Pública*, Ministério da Saúde, 2003.

da ação ou interação. A "capacidade de predição" da vida social não "acontece" apenas, mas é "feita para acontecer" como resultado das qualificações conscientemente aplicadas dos atores sociais". (...) "a aplicação desse "conhecimento" se realiza dentro de um parâmetro de influências que não são parte da racionalização em curso de sua ação. Tais influências incluem repressões e elementos inconscientes da personalidade; mas também condições externas, inclusive a conduta dos outros atores... (GIDDENS, 1998, p. 233).

A sociedade moderna vive da racionalidade instrumental, visando o melhor resultado, através de conduta racional voltada para fins[21], com mínima perda possível. O instrumentalismo da atualidade deve atender à demanda do consumo com a máxima tecnologia possível.[22] Não podemos esquecer, entretanto, que o avanço tecnológico implica em aumento do custo dos serviços de saúde, sejam eles públicos ou privados.

Saúde é dever do Estado. A Assembleia Constituinte de 1988, prevendo a dificuldade em dar cobertura universal na área de saúde, estabeleceu a possibilidade de prestação destes serviços por terceiros (artigo 197) e, por considerá-los de relevância pública, reservou para o Estado sua regulamentação e fiscalização.

---

21 A essa característica de nossa sociedade Michel Foucault denominou panoptismo, definindo-a como sendo "uma forma de poder que se exerce sobre os indivíduos em forma de vigilância individual e contínua, em forma de controle de punição e recompensa e em forma de correção, isto é, de formação e transformação dos indivíduos em função de certas normas. Este tríplice aspecto – vigilância, controle e correção – parece ser uma dimensão fundamental e característica das relações de poder que existem em nossa sociedade". *A Verdade e as Normas Jurídicas*, 2008, p. 103.

22 Nesse sentido, também, a decisão unânime da 4ª Turma, do Superior Tribunal de Justiça (STJ) relatada pelo ministro Luís Felipe Salomão para quem a garantia à saúde requer atendimento integral, independentemente, é claro, de que se alcance ou não a cura pretendida, mas conferindo-se àquele que realiza um contrato para assegurar-se de riscos contra a saúde o acesso a todo o tratamento necessário a tanto. É o que se depreende da decisão do STJ: "Em respeito à natureza ou ao fim primordial do contrato de seguro-saúde, ora em discussão, somado à necessidade de garantir maior efetividade ao direito à cobertura dos riscos à saúde, impossível não concluir pela invalidade da cláusula que exclui da cobertura os gastos efetuados com a cirurgia para extração de nódulos no espaçamento mamário, único procedimento capaz de descartar e/ou identificar o diagnóstico de câncer, investigado na beneficiária do contrato, nos termos do artigo 51 do CDC". (REsp. nº 183719)

A saúde suplementar é prestada por meio de convênios firmados entre o Estado e os particulares, enquanto a complementar é prestada por meio de contratos de seguro-saúde para cobertura de atendimento médico, cirúrgico, exames e internação hospitalar, além de medidas de prevenção, como vacinação, distribuição de anticoncepcionais, preservativos e cartilhas informativas.

No âmbito das relações de trabalho, os contratos privados de seguro-saúde são oferecidos pelos grandes empregadores[23] a seus empregados, em caráter complementar, da mesma forma como ocorre com os contratos de previdência privada, autônomos e facultativos, visando atendimento médico que possibilite o breve retorno do trabalhador às suas atividades.[24]

Na área da saúde, as pesquisas científicas são caras e financiadas pelo Estado[25] ou por laboratórios internacionais, sendo de

---

23 Conforme dados levantados por Yuri Vasconcelos, na Revista Exame, Abril, de 22/06/2005, em matéria intitulada "Quem contrata mais e quem paga mais?" cerca de 50% da população empregada no Brasil trabalha para pouco mais de 20 grandes empresas, a saber: Correios, Pão de Açúcar, Carrefour, Atento, Sadia, Petrobras, Contax, McDonald's, Casas Bahia, Perdigão, Volkswagen, Grendene, Sonae, Odebrecht, General Motors, Vale do Rio Doce, GR, Sabesp, Ambev, Friboi, Gerdau, Embraer, Eletropaulo, Cemig, Metrô, TAM, Cedae, CSN.

24 É notória a demora do atendimento médico e de cirurgias programáveis pelo SUS. Se o médico efetuar pedido de cirurgia com utilização de alguns entre os modernos procedimentos disponibilizados pela ciência, não se tratará de mero capricho dele, mas de procedimento necessário para salvar a vida do paciente, impedindo que a doença se propague. E mais, a inobservância dos princípios que devem ser perseguidos pelo administrador pode levar à realização de atos de improbidade administrativa na área de saúde. Por outro lado, no caso dos contratos de seguros privados, negar a cirurgia com emprego da mais alta tecnologia ou a oferecer como privilégio para poucos que possam pagar por ela viola por completo a dignidade do paciente e, principalmente, o princípio da boa-fé, que deve existir nesses típicos contratos de adesão não só no momento de sua assinatura, mas durante toda sua vigência.

25 D. Dallari (ob cit., p. 73/74), lembra dois episódios históricos que envergonharam a humanidade na área da pesquisa em saúde pública: "Durante a Segunda Guerra Mundial, cientistas ligados ao nazismo fizeram experiências científicas, inclusive no campo da genética, utilizando como cobaias prisioneiros indefesos colocados em campos de concentração. Informações precisas e minuciosas sobre muitas dessas experiências foram reveladas durante os julgamentos de criminosos de guerra, efetuados pelo tribunal militar instalado em Nuremberg nos anos de 1945 e 1946. O conhecimento das barbaridades cometidas, que afrontavam gravemente a dignidade humana, horrorizou os julgadores e para que não se perdesse a memória das atrocidades, bem como para servir de alerta contra o risco de repetição daqueles fatos, foi publicado em 1947 um extrato dos julgamentos, que ficou

duvidoso caráter humanitário o gasto efetuado por entidades privadas (DALLARI, 2003).

Comentando o artigo VII[26] da Declaração Universal dos Direitos do Homem escrevemos[27] que "a própria ciência não é neutra. É financiada pelo Estado que, de forma óbvia, influencia socialmente as pesquisas científicas e as artes. O consenso é episódico na filosofia posto que a cada tese nova aparecerá uma antítese respectiva que dará origem a uma síntese representada no consenso momentâneo" (GUELLER, 2008).

No momento, a síntese é o constitucionalismo social que transformou os direitos sociais em direitos fundamentais (SEN, 1999).[28]

A economia mundial globalizada é a nova lei do mercado e influirá no grau de felicidade que cada ser humano poderá usufruir, ao mesmo tempo, em cada ponto de qualquer território do planeta.

---

conhecido como Código de Nuremberg (...). Um dos casos mais brutais, bastante conhecido por ter sido muitas vezes referido em trabalhos sobre ética em pesquisa, ocorreu nos Estados Unidos da América. Entre os anos de 1932 e 1972, sob patrocínio do Serviço de Saúde Pública dos Estados Unidos da América (USPHS) foi feita a observação constante e minuciosa da evolução da sífilis em 399 negros norte-americanos pobres, originários de Tuskegee, no Estado do Alabama. A partir de 1940, com o aparecimento da penicilina e sua utilização em muitos casos, sob estrita observação médica, verificou-se que esse novo medicamento era de grande eficiência no tratamento da sífilis, capaz de curar completamente os doentes. Com isso, nos países mais desenvolvidos a sífilis foi praticamente eliminada. Entretanto, as autoridades sanitárias dos Estados Unidos, bem como os cientistas e pesquisadores envolvidos na observação do grupo de Tuskegee, não quiseram perder a oportunidade de chegar ao fim de sua experiência, que era inédita. Por isso, aqueles negros não foram tratados com penicilina e, obviamente, acabaram morrendo, muitos deles após terem apresentado os mais terríveis sintomas da moléstia".

26 Artigo VII – Todos são iguais perante a lei e têm direito, sem qualquer distinção, a igual proteção da lei. Todos têm direito a igual proteção contra qualquer discriminação que viole a presente declaração e contra qualquer incitamento a tal discriminação.

27 M. M. R. P. Gueller e D. Löw, *Comentários à Declaração Universal dos Direitos do Homem*, 2008, p. 41.

28 Vale lembrar a ideia de A. Sen de que o homem deve ser o fim e não o meio quando afirma que "o desenvolvimento é capaz de construir uma sociedade livre, justa e solidária, erradicando a pobreza e a marginalização, reduzindo as desigualdades sociais e regionais, atingindo a igualdade e a paz, na medida em que, com oportunidades sociais adequadas, os indivíduos podem efetivamente moldar seu próprio destino e ajudar uns aos outros". *Desenvolvimento Como Liberdade*, p. 26.

A flexibilização dos direitos trabalhistas, no Brasil, em momento de crise econômica mundial, demonstra que a economia mundial pode transcender à Consolidação das Leis do Trabalho, suprimindo direitos dos trabalhadores. Outrossim, favores fiscais concedidos pela União aos empregadores para manutenção de empregos podem comprometer o orçamento financeiro do Estado, resultando em limitação da população à saúde, alimentação, lazer, vestuário, educação, entre outros. É o que se depreende do texto de Alain Supiot (2007)[29] que transcrevemos:

> (...) O contratualismo hoje já não repousa, portanto, numa teoria política do Contrato social, mas na certeza cientificamente garantida de que o mercado faz lei em escala mundial. Abandonando a velha diretriz do direito natural pelas novas diretrizes da análise econômica, os juristas podem continuar a confiar na ideia de que uma ordem mundial transcende as legislações nacionais, que devem se tornar os instrumentos dela. Na orquestração do tema da "mundialização", a ciência econômica conquistou a posição magistral de discurso fundador da ordem mundial, deixando ao Direito exclusivamente a magra partitura dos direitos humanos (SUPIOT, 2007, p. 101/129).

E prossegue Supiot (2007),[30] ao demonstrar a necessidade de reexaminarmos o princípio da solidariedade (direitos à segurança social, a um nível de vida suficiente, à segurança contra os riscos de perda de seus meios de subsistência) para estarmos preparados no momento que formos surpreendidos por uma contingência social:

> (...) Mas a solidariedade mudou ao passar assim do direito civil para o direito social. Em vez de designar um vínculo de direito unindo diretamente credores e devedores, ela foi o princípio de organização de instituições de um tipo novo. O ponto comum dessas instituições é de serem titulares de um crédito de cotizações (cujo montante pode variar conforme os recursos de seus membros)

---

29 A. Supiot. *Homo juridicus. Ensaio sobre a função antropológica do Direito*, p. 101/129.
30 Ibid., p. 264/265.

e de uma dívida de prestações (cujo montante, em compensação, não depende de seus recursos físicos e financeiros no momento de sua filiação). A solidariedade designa então a instituição de um fundo comum no qual cada um deve depositar segundo as suas capacidades e pode retirar conforme suas necessidades (SUPIOT, 2007, p. 264/265).

Podemos afirmar, portanto, que, atualmente, há uma crise nos "Estados-providência". É preciso mais do que obrigar as pessoas ao pagamento de impostos para a manutenção dos serviços públicos capazes de protegê-las dos riscos da existência, inclusive na prestação de serviços relacionados à saúde.

A solidariedade deixou de abranger apenas os direitos sociais.[31] Para ter liberdade, os trabalhadores precisam ser solidários, também no direito à informação, no direito de negociação e de ação coletiva, no acesso aos serviços públicos e na participação da prevenção e redução dos acidentes de trabalho, bem como nos lucros e resultados das empresas onde trabalham. É desta forma que o homem passa a ter os meios para conciliar a vida familiar com a profissional, dentro de certas liberdades, passando do meio ao fim na cadeia produtiva.[32]

Não estranhamos, portanto, o interesse mundial na proteção da saúde do trabalhador. Sem saúde não se produz. Sem produção temos pobreza. É por esta razão que atualmente a ONU,[33] a Organização

---

31 Lembramos da política de crédito de carbono fixada para que cada país tenha limite no seu direito de poluir o planeta.

32 A liberdade do homem está atrelada ao bem e ao mal que podemos fazer uns aos outros. Trata-se da dualidade que há nas escolhas que fazemos no nosso dia a dia, que pode ser resumida na frase de Brecht em seu clássico *A alma boa de Setsuan*: "Não dá para ser bom com o outro sem ser mau comigo mesmo". Invertendo a posição do homem na cadeia produtiva (de meio para fim) estaremos alterando o conceito de solidariedade, deixando de encará-la como ato de bondade, passando a tratá-la como necessária ao aumento do padrão de vida de todos os envolvidos na atividade econômica, com reflexos em toda a sociedade.

33 A saúde é indiretamente reconhecida como direito na Declaração Universal de Direitos Humanos – ONU), onde é afirmada como decorrência do direito a um nível de vida adequado, capaz de assegurá-la ao indivíduo e à sua família (art. 25).

Internacional do Trabalho e a Organização Mundial de Saúde realizam trabalho conjunto[34] (VENTURA, 2003) visando à promoção da saúde do trabalhador.

---

[34] Sobre o trabalho das Organizações Internacionais transcrevemos estudo de D. F. L. Ventura, em seu *Direito Internacional Sanitário, Direito Sanitário e Saúde Pública*, p. 251/252: "Em escala mundial, quem desempenha o papel mais importante na área de saúde pública é a Organização Mundial da Saúde (OMS). Mas outras organizações como a Organização Internacional do Trabalho (OIT), o Fundo das Nações Unidas para a Infância (Unicef), a Organização das Nações Unidas para a Educação, a Ciência e a Cultura (Unesco) e a Organização das Nações Unidas para a Alimentação e a Agricultura (FAO) contribuem igualmente à ação sanitária. É a OMS, contudo, que possui como função primordial 'levar todos os povos ao nível de saúde mais elevado possível', nos termos do artigo primeiro de sua carta constitutiva. No âmbito das Américas, uma organização regional vinculada à OMS, a Organização Panamericana de Saúde (OPS), vem há quase 100 anos desenvolvendo importante atuação em matéria de saúde pública. (...) as organizações internacionais que têm objetivo sanitário não são administrações supranacionais: elas não dispõem de poderes acima dos Estados. (...) É o caso da OMS, que é uma organização intergovernamental, ou seja, serve como um quadro de cooperação entre governos. Ela possui caráter universal, pois dirige-se aos países de todas as regiões do mundo. A OMS é uma das 16 instituições especializadas ligadas à Organização das Nações Unidas (ONU), sendo considerada uma das quatro organizações mais importantes da chamada 'família da ONU', ao lado da OIT, da FAO e da Unesco. Sediada em Genebra, a OMS foi constituída através da Conferência Internacional da Saúde (Nova York, 22 de julho de 1946) . Seu tratado constitutivo entrou em vigor em 7 de abril de 1948. A OMS realiza numerosos serviços de interesse mundial e fornece uma assistência técnica importante aos países que a solicitam, especialmente em matéria de formação. A OMS define os seus próprios objetivos e programas de ação. (...) Como a maioria das organizações especializadas do sistema das Nações Unidas, a OMS compõe-se de uma assembleia, de um conselho e de um secretariado. Além disso, ela estrutura-se de forma descentralizada sobre seis escritórios e comitês regionais dotados de competências locais e créditos orçamentários próprios, assim distribuídos: África, América, Ásia do Sudeste, Europa, Mediterrâneo Oriental e Pacífico Ocidental. Na América, a OPS desempenha o papel de escritório da OMS. A Assembleia Mundial da Saúde é composta por delegados de todos os Estados-membros, ao máximo três por país. Ela se reúne em sessão ordinária anual ou em sessões extraordinárias, a pedido do Conselho ou pela maioria dos Estados-membros. A assembleia elege os Estados que farão parte do conselho. Ela nomeia o diretor geral da organização e deve aprovar seus relatórios e atividades, podendo dar-lhe instruções. A assembleia controla também a política financeira da instituição, examina e aprova o seu orçamento. Cria as comissões necessárias às atividades da instituição e pode convidar qualquer outra organização, mesmo não governamental, a participar de suas atividades. Ela estuda igualmente as Recomendações da ONU relativas à saúde. (...) Além disso, a assembleia pode adotar regulamentos que são obrigatórios para os Estados-membros, salvo se estes recusarem-se a aceitar o texto ou formularem reservas à aceitação. Os regulamentos podem ser medidas destinadas a impedir a propagação de doenças de um país para outro; nomenclaturas referentes às doenças, as causas de óbitos e os métodos de higiene pública; os padrões sobre métodos de diagnóstico aplicáveis no âmbito internacional; as normas

Podemos afirmar que *o conceito de saúde adotado internacionalmente fundamenta-se nos direitos humanos, abrangendo o direito subjetivo à saúde em caso de doença, bem como a necessidade de o Estado garantir a todos, indistintamente, o direito a um nível de vida adequado à manutenção da dignidade humana.*

Na busca da cura, algumas doenças serão eliminadas pela ciência, enquanto outras, no mesmo momento, estarão surgindo ou sendo "acidentalmente" descobertas ou provocadas pelos procedimentos de pesquisa científica[35] (URRIOLA, 2007).

---

relativas à pureza dos produtos biológicos, farmacêuticos e similares que se encontram no comércio internacional; e as condições relativas à publicidade e à designação desses produtos. Isto quer dizer que, caso o Estado não aja deliberadamente contra um regulamento, formulando reservas ou recusando-o expressamente no prazo estabelecido pela notificação, esse ato normativo entrará em vigor para todos os Estados-membros no momento em que for notificada sua adoção pela Assembleia. Essa espécie de incorporação automática, desde que haja o silêncio do Estado-membro, só encontra equivalente na Carta Constitutiva da OIT. Quanto às demais organizações internacionais clássicas, a produção de efeitos de um ato normativo depende de um ato positivo de incorporação. Já o Conselho Executivo da OMS é formado por 32 membros designados pela assembleia para o período de três anos, a partir de um critério geográfico, ou seja, compreendendo uma repartição razoável por região. O conselho reúne-se ao menos duas vezes por ano. Como órgão executivo da assembleia, ela aplica suas decisões, executa as missões que ela lhe confia, prepara sua ordem do dia e formula proposições. Sua atribuição mais importante, contudo, é a de tomar medidas de urgência em caso de eventos que exijam uma ação imediata".

35 Entre as conclusões do Fundo Nacional de Saúde do Chile, em trabalho intitulado *La Proteccion Social em Salud*, 2007, estão os desafios da globalização, da transição demográfica e a transição epidemiológica, onde se lê: "A nível mundial y em la región latinoamericana, incluyendo Chile, se han producido procesos de transición demográfica, caracterizados por descensos importantes de la fecundidad y de la mortalidad y, aumento de la esperanza de vida. A esto se suman grandes câmbios en outros âmbitos como el desarrollo tecnológico, la globalización de las comunicaciones y el comercio; cambios ambientales, acesso de las personas a todos los puntos del planeta modificando los ecosistemas y tomando contacto com patógenos para el desconocidos; câmbios en los estilos de vida etc. Todo esto conlleva una situacción epidemiológica distinta a la de años atrás: aumento de las enfermedades crônicas como el câncer, las enfermedades cardiovasculares; aparición de enfermedades nuevas y otras que se creían controladas". Trabalho elaborado sob direção e coordenação editorial de Rafael Urriola, com a colaboração de José Ângelo, Sandra Madrid, Marcela Cameratti, Rodrigo Castro, Roberto Muñoz, Tatiana Puebla, editado pelo Ministério da Saúde do Governo do Chile e a seguradora Fonasa, p. 81.

Buscamos o conhecimento da cura[36] às vezes alcançada sem explicação científica convincente.

Nesse contexto, seria ingenuidade de nossa parte definirmos saúde tão somente como ausência de doença[37].

1.2. Aspectos históricos, políticos, sociais e econômicos do Brasil que influenciaram o tratamento legal dado à saúde

1.2.1. O período pós-guerra até a Constituição Federal de 1988

A saúde deve ser proporcionada durante toda a vida, de maneira a assegurar que seus benefícios sejam integralmente desfrutados. Assim,

---

36 O governo brasileiro contestou relatório internacional sobre malária divulgado na Suíça em 19.09.2008. No documento, o Brasil foi classificado entre os 30 países com mais casos da doença no mundo. Segundo o governo os números estão errados e a situação brasileira não é tão grave como apontada. Segundo o governo brasileiro a OMS errou ao aplicar no Brasil a mesma metodologia de cálculo de doentes utilizada na África. No continente, os números são obtidos por projeção, já que os países não contam com um sistema de vigilância epidemiológica eficiente. No Brasil, segundo o governo, não existe subnotificação. A malária é causada por parasita transmitido pelos mosquitos do gênero Anoplheles. No país, 99,7% das notificações da doença são na Amazônia. Segundo a OMS, o Brasil teve 1,4 milhão de pessoas infectadas em 2006. São 247 milhões no mundo, das quais 881 mil morreram. Por outro lado, o combate à doença também no Brasil é feito através de pulverização com DDT, que causa intoxicação nos funcionários da Funasa, conforme notícia do jornal *Folha de São Paulo*, caderno C, p. 10/11, de 21.09.2008, em reportagens de Ricardo Westin e Fabiano Maisonnave, respectivamente.

37 Vale lembrar o caso do laboratório farmacêutico Pfizer, que inspirou o filme e o livro do escritor John Le Carré *O Jardineiro Fiel*, adaptado para o cinema pelo brasileiro Fernando Meireles, e que narra fatos reais ocorridos na Nigéria em 1996, quando o laboratório testou o remédio Trovan Floxacin sob o pretexto de uma ação humanitária para combater uma epidemia de meningite e sarampo. O Estado da Nigéria processou o laboratório pleiteando indenização de US$ 7 bilhões pelos testes do medicamento responsável pela morte de várias crianças sob alegação de não observação de normas impostas pelo governo da Nigéria. Na ação apresentada à Corte Suprema Federal da Nigéria, o governo indica que 200 crianças que tomaram o medicamento da Pfizer sofreram em seguida diversas afecções, em particular surdez, paralisia, transtornos da fala, lesões cerebrais ou cegueira. Faleceram 11 crianças. Fonte: Por da France Presse, em Abuja (Folha Online), 06.06.2007, acesso feito às 10:19. No mesmo trilhar, mas sob a forma de documentário *The Corporation*, o filme de Marc Achbar, Jennifer Abbot e Joel Bakan denuncia a falta de valores e o desrespeito com a natureza causado pela ação das grandes corporações multinacionais visando apenas lucros alucinantes ainda que para tanto tenha que violar os direitos humanos e o meio ambiente.

serão abordados os diversos aspectos que influenciaram o tratamento legal dado à saúde, antes e depois da Constituição Federal de 1988.

Para Carlos Maximiliano (1984)[38] "(...) o Direito não se inventa; é um produto lento da evolução, adaptado ao meio; ao acompanhar o desenvolvimento desta evolução, descobrir a origem e as transformações históricas de um Instituto, obtém-se alguma luz para o compreender bem".

Na Inglaterra, em 1942, William Beveridge (1943) em seu famoso relatório econômico denominado "O Plano Beveridge"[39] já apontava a doença entre os cinco males gigantes[40] contra a integração na luta da democracia para unificação e estruturação do seguro social.

No Brasil não foi diferente. Os cinco males gigantes: a miséria – a mais fácil de combater –, a doença, a ignorância, a falta de higiene e sistema de saneamento básico e a indolência estavam presentes e precisando de intervenção da sociedade para serem debeladas.

A Lei nº 3.724/1919 regulamentou a proteção dos trabalhadores contra os acidentes de trabalho[41] e, na década de 1920, como resultado das reivindicações de setores das classes assalariadas e por meio de contrato direto entre empregados e empregadores, surgiram, sob a supervisão estatal, as primeiras instituições de Previdência Social para os trabalhadores do setor privado (as Caixas de Assistência e Previdência) (FERNANDES, 2003) . A Lei Eloy Chaves – o Decreto Legislativo nº 4.682/1923 – ficou conhecida como marco inicial da Previdência Social no Brasil, criando caixas de aposentadorias para os empregados de ferrovias por meio do Decreto Legislativo nº 5.109/1926, aos portuários e marítimos e, do Decreto nº 5.485/1928, aos empregados dos serviços de telegrafia e radiotelegrafia e, ainda, àqueles que prestavam serviços de força, luz e bonde (FERREIRA, 2007).[42]

---

38   C. Maximiliano. *Hermenêutica e Aplicação do Direito*, p. 137.
39   W. Beveridge, *O Plano Beveridge*, p. 12.
40   Os cinco gigantes são a *miséria*, para Beveridge a mais fácil de combater, a *doença*, a *ignorância*, a *falta de higiene* e sistema de saneamento básico, e a *preguiça* ou *indolência*.
41   T. D. M. Fernandes. *Conceito de Seguridade Social*, p. 44.
42   L. C. M. Ferreira, *Seguridade Social e Direitos Humanos*, p. 125.

A quebra do regime oligárquico na Revolução de 1930 culminou no advento da Constituição de 1934 que, influenciada pelas Constituições Mexicana, de 1917, e de Weimar, em 1919, atribui especial importância aos direitos sociais.

Em decorrência da aceleração do processo de industrialização e do aumento significativo das classes assalariadas, começaram a surgir importantes institutos de aposentadorias e pensões. São daquela década as políticas trabalhista, sindical e previdenciária do Estado, que, ganhando repercussão nacional resultaram nos IAPs (Instituto de Assistência e Previdência Sociais) , como lembra a estudiosa Amélia Cohn (1981) [43]:

A captação de recursos para investimentos nos setores de base era necessária para o sustento do processo de industrialização. A assistência médica ainda não aparece de forma significativa, em boa medida porque nesse setor a legislação sindical previa uma complementação de funções entre o sindicato e a previdência, com o que se acentua o caráter assistencialista dos sindicatos, reforçado pelo imposto sindical a partir de 1941 (CONH, 1981, p. 229/233).

Com o processo de industrialização em crescimento, a preocupação com o subsídio dado à saúde do trabalhador foi a forma encontrada para preservar a peça essencial no processo de produção: a mão de obra[44]. É o que relata Jorge Caldeira (1997)[45] ao afirmar:

---

43 A. Conh, *Previdência Social e Processo Político no Brasil,* p. 229/233.

44 M. Foucault em *A Verdade e As Formas Jurídicas,* p. 117/118, descreve, no correr do século XIX, uma técnica utilizada para controlar as economias dos operários. Para que a economia, por um lado, tivesse a flexibilidade necessária, era preciso, havendo necessidade, poder desempregar os indivíduos; mas por outro lado, para que os operários pudessem depois do tempo de desemprego indispensável recomeçar a trabalhar, sem que neste intervalo morressem de fome, era preciso que tivessem reservas e economias. Daí o aumento dos salários que vemos claramente se esboçar na Inglaterra nos anos de 1940 e na França nos anos de 1950. Mas, a partir do momento em que os operários têm dinheiro, é preciso que eles não utilizem suas economias antes do momento em que estiverem desempregados. Eles não devem utilizar suas economias no momento em que desejarem, para fazer greve ou para festejar. Surge então a necessidade de controlar as economias do operário. Daí a criação, na década de 1820 e, sobretudo, a partir dos anos de 1940 e 1950, de caixas econômicas, de caixas de assistências etc., que permitem drenar as economias dos operários e controlar a maneira como são utilizados. Desta forma, o tempo do operário, não apenas o tempo do seu dia de trabalho, mas o de sua vida inteira, poderá efetivamente ser utilizado da melhor forma pelo aparelho de produção. É assim que sob a forma destas instituições aparentemente de proteção e de segurança se estabelece um mecanismo pelo qual o tempo inteiro da existência humana é posto à disposição de um mercado trabalho e das exigências do trabalho.

45 J. Caldeira, *Viagem pela história do Brasil,* p. 289.

(...) entre 1940 e 1960, o número de indústrias no país mais do que dobrou, passando de 41 mil para 109 mil. O número de operários aumentou em proporção ainda maior, saltando de 670 mil para 1,5 milhão (CALDEIRA, 1997, p. 289).

A urbanização acarretou o aumento no custo dos subsídios com serviços de saúde e "(...) em 1949, o gasto com assistência médica compunha 7,3% da despesa total, enquanto em 1960 já estava em 19,3%, (...) refletindo as pressões crescentes da demanda por cuidado médico[46], decorrentes do intenso estágio de urbanização das décadas de 1940 e 50" (COHN, 1981).[47]

A Consolidação das Leis Trabalhistas, o Decreto-Lei nº 5.452/1943, de 1º de maio, inicialmente, restringia garantias referentes à rescisão do contrato de trabalho e à estabilidade no emprego aos trabalhadores rurais que ficaram conhecidos como "boias-frias"[48] por serem transportados como carga, com suas marmitas, em caminhões entre diferentes lavouras, sendo remunerados por dia por diversos prepostos, denominados "gatos", de diferentes empregadores rurais, os fazendeiros.

Em 3 de outubro de 1953, após cinco anos de campanha política sob o slogan "o petróleo é nosso", a Câmara aprovou um projeto que estabelecia o monopólio estatal sobre a pesquisa e exploração do petróleo. A partir de então, os investimentos com pesquisa tecnológica transformaram o Brasil em país com tecnologia de ponta na exploração de petróleo em águas profundas, atualmente em 24º lugar no ranking das maiores reservas de óleo e gás do mundo, com perspectivas de subir para a décima colocação após a descoberta da camada de pré-sal nas águas profundas do litoral de Santa Catarina

---

46 No Brasil, o sanitarista Oswaldo Cruz tentou efetuar a primeira vacinação em massa contra a febre amarela e a malária, seguido por Carlos Chagas que, dando sequência ao trabalho, conseguiu combater a malária e descobrir a causa da doença que ganhou o seu nome e até hoje acomete inúmeras pessoas.

47 A. Cohn, *Previdência Social e Processo Político no Brasil*, p. 234.

48 Os boias-frias retratam o início da terceirização da mão de obra.

ao Espírito Santo[49], fato que, em breve, poderá transformar o Brasil em potência do Atlântico Sul e, ainda, combater todos os gigantes descritos por Beveridge.

A Lei nº 2.613/1955 instituiu o Serviço Social Rural, autarquia ligada ao Ministério da Agricultura. Em 1962, o Serviço Social Rural foi extinto para dar lugar à Superintendência de Política Agrária que passou a abranger também o Conselho Nacional de Reforma Agrária, o Instituto de Imigração e Colonização e o Estabelecimento Rural do Tapajós. Pouco depois, a Lei nº 4.214/1963 criou o Fundo de Assistência e Previdência do Trabalhador Rural.

No final da década de 1950 – quando vigorava a Constituição de 1946, que à época havia restabelecido a democracia no país – a classe dos médicos participou ativamente, por meio da Associação Médica Brasileira, enviando ao Congresso Nacional um memorial com sugestões sobre o credenciamento de prestação de seus serviços, ao projeto da Lei Orgânica da Previdência Social, a LOPS – Lei nº 3.807/1960.

E, de fato, na vigência da Lei Orgânica da Previdência Social, mediante contribuição tríplice (dos empregadores, empregados e da União), todo segurado do regime geral de previdência social, quando necessitasse, estaria assistido medicamente, nos termos do artigo 158[50], inciso XV, da Constituição Federal de 1967.

Gilson Carvalho (2003),[51] escrevendo sobre saúde, lembra que apenas dinheiro não é suficiente para melhor eficiência dos serviços na área. Para o médico sanitarista e ex-secretário nacional de

---

49 Jornal *Valor Econômico.*, Disponível em: <http://economia.uol.com.br/ultnot/valor/2007/11/08/ult1913u78565.jhtm> Acesso em: 28/02/2008.

50 Artigo 158. A Constituição assegura aos trabalhadores os seguintes direitos, além de outros que, nos termos da lei, visem à melhoria de sua condição social:
(...)
XV - assistência sanitária, hospitalar e médica preventiva.

51 D. A. Dallari, Ética Sanitária, Direito Sanitário, Direito Sanitário e Saúde Pública, p. 306-307. "O financiamento público da saúde no bloco de constitucionalidade".

assistência à saúde do Ministério da Saúde, o financiamento da saúde no Brasil conta, atualmente, com a caridade (filantropia), o Sistema Único de Saúde (SUS), os convênios privados e os planos próprios de saúde, mas sua história começa com "a vinda dos jesuítas ao Brasil, considerados os primeiros agentes sanitaristas do país, seguidos das Santas Casas de Misericórdia construídas e mantidas por meio de doações. Surgiram, em seguida, os hospitais públicos destinados ao estudo da medicina e mais tarde passaram a atender os trabalhadores do regime geral de previdência social". Lembra o estudioso que:

> (...) No Brasil a luta vem de séculos, entretanto, foi nas últimas décadas do século XX que este direito à saúde foi mais discutido. Um dos marcos é a 3ª Conferência Nacional de Saúde em 1963, cujos objetivos foram frustrados pelo início da ditadura militar. Nela se definiu o direito de todos à saúde e a municipalização como caminho para se conseguir implantá-lo. Outro destaque deve ser dado à 8ª Conferência Nacional de Saúde em 1986, que aglutinou e consolidou todas as propostas da denominada Reforma Sanitária com respaldo da sociedade, de técnicos, prestadores e administradores públicos, bem como de representantes do legislativo. Os resultados da 8ª Conferência Nacional de Saúde foram apresentados ao Congresso Nacional para discussão e incorporação à Constituição. Isto foi feito e consagrou-se na CF de 1988 um corpo doutrinário que brotou de forma ascendente e desembocou na criação do Sistema Único de Saúde – SUS (CARVALHO, 2003, p. 306/307).

Para Cohn (1981)[52], no entanto, naquela época não havia consenso na classe médica quanto ao tratamento que o Estado deveria dar à saúde. A industrialização demandava mão de obra mais qualificada que não poderia ser substituída com a facilidade de outrora; desta forma, a saúde passou a ser vista "como fator de garantia da capacidade

---

52   A. Cohn, Previdência Social e Processo Político no Brasil, p. 206-207.

de produção da força de trabalho". É o que se depreende do seguinte trecho narrado pela historiadora:

Se de um lado havia aqueles que defendiam a unificação dos serviços de assistência médica generalizada e igual para todos, de outro os representantes dos contribuintes eram contrários àquela proposta. Tal controvérsia acaba com a não-unificação dos serviços médicos, a não-produção desses serviços, em termos absolutos, pelas instituições previdenciárias, mas a manutenção, ao lado dos serviços próprios, do credenciamento, obedecendo ao princípio da participação do segurado no custeio de cada ato de prestação de serviços médicos de livre escolha". (...) "a assistência médica passa a não ser uma prestação secundária no interior da Previdência Social, para assumir lugar de importância equivalente aos benefícios (COHN, 1981, p. 206/207).

Entre as modificações trazidas pela Lei Orgânica da Previdência Social podemos citar a exclusão dos trabalhadores rurais de qualquer cobertura previdenciária e a extensão do auxílio-doença a todo o contribuinte, calculado com alíquota de 70% do salário médio de contribuição. "O pagamento de auxílio doença a todos os contribuintes permitiu que os mesmos buscassem tratamento para seus males, acarretando aumento de gastos na área da saúde" (COHN, 1981)[53].

O Golpe Militar, de 31 de março de 1964, sob a bandeira do progresso e do desenvolvimento, pretendia incrementar a indústria possibilitando a urbanização e o aumento do consumo. Mais tarde, o Ato Institucional nº 2, de outubro de 1965, concentrou o poder no presidente da República, acabando com as eleições diretas. Apesar da preocupação com a saúde, eram notáveis a tortura

---

53   Ibid., p. 234: "Sobretudo em 1966, com a unificação do sistema previdenciário, a diferenciação entre os serviços médicos privados credenciados pelo INPS e dos produzidos por essa instituição é que marca essas mudanças".

e morte praticadas pelo Estado, nos porões da ditadura (ENCARNAÇÃO, 2005).[54]

Em 1965, o governo criou o Banco Nacional de Habitação, cujas construções populares são conhecidas até hoje pela sigla BNH. A experiência não deu certo. Os recursos destinados à habitação acabaram sendo utilizados para finalidades diversas das quais havia sido criado. Recentemente, o fato se repetiu com a Contribuição Provisória Sobre Movimentação Financeira, a CPMF,[55] criada para possibilitar o atendimento universal da saúde, mas com desvirtuamento na destinação dos recursos, logo após sua aprovação até a sua extinção, ocorrida em 31 de dezembro de 2007.

A Lei nº 4.923/1965 instituiu o plano de assistência ao trabalhador desempregado; em outubro de 1966, foi criado o Fundo de Garantia por Tempo de Serviço[56] e em novembro do mesmo ano, por meio do Decreto-Lei nº 72, foi criado o Instituto Nacional da Previdência Social (INPS) que unificou todas as caixas e institutos de pensões criados até aquela data.

Os anos mais pesados da ditadura ainda seriam vividos pelos brasileiros. Em 13 de dezembro de 1968, o Ministro Gama e Silva, anunciou o Ato Institucional nº 5 (AI-5), que autorizava o presidente da República a suspender os direitos políticos de qualquer cidadão, pelo prazo de dez anos; cassar mandatos legislativos, podendo convocar e colocar o Congresso em recesso de forma aleatória; remover ou aposentar funcionários públicos e membros

---

54 A este respeito, ver *Dez reportagens que abalaram a ditadura*, Associação Brasileira de Jornalismo investigativo coordenado por Bianca Encarnação. Arquivo de familiares de jornalistas torturados e mortos pelo regime militar, do Jornal O Estado de São Paulo e Editora Abril.

55 A Emenda Constitucional nº 12/1996 autorizou a União a instituir a contribuição provisória sobre movimentação financeira, inicialmente com alíquota de 0,20%. O tributo seria destinado integralmente ao Fundo Nacional de Saúde, para financiamento das ações e serviços de saúde pelo período de, no máximo, 2 anos.

56 O então presidente Castelo Branco conseguiu aprovar a Lei nº 5.107/1966, que instituiu a contribuição compulsória de 8% sobre o salário dos trabalhadores para serem sacadas no momento em que fossem demitidos.

do judiciário; até o remédio heroico para o direito de ir e vir, o *habeas corpus*, foi suspenso.

Os direitos sociais – entre eles, a saúde – não foram poupados pelo regime militar. Pelo contrário, o "milagre econômico", como foi denominada a política econômica da época, prometia a reconstrução financeira e moral do país e teve seu auge na década de 1970. Gerson[57], jogador de futebol da seleção do país, em razão de uma propaganda de cigarros virou o exemplo a ser seguido, levando gerações ao vício, onerando o sistema de saúde público e privado até os nossos dias.

A respeito da formação de maus hábitos por meio do incentivo subliminar provocados nos consumidores pelas campanhas publicitárias transcrevemos o posicionamento de Edná Alves Costa.[58]

> (...) Valendo-se do poder econômico na formação de hábitos de consumo, as manobras da indústria para estimular o consumo podem produzir efeitos devastadores sobre a saúde humana: veja-se a questão do tabagismo, estimulado pela propaganda que associa o consumo de cigarros com imagens de sucesso, charme, descontração e jovialidade; ou a publicidade de bebidas alcoólicas, cujo consumo é fartamente estimulado por imagens sedutoras sem referência a riscos. A propaganda do leite em pó para lactentes conseguiu por muito tempo sobrepor-se às tentativas de incentivo

---

57 Os craques da seleção campeã de 1970 eram Peleã, Rivelino, Gerson, Carlos Alberto e Tostão. Gerson – o personagem do anúncio de cigarros – era visto como um rebelde, não gostava de treinar e parecia ter uma certa vaidade em admitir que gostava de tirar umas baforadas, até no intervalo dos jogos. O jogador aparecia como garoto-propaganda no lançamento de uma nova marca de cigarro de baixos teores. Não se pode ignorar, nem mesmo naquela época, que cigarros faziam mal à saúde e que a anunciada redução de alcatrão e nicotina não eram capazes de eliminar o risco de dano à saúde causado pelo fumo. O slogan da campanha publicitária era "faça como o Gerson, leve vantagem em tudo, fume Vila Rica" (menos alcatrão e nicotina pelo menor preço). Fonte: <http://www.jrwp.com.br/artigos/leartigo.asp?offset=255&ID=226>. Acesso em 31.03.2009, às 10:33 hs. Atualmente, os craques Ronaldo e Cafu aparecem em propaganda de cerveja Brahma intitulando-se como "brahmeiros", isto é consumidores fervorosos de cerveja daquela marca. Ver também nota 153 deste trabalho.

58 "Vigilância Sanitária e Proteção da Saúde". *Direito Sanitário e Saúde Pública*, p. 186.

ao aleitamento materno. Somem-se riscos à saúde decorrentes de má qualidade de produtos, fraudes, falsificações e procedimentos diagnósticos e terapêuticos inadequados nos serviços de saúde (MINISTÉRIO DA SAÚDE, 2003, p. 186).

Para entender o fenômeno das campanhas publicitárias, é preciso lembrar da conclusão de Giddens (1998)[59] sobre o "poder", na concepção de Parsons, segundo a qual a ação humana é capaz de alterar os acontecimentos, exatamente como ocorriam com as campanhas publicitárias de cigarros e ainda ocorrem com as de bebidas alcoólicas, no Brasil, por meio de imagens e músicas, associando o consumo ao sucesso e à beleza, com tímida recomendação quanto à moderação em seu consumo, conforme trecho que transcrevemos:

> (...) A ação ou o agir implicam a intervenção (ou a contenção) de um indivíduo no curso dos acontecimentos no mundo e pode ser verdadeiro afirmar, no que diz respeito a esse individuo, que "ele poderia ter agido de outra maneira". A ação, assim definida, envolve a aplicação de "meios" para assegurar resultados, na medida em que esses resultados se constituam na intervenção no curso contínuo dos acontecimentos. Definamos, pois, o poder como o uso de recursos, de qualquer natureza, para assegurar resultados. O poder, então, se torna um elemento da ação e diz respeito à categoria de intervenções de que um agente é capaz (GIDDENS, 1998, p. 256/258).

No mesmo trilhar, no âmbito do Direito, Márcio Pugliese (2005),[60] discorrendo sobre a teoria dos sistemas, demonstra como a forma de interpretação dos objetos se altera no tempo (o que ele

---

59 A. Giddens, *Política, Sociologia e Teoria Social, encontros com o pensamento social, clássico e contemporâneo*, p. 256/258: "...os positivistas lógicos buscavam desenvolver uma visão de ciência que pudesse reconhecer a significação vital da lógica da matemática, como sistema de representações simbólicas, no pensamento científico".

60 Tese apresentada para obtenção do título de livre docente ao departamento de filosofia e teoria geral do direito da faculdade de direito da Universidade de São Paulo, com o título "Por uma teoria do direito, Aspectos macro-sistêmicos", p. 227/228.

denomina "significado")[61] (COSTA, 2000), o que leva ao desenvolvimento de comportamentos perante certas mensagens:

> (...) Em síntese, um suprassistema resulta da organização sistêmica de metassistemas e é, tal como esses, de caráter informacional. Assim, por exemplo, nas comunidades podem ser encontrados metassistemas que resultaram da interação entre os indivíduos mas que se concentraram e organizaram para difundir determinadas mensagens para todos os elementos da comunidade (...). Todo sistema social, empiricamente considerado, congrega em si, sob nosso ponto de vista, além do meio natural em que se desenvolve e de uma população vinculada geneticamente, uma civilização que lhe é própria e uma cultura que lhe fornece as tendências de longo prazo... (COSTA, 2000, p. 308).

E foi mesmo longo o processo de abertura política. Em 1973, o preço do barril de petróleo quadriplicou. O impacto da alta no preço atingiu o mundo todo, principalmente os países mais pobres; entre eles o Brasil, que havia acabado de enterrar suas ferrovias. A saída, à época, visualizada pelo então presidente Geisel para o crescimento econômico, foi o investimento em energia nuclear (CALDEIRA, 1997).[62]

Em 1974, foi criado o Ministério da Previdência e Assistência Social, separando a Previdência do Ministério do Trabalho e, pouco depois, com o advento da Lei nº 6.439/1977, foi instituído o Sistema Nacional de Previdência Social, o Sinpas, que uniu os já existentes: Instituto Nacional de Previdência Social (INPS), o Instituto Nacional de Assistência Médica (Inamps), a Legião Brasileira de Assistência (LBA), a Fundação Nacional do Bem-estar do Menor (Funabem), a

---

61 J. M. Costa, *A Boa-Fé no Direito Privado. Sistema e Tópica no Sistema Obrigacional*, p. 308. Lembra os ensinamentos de Claudio Luzzatti que afirma ser o conceito de vagueza relativo e quanto às acepções do termo "significado" conclui ser um dos mais ambíguos e complexos da teoria da linguagem.

62 J. Caldeira et al.*Viagem a história do Brasil*, p. 331. Em 1976, o Brasil denunciou acordos militares com os EUA, assinando acordo com a Alemanha para construção de três usinas nucleares, uma fábrica de componentes para reatores e uma empresa de pesquisa tecnológica ao custo de 13 bilhões de dólares, em função do local escolhido para a realização do projeto).

Empresa de Processamento de Dados da Previdência Social (Dataprev) e a Central de Medicamentos (Ceme).

Para acompanhar o crescimento industrial, o legislador infraconstitucional alterou a legislação infortunística com o advento das Leis nº 6.195/1974 e 6.367/1976, passando a prever entre as prestações sanitárias a assistência médica, a cargo do Inamps, bem como o transporte do acidentado e, ainda, se necessário o fornecimento de prótese, reparação e substituição dos aparelhos de prótese e órtese.

As mesmas leis anteriormente citadas previam, ainda, o reembolso a empresas particulares que prestassem serviço ao acidentado dentro dos limites compatíveis com os padrões do local do atendimento e estipulava cobertura total para assistência médica, cirurgias, tratamento clínico e especializado, honorários médicos, exames laboratoriais e radiográficos, tratamento dentário, internações hospitalares ou em casas de saúde, despesas com massagens ou tratamentos radioterápicos e eletroterápicos, transporte, e caso seja necessário, hospedagem com o acidentado e seu acompanhante (NASCIMENTO, 1983).[63]

Apesar de o Brasil ter ratificado a Convenção Internacional do Trabalho nº 12/1921, por meio do Decreto Legislativo nº 24/1956, comprometendo-se a estender a todos os assalariados agrícolas o benefício das leis e regulamentos que têm por objetivo indenizar as vítimas de acidentes ocorridos no trabalho ou no curso do trabalho, a Lei nº 6.195/1974 fez distinção entre urbanos e rurais (NASCIMENTO, 1983).[64]

A discriminação feita na Lei nº 6.195/1974 consistiu em deixar os trabalhadores rurais sem a cobertura para os riscos acidentários

---

63 T. M. C. Nascimento. *Curso de Direito Infortunístico*, p. 84/85.
64 Ibid., p. 103/107. Inúmeras ações judiciais debateram a matéria e concluíram que a ausência de indenização previdenciária para os trabalhadores rurais violava o artigo 165, inciso XVI, da Constituição então vigente, que previa indenização contra acidente do trabalho aos trabalhadores e ao artigo 153, § 1º que garantia igualdade de todos perante a lei, além do artigo 165, § único que estampava a regra da contrapartida.

indenizatórios quando houvesse redução da capacidade laborativa. Os trabalhadores rurais não fariam jus ao auxílio-acidente, vitalício, quando a sequela causada pelo infortúnio impedisse o exercício da mesma atividade, mas não o de outra; e ao auxílio suplementar pago até que o segurado viesse a se aposentar, em caso de sequela que o obrigasse a realizar maior esforço, na mesma atividade que exercia à época do acidente[65].

O presidente Geisel promulgou a Lei nº 6.229/1975, que passou a dispor sobre o Sistema Nacional de Saúde, visando a ações conjuntas do setor público e privado no desenvolvimento de ações de promoção, proteção e recuperação da saúde.

Wagner Balera (1989)[66] lembra que o Brasil, na tentativa de garantir atendimento integral na área de saúde, em cumprimento à meta estipulada pela Organização Mundial de Saúde, na Conferência de Alma Ata[67], criou o Piass (*Programa de Interiorização das Ações de Saúde e Saneamento*), em 1976, com o objetivo de interiorização da saúde e o Prevsaúde, em 1980, para integrar a saúde e a previdência, no entanto, nenhum dos dois programas teve sucesso. Gilson Carvalho (2003)[68] menciona, ainda, alguns programas de atendimento das ações de saúde, o Programa de Pronta Ação (PPA) dos anos 1970; dez anos depois, em 1983, surgiram as Ações Integradas de Saúde (AIS) e, em 1987, o Sistema Unificado e Descentralizado de Saúde (SUDS).

---

65   O auxílio-acidente consistia em uma renda mensal correspondente a 40% do salário de contribuição do dia do acidente e o auxílio suplementar em prestação mensal de 20% do salário de contribuição do dia do acidente ou do valor do auxílio-doença que o acidentado vinha percebendo. (artigos 6º e 9º, ambos da Lei nº 6.367/1976)

66   W. Balera, *A seguridade social na Constituição de 1988*, p. 79.

67   A 4ª Conferência Internacional sobre Promoção da Saúde, realizada em Jacarta, 20 anos depois da Declaração de Alma-Ata, é a primeira realizada em um país em desenvolvimento, além de ser a primeira a incluir o setor privado no apoio à promoção da saúde.

68   "O financiamento público da saúde no bloco de constitucionalidade". D. A. Dallari, *Ética Sanitária, Direito Sanitário, Direito Sanitário e Saúde Pública*, p. 308.

Na política, o conflito de interesses entre o governo e a sociedade da época acabou demonstrando que o regime de supressão de direitos fundamentais não se sustentaria por muito tempo. Os movimentos estudantil e sindical passaram a contar com o apoio da maioria dos políticos de oposição, dando início ao processo de abertura política, culminando com o movimento denominado "Diretas já", em São Paulo, em janeiro de 1984[69] e, finalmente, em 10 de outubro de 1988 (BLUMENBERG, 1966),[70] na promulgação da Constituição cidadã (HABERMAS, 2002).[71]

---

69 Nos anos 1980, o então presidente Geisel institui o Plano Nacional de Desenvolvimento tinha previsões para transformar o Brasil em uma potência, mas quatro anos mais tarde o regime mostrava sinais de desmoronamento.

70 A expressão ficou célebre e foi usada pelo então deputado federal, Ulysses Guimarães, em 05.10.1988, na Assembleia Nacional Constituinte. Lembramos aqui a conhecida indagação de Hegel quando discorre sobre a época moderna e o rompimento com modelos por nós descartados em determinados momentos históricos que transcrevemos: "... Exceto algumas tentativas anteriores, coube sobretudo aos nossos dias reivindicar como propriedade dos homens, ao menos em teoria, os tesouros generosamente entregues ao céu; mas qual época terá a força para fazer valer esse direito e dele se apossar?" (G. W. F. Hegel, Suhrkamp-Werkausgabe, p. 209). Sobre o mesmo tema vale citar H. Blumenberg, *Legitimität der Neuzeit (legitimidade da idade moderna)*, p.72: "Não é evidente que se coloque para uma época o problema de sua legitimidade histórica, como tampouco é evidente que ela se compreenda em geral como época. Para a época moderna o problema está latente na pretensão de consumar, ou de poder consumar, uma ruptura radical com a tradição e no equívoco que essa pretensão representa em relação à realidade histórica, que nunca é capaz de recomeçar desde o princípio".

71 A Constituição Federal de 1988 é assim denominada porque está fundamentada no homem moderno, segundo o qual para ele estar bem o outro também deve estar bem. J. Habermas no *Discurso filosófico da modernidade*, p. 25/26), afirma que, segundo Hegel, "o princípio do mundo moderno é, em geral, a liberdade da subjetividade, princípio segundo o qual todos os aspectos essenciais presentes na totalidade espiritual se desenvolvem para alcançar o seu direito" (Hegel, vol. VII, p. 439, mais documentação no art. "Moderne Welt" (o mundo moderno), Obras, volume de índices, p. 417) e conclui Habermas: "... nesse contexto a expressão subjetividade comporta sobretudo quatro conotações: a) individualismo: no mundo moderno, a singularidade infinitamente particular pode fazer valer suas pretensões; b) direito de crítica: o princípio do mundo moderno exige que aquilo que deve ser conhecido por todos se mostre a cada um como algo legítimo; c) autonomia da ação: é próprio dos tempos modernos que queiramos responder pelo que fazemos; d) por fim, a própria filosofia idealista: Hegel considera como obra dos tempos modernos que a filosofia apreenda a ideia que se sabe de si mesma".

Foi nesse cenário que acabamos de descrever, ao longo de todos os momentos da história do Brasil, que inúmeros decretos, portarias e leis foram editados no país,[72] culminando na Lei nº 6.229/1975, com o objetivo de regulamentar a saúde até o advento da Constituição Federal de 1988 e da Lei nº 8.080/1990.

---

[72] A Consolidação das Leis do Trabalho, por exemplo (Decreto-Lei nº 5.452/1943), em seus artigos 154 e seguintes, sob o título "Da segurança e da medicina do trabalho" faz várias restrições à atividade econômica, impondo também aos empregados conduta de prevenção de acidentes do trabalho. O Decreto-Lei nº 212/1967 dispõe sobre medidas de segurança sanitária no país. O Decreto-Lei nº 923/1969 dispõe sobre a comercialização do leite cru e a Lei nº 5.991/1973 dispõe sobre o controle do comércio de drogas, medicamentos e insumos farmacêuticos. A Lei nº 6.150/1974, por sua vez, obriga a adição de iodo ao sal para combate do bócio e a Lei de combate ao tráfico de drogas (Lei nº 6.368/1976) prevê a repreensão ao tráfico, impondo duras penas aos seus infratores. Não podemos deixar de citar a conhecida Portaria nº 3.214/1978 do Ministério do Trabalho, que aprovou inúmeras normas regulamentadoras (denominadas "NRs") que visam à proteção da saúde do trabalhador. Podemos, ainda, citar a Lei nº 7.649/1988, que estabelece a obrigatoriedade do cadastramento dos doadores de sangue, bem como a realização de exames laboratoriais no sangue coletado, visando à prevenção de contaminação dos receptores.

capítulo II

A SAÚDE NA CONSTITUIÇÃO FEDERAL DE 1988

2.1. A saúde na Constituição Federal de 1988

A Constituição elaborada pelo poder constituinte (o fato social) desaparece com o surgimento do Estado (VILANOVA, 2003).[73] Este deverá atender as disposições constitucionais que o precedem. As funções que a sociedade deve desempenhar estão diretamente ligadas aos agentes públicos que ela elege e aos meios de controle de constitucionalidade previstos no ordenamento (BOBBIO, 1999).[74]

---

[73] Para Lourival Vilanova a norma fundamental nem está colocada num sobressistema de direito natural, servindo de critério de valor absoluto para julgar o sistema positivo, nem procede desse plano, para inserir-se no sistema positivo, como a norma básica, dotada materialmente de um conteúdo de valor absoluto. Não é transcendente. Nem tampouco se encontrará no interior do sistema positivo do direito: o regresso da norma mais concreta e individual para a última norma, a mais geral e abstrata, é um movimento que se exerce no recinto do sistema positivo. (L. Vilanova, *Escritos jurídicos e filosóficos*, p. 304)

[74] N. Bobbio, *O positivismo jurídico. Lições de Filosofia do Direito*, p.233/238. Para Norberto Bobbio deve-se aceitar o positivismo jurídico moderado e se há pretensão de fazer ciência deve ser adotado como o método científico para o estudo do Direito, ver: "... sustentamos que, para poder fazer um balanço do positivismo jurídico, para poder estabelecer aquilo que dele deve ser conservado e o que deve ser abandonado ou, como se diz habitualmente quanto às doutrinas, verificar o que está vivo e o que está morto, é necessário não considerar esse movimento como um bloco monolítico, mas distinguir nele alguns aspectos fundamentalmente diferentes". (...) "Podemos, portanto, distinguir três aspectos do positivismo jurídico: a) como método para o estudo do Direito; b) como teoria do Direito; c) como ideologia do Direito". Para Bobbio, o positivismo como ideologia pode ser ético extremista (respeito ao contrato social, segundo o qual as leis devem ser respeitadas) e o positivismo ético moderado que considera a igualdade formal e a certeza como os valores próprios do Direito (Estado liberal, onde as leis devem ser respeitadas por todos, inclusive pelos órgãos do Estado).

A crise econômica do primeiro pós-guerra levou o Estado a assumir papel ativo na economia, instalando indústrias e gerando empregos para combater a miséria. As constituições do México, de 1917 e de Weimar, de 1919, cuidaram de incorporar a preocupação com os mais necessitados. O Estado passa a ser agente do desenvolvimento cultural, visando à redução das desigualdades sociais e à promoção da justiça social, propiciando aos cidadãos prestações estatais positivas, protegendo os indivíduos em face do poder econômico, combatendo a miséria por meio do primado do trabalho.

O Ordenamento Jurídico do Estado Social e Democrático Brasileiro é a soma e ligação entre constitucionalismo, república, participação popular direta, separação de poderes, legalidade, garantia dos direitos individuais, políticos e sociais. Assim, com o desenvolvimento é possível alcançar a justiça social, garantindo a todos educação, saúde, trabalho, moradia, lazer, segurança, previdência social, proteção à maternidade e à infância (POPPER, 2006).[75]

Ao tratar da saúde, a Assembleia Constituinte de 1988 estava, na verdade, cuidando de proteger a vida das pessoas. A respeito do valor

---

[75] Karl Popper, *Em busca de um mundo melhor*, respondendo a pergunta por ele mesmo formulada "Em que acredita o Ocidente?" responde: "(...) queremos a paz e a liberdade e estamos todos dispostos a fazer os maiores sacrifícios por ambas. Afirmo que nossa época, apesar de tudo, é a melhor de todas as épocas de que temos conhecimento histórico; e que a forma de sociedade em que vivemos no Ocidente é, apesar de muitas deficiências, a melhor de que temos conhecimento" p. 278/279. "(...) eu gostaria aqui de apontar em particular três causas, que são importantes no contexto de nosso tema: elas mostram claramente em que nós, no Ocidente, acreditamos. Em primeiro lugar, nossa época estabeleceu um princípio de fé moral que de fato foi alçado a uma obviedade moral. Refiro ao princípio de que ninguém pode passar fome enquanto houver comida suficiente entre nós. E ela também tomou a decisão de não deixar ao acaso a luta contra a pobreza, mas considerá-la um dever elementar de todos – especialmente daqueles que têm prosperidade material. Em segundo lugar, nossa época crê no princípio de dar a todos melhor oportunidade possível na vida (...) no combate à miséria pelo conhecimento e, (...) que a educação superior deve se tornar acessível a todos que tenham o talento necessário. (p. 279) Em terceiro, nossa época despertou nas massas necessidades e ambição de posse. (...) o problema da pobreza era insolúvel sem a colaboração dos pobres e que o desejo e a vontade de melhorar de vida deviam ser despertados, antes que se pudesse obter tal colaboração. Esses três princípios de fé – luta pública contra a pobreza, educação para todos, aumento das necessidades – levaram a desenvolvimentos bastante questionáveis" p. 280.

da vida, Hannah Arendt (2008) discorre sobre os valores da sociedade em seu livro *A promessa da política*[76]:

> (...) no centro da política jaz a preocupação com o mundo, não com o homem – com o mundo, na verdade, constituído dessa ou daquela maneira, sem o qual aqueles que são ao mesmo tempo preocupados e políticos não achariam que a vida é digna de ser vivida. E não podemos mudar o mundo mudando as pessoas que vivem nele – à parte a total impossibilidade prática de tal empresa – tanto quanto não podemos mudar uma organização ou um clube tentando, de alguma forma, influenciar seus membros. Se queremos mudar uma instituição, uma organização, uma entidade púbica qualquer existente no mundo, tudo o que podemos fazer é rever sua constituição, suas leis, seus estatutos e esperar que o resto cuide de si mesmo (ARENDT, 2008, p. 157/159).

Foi o que fez a Constituição de 1988, ao incluir as ações e os serviços públicos de saúde entre os direitos sociais, determinando serem de relevância pública, cabendo ao poder público sua regulamentação, fiscalização e controle. Ela permite ao Estado e também a terceiros a sua prestação, visando a efetividade da *universalidade da cobertura e do atendimento* a todos aqueles que estejam em território nacional[77], garantindo, ainda, o tratamento total e ilimitado necessário à cura e recuperação em caso de doença, além de inserir entre os direitos do trabalhador preceito que prevê a redução dos riscos inerentes ao trabalho, por meio de normas de saúde, higiene e segurança.

A seguridade social é a mais importante forma de proteção social brasileira, desenhada sob a modalidade de sistema na Constituição de 1988 (FERRAZ, 1980).[78] A saúde foi abordada pela Assembleia

---

76 p. 157/ 159.

77 Art. 197. São de relevância pública as ações e serviços de saúde, cabendo ao Poder Público dispor, nos termos da lei, sobre sua regulamentação, fiscalização e controle, devendo sua execução ser feita diretamente ou através de terceiros e, também, por pessoa física ou jurídica de direito privado.

78 Tércio Sampaio Ferraz Jr em *A ciência do Direito*, p. 101/102, discorrendo sobre o Direito como sistema de controle do comportamento, demonstra o dinamismo do Direito afirmando que "... todo sistema tem um limite interno (o que está dentro) e um limite externo (o que

Constituinte de 1988, dentro do Título VIII, Da Ordem Social, no Capítulo II, que cuida da seguridade social, seção II. Dos cinco artigos que tratam da saúde, o artigo 198 sofreu – desde 1988, quando da promulgação da Constituição Federal – duas alterações decorrentes das Emendas Constitucionais (VILANOVA, 2003)[79] nº 29, de 2000 e nº 51, de 2006.

A Constituição, com o advento da Emenda Constitucional nº 29/2000, passou a vincular parte do orçamento da União à saúde, visando dar eficácia à cobertura universal (artigo 198, § 2º), com previsão de cobertura de saúde física, mental e laboral para todos aqueles que dela necessitarem. Na esfera infraconstitucional, o legislador determinou a reabilitação profissional para garantia de retorno

---

está fora, mas influenciando e recebendo influências). Assim, as variações nas estruturas e nos elementos do sistema podem ser vistas como esforços construtivos para harmonizar e acompanhar as pressões do seu ambiente e do próprio sistema. Por sua vez, a capacidade do sistema em resistir às pressões é função da presença e da natureza de informações técnicas que afetam os seus membros e aqueles que tomam as decisões".

79 L. Vilanova, *Escritos jurídicos e filosóficos,* p. 174, 287/288. Com relação às possibilidades de revisão da Constituição, Lourival Vilanova entende que "não altera substancialmente o problema se a Constituição é flexível ou rígida; se flexível for e nenhum procedimento formal de reforma houver, ainda assim, tudo em princípio podendo ser revisado pela lei ordinária, essa alteração tem limite. Se a forma constitucional não é rígida, há o núcleo material da Constituição, aquelas regras que dispõem sobre o modo de ser da estrutura política (que expressam a decisão política fundamental), que é insusceptível de mudança. Se se muda, porque há flexibilidade no processo de reforma, tem-se nova Constituição, imediatamente vinculada à nova norma fundamental. Mesmo, pois, uma Constituição Formal flexível tem um limite, transposto o qual suprime-se a Constituição e outra se põe" (...). " Há, diz Kelsen, dois casos de alteração constitucional: um previsto pela própria Constituição, que dispõe qual o órgão habilitado para criar o direito constitucional e qual o método a seguir; outro, o não previsto normativamente. Aquele é infrassistemático; este, extrassistemático. Kelsen subsume ambos os casos no conceito de mudança. (Aenderung): aenderung der Verfassung auf revolutionaerem Wege, d. h., mit einem Bruch der bisherigen Verfassung. São dois tipos de alteração constitucional diferentes. Num caso, um processo normativamente regrado; noutro, uma situação fática de poder triunfante, sem limitação normativa anterior e sem órgão habilitado juridicamente, impõem normas. Em rigor, a alteração (reforma, revisão, poder de emenda) se move nos quadros traçados pela Constituição" (...). "As fontes formais vêm depois, com a Constituição positiva em vigor. O poder de revisão constitucional, este, sim, é uma das fontes formais, o método infraconstitucional de mutação do texto da Constituição. O que confirma a tese de que o Direito regra a sua própria criação".

do trabalhador ao posto que ocupava anteriormente ou a outro compatível com sua qualificação profissional com a sua adaptação à nova realidade de sua atividade laborativa[80] (artigo 18, inciso III e 89 a 93 e 118, todos da Lei nº 8.213/1991.

Em 2006, a Emenda Constitucional nº 51 acrescentou ao artigo 198 mais três parágrafos, o § 4º, o § 5º e o § 6º, que tratam do agente comunitário de saúde e do agente de combate às endemias.

A Emenda Constitucional nº 29/2000 transformou o parágrafo único do artigo 198 em § 1º, acrescentando mais dois parágrafos àquele artigo, o § 2º e o § 3º, que tratam da destinação dos recursos na área da saúde com previsão orçamentária para os quatro anos que se sucederam, ficando sem previsão orçamentária a partir de 2004, vindo a ser novamente regulamentada em 16/01/2012 com a Lei Complementar 141, de 13 de janeiro de 2012, que dispõe sobre os valores mínimos a serem aplicados anualmente pela União, estados, Distrito Federal e municípios em ações e serviços públicos de saúde e estabelece os critérios de rateio dos recursos destinados à saúde e as normas de fiscalização, avaliação e controle das despesas com saúde nas 3 (três) esferas de governo.[81]

A partir de 13 de janeiro de 2012, os estados e os municípios são obrigados, respectivamente, a aplicar 12% e 15% de sua arrecadação em saúde. O percentual para o Distrito Federal variará de acordo com

---

80 A Lei Complementar nº 127/2007 alterou a redação do artigo 50 da Lei Complementar nº 123/2006 que institui o Simples, reduzindo impostos de pequenas empresas não se esquecendo de incentivar a reabilitação profissional para os pequenos empregadores ao estabelecer que: art. 50. As microempresas e as empresas de pequeno porte serão estimuladas pelo Poder Público e pelos Serviços Sociais Autônomos a formar consórcios para acesso a serviços especializados em segurança e medicina do trabalho.

81 A Lei Complementar 141/12 revogou o § 1º, do artigo 35, da Lei n° 8.080, de 19 de setembro de 1990 que determinava distribuição de metade dos recursos destinados aos estados e municipios, conforme o quociente de sua divisão pelo número de habitantes e o artigo 12, da Lei nº 8.689, de 27 de julho de 1993, que previa apresentação pelo gestor do SUS de relatório trimestral dos recursos aplicados, entre outros, que passam a ser apresentados nos meses de maio, setembro e fevereiro na Casa Legislativa do respectivo ente da federação em garantia a descentralização e transparência da gestão.

a fonte do tributo, se estadual será de 12%, se distrital 15%. Com a nova regulamentação da EC 29/2000, em caso de variação negativa do PIB (Produto Interno Bruto), o valor de investimento não pode ser reduzido no ano seguinte.

A Assembleia Constituinte de 1988 transformou a seguridade em sistema, estabelecendo entre os fundamentos que elegeu para a República, "os valores sociais do trabalho e da livre iniciativa, a dignidade da pessoa humana, além do bem-estar e da justiça social" (preâmbulo e artigos 1° e 193).[82] Depois de fixar os valores que fundamentam a República e que estão diretamente relacionados à seguridade social, enumerou os princípios que denominou de objetivos, no § único do artigo 194. Podemos afirmar, portanto, que a Constituição de 1988 estabelece todas as bases necessárias à implementação de programa de proteção social.

Entre as normas que a Constituição Federal brasileira prevê para a regulamentação do sistema de seguridade social, podemos citar as leis relacionadas à saúde, previdência e assistência social e, ainda, de forma complementar à previdência privada, à saúde suplementar privada e à assistência médica complementar, por meio de convênios com o SUS (artigos 197 e 199, da Constituição Federal), a saber: a Lei Orgânica da Saúde que define o Sistema Único de Saúde – Leis federais n° 8.080/1990 e n° 8.142/1990; a Lei de Organização e Custeio da Seguridade Social – Lei nº 8.212/1991; o Plano de Benefícios da Previdência Social – Lei nº 8.213/1991; e a Lei Orgânica da Assistência Social – Lei nº 8.742/1993; a Lei que instituiu o Programa do Seguro-Desemprego e o Abono Anual (Lei nº 7.998/1990); Lei 9.782/1999 que criou a Agência Nacional de Vigilância Sanitária (Anvisa) e as que disciplinam os planos de

---

82 A Assembleia Constituinte de 1988 baseou-se na Declaração Universal dos Direitos do Homem de 1948 que pode ser resumida com a transcrição do artigo 25, § 1º, a saber: "Toda pessoa tem direito a um nível de vida suficiente para lhe assegurar e à sua família a saúde e o bem-estar, principalmente quanto à alimentação, ao vestuário, ao alojamento, à assistência médica e ainda quanto aos serviços sociais necessários".

previdência privada (Leis Complementares nº 108 e 109, de 2001), e os planos de saúde privados (Lei de Regulamentação do Setor nº 9.656/1998; Criação da ANS – Lei nº 9.961/2000); lei sobre a especialização das sociedades seguradoras em planos privados de assistência à saúde – Lei nº 10.185/01; Lei nº 10.850/2004, que fixa as diretrizes para a definição de normas de implantação do Programa de Incentivo à Adaptação de Contratos e Lei nº 10.728/2003, que cria o benefício auxílio-reabilitação psicossocial que, dentro do programa "De volta para casa", prevê o pagamento de um salário mínimo para os portadores de doença mental que tenham recebido alta de hospitais psiquiátricos, com objetivo de reintegrá-los às suas famílias.

Baseadas na universalidade da cobertura e do atendimento, as leis anteriormente citadas determinam que a saúde é direito de todos (BALERA, 2006),[83] que a Previdência Social se dá mediante contribuição e que a assistência social será prestada àqueles que dela necessitarem; que a Previdência Privada Complementar será autônoma e facultativa e, ainda, que a saúde pode ser suplementada ou complementada pela iniciativa privada por meio de contratos com o próprio beneficiário ou por convênios firmados entre o SUS e os hospitais explorados pela iniciativa privada.

A universalidade da cobertura e do atendimento a todas as pessoas que necessitem dos serviços públicos de saúde vem acompanhada da participação da comunidade protegida na gestão dos programas de saúde, desde a formulação da política até a execução das ações e, ainda, da descentralização da gestão. Tais diretrizes são características do regime democrático conquistado com a Constituição de 1988.

---

83 "Conquanto se trate de direito de todos (art. 196, da Constituição), nem todos os locais onde todos estão se encontram aparelhados com as estruturas sanitárias necessárias ao eficiente atendimento da população. (W. Balera. *Sistema de Seguridade Social*, p. 47). Daí a célebre frase de Ihering em *A luta pelo direito*) de que o direito inexigível é como "a chama que não ilumina, o fogo que não queima".

2.1.1. Conceito de seguridade social adotado pela Assembleia Constituinte de 1988

Arnaldo Süssekind (1955),[84] na década de 1950, dava dois sentidos à seguridade: um amplo, abrangendo a política do bem-estar social, e outro estrito, para a assistência e os seguros sociais em favor dos filiados ao regime geral:

> (...) o emprego da expressão seguridade social ora é usada num sentido amplo, alcançando a todos os aspectos da política do bem-estar social, ora num sentido restrito, correspondendo à previdência social, embora entendida esta com a latitude com que conceituamos, abrangendo a assistência e os seguros sociais em favor de todos os que trabalham como empregado, empregador ou profissional autônomo (SÜSSEKIND, 1955, p. 47).

Heloísa Hernandez Derzi lembra que "(...) do ponto de vista eminentemente técnico, para atender à finalidade essencialmente securitária (a proteção individual do trabalhador, mediante prestações de caráter indenizatório), o seguro social tradicional valia-se de contratos celebrados com as entidades seguradoras privadas, sob a adaptação das técnicas utilizadas nos seguros em favor de terceiros (e.g., acidente do trabalho). Assim, o arcabouço estrutural do modelo estava diretamente condicionado à ocorrência dos chamados riscos profissionais".[85]

E prossegue Heloisa H. Derzi (2004) afirmando que as sociedades mútuas organizadas para a prevenção dos riscos sociais, inclusive os de acidente do trabalho, no final do século XIX faziam uso da técnica do seguro privado, baseando-se:

a) na mutualidade e na solidariedade para unir riscos passíveis de proteção;

b) na presença do risco como fator futuro e aleatório, passível de reparação econômica, a provocar uma necessidade nas pessoas;

---

84 A. Süssekind. *Previdência Social Brasileira*, p. 47.
85 H. H. Derzi. *Os beneficiários da pensão por morte*, p. 51 e 60.

c) na necessidade a ser indenizada se e quando ocorrer o sinistro;

d) na possibilidade do custo do seguro ser compatível com a capacidade econômica dos interessados;

Como vimos anteriormente, evoluímos para o sistema de seguridade social que abrange a previdência social, a assistência social, a saúde, esta com *status* de direito público, ainda quando prestada por meio da iniciativa privada (artigos 197 e 199 da Constituição de 1988), de forma complementada ou suplementada por meio de contratos firmados entre as prestadoras privadas de serviços médicos e hospitalares com o próprio beneficiário ou por convênios firmados entre o SUS e os hospitais explorados pela iniciativa privada para ampliação da cobertura e eficácia da universalidade da cobertura e do atendimento e, mais recentemente, a previdência privada complementar.

Tendo sido a saúde inserida, pela Assembleia Constituinte de 1988, na ordem social, dentro do sistema de seguridade social, torna-se relevante discorrermos brevemente sobre o conceito atual de seguridade social que abrange a saúde.

Para Celso Barroso Leite (1997),[86] seguridade traduz a ideia de tranquilidade, sobretudo no futuro, que a sociedade deve garantir aos seus membros na proteção das necessidades essenciais inerentes ao ser humano. E prossegue discorrendo sobre o conceito de seguridade:

> (...) Em última análise, a seguridade social deve ser entendida e conceituada como o conjunto das medidas com as quais o Estado, agente da sociedade, procura atender à necessidade que o ser hu-

---

[86] C. B. Leite. In: W. Balera. *Conceito de Seguridade Social. Curso de Direito Previdenciário, Homenagem a Moacyr Velloso Cardoso de Oliveira*. 3ª edição. Editora LTR São Paulo, 1996. p.15-16 (...) 21. "(...) A expressão parece ter surgido nos Estados Unidos, com o *Social Security Act* (Lei da Seguridade Social), de 1935; repetida logo após na lei neozelandesa sobre a mesma matéria, de 1938, ela firmou-se e conquistou aceitação internacional. Em seguida vieram *securité sociale* na França, *sicurezza sociale* na Itália, *seguridade social* na Espanha e América espanhola, *seguridade social* no Brasil (porém não em Portugal, onde o que se diz é *segurança social*)".

mano tem de segurança na adversidade, de tranquilidade quanto ao dia de amanhã.

(...)

Melhor, talvez, do que conceituar a seguridade social, com as dificuldades que será preciso vencer para isso, é compreender que ela se enquadra nessa linha de raciocínio, ou seja, constitui a maneira, na realidade maneiras, de proporcionar a cada um de nós a garantia de poder viver em paz no tocante a determinadas necessidades inerentes à própria condição humana" (...) Quando falamos em maneiras, no plural, de atender a necessidades essenciais do ser humano, podemos estar indo além da seguridade social, no rumo do conjunto mais amplo formado por ela e outros programas congêneres: a proteção social (LEITE, 1996, p. 15).

Para Jose Manuel Almansa Pastor (1997),[87] a relação jurídica de proteção é o instrumento por meio do qual a entidade gestora dos recursos de seguridade satisfaz as prestações previstas na lei, pagando ao beneficiário o suficiente para suprir sua necessidade.

Paul Durand (1991) sustenta ser a política de seguridade social capaz de transformar as condições de vida de uma sociedade, proporcionando a garantia dos meios de subsistência, permitindo a participação mais ativa do homem, livre do temor e da necessidade, na atividade econômica.[88]

---

[87] *Derecho de La Seguridad Social*, p. 476. "(...) cabe definir la relacción de protección como la relacción jurídica instrumental de la seguridad social, em virtud de la que un sujeto (entidad gestora o colaboradora) satisface las prestaciones determinadas legalmente a otro sujeto (beneficário), a fin de subvenir a la situación de necesidad actual de éste".

[88] P. Durand. *La Politica Contemporanea de Seguridad Social*, p. 729: "(...) Las transformacciones de las estructuras jurídicas no son lo único que importa. Tan importantes como ellas, son las modificaciones de orden sociológico. La politica de seguridad social tiende a transformar las condiciones de vida de una sociedad. Proporcionando la garantia de los medios de existência, permite al hombre, liberado del temor ala necesidad, participar más activamente em la actividad económica. Su organización técnica puede ser diseñada de manera que estimule el espíritu de ahoro".

Ilídio das Neves (1996)[89] define o ordenamento jurídico da segurança social como "um conjunto diversificado, mas estruturado e sistematizado, de princípios e de normas jurídicas, bem como de situações juridicamente relevantes, indispensáveis à garantia da proteção social das pessoas. (...) essas situações juridicamente relevantes são os direitos subjetivos à segurança social, as relações jurídicas de segurança social e os regimes de segurança social".

Cabe acrescentar que, para o autor português, além das vertentes ideológicas, demográficas, sociológicas e políticas, a econômica é de fundamental importância no ordenamento jurídico da segurança social[90], pois "os efeitos da inflação e do desemprego repercutem na eficácia do social da segurança social, tanto no que respeita à manutenção do nível das prestações, como no que se refere ao alargamento do campo material dos regimes de segurança social, mas são suscetíveis de dar origem também a um poderoso impacto no equilíbrio financeiro da segurança social, quer nos métodos de financiamentos, quer nas técnicas de gestão financeira".

No mesmo sentido, ao conceituar a seguridade social como meio de garantir justiça social a todos indistintamente, Wagner Balera[91] conclui:

> (...) Do ponto de vista especificamente jurídico pode-se dizer que o sistema de seguridade social é instrumental de realização de justiça social, protegendo assim os trabalhadores, seus primitivos destinatários, quanto todos os necessitados (BALERA, 2006, p. 18).

---

89 I. Neves, *Direito da Segurança Social. Princípios Fundamentais numa Análise Prospectiva*, p. 82 e 49.

90 Foram, aliás, todos os aspectos mencionados há pouco, principalmente os econômicos que levaram o legislador infraconstitucional a adorar nova metodologia para o financiamento dos benefícios decorrentes de incapacidades resultantes de acidentes do trabalho, bem como das aposentadorias especiais que expõem os segurados a agentes nocivos à saúde durante toda a jornada de trabalho.

91 *Sistema de Seguridade Social*, p. 18.

Miguel Horvath Júnior (2008)[92] conceitua a seguridade como:

> (...) um sistema em que o estado garante a "libertação da necessidade". sob a ótica do critério finalístico, através da seguridade social o estado fica obrigado a garantir que nenhum de seus cidadãos fique sem ter satisfeitas suas necessidades sociais mínimas. não se trata apenas da necessidade de o estado fornecer prestações econômicas aos cidadãos, mas também do fornecimento de meios para que o indivíduo consiga suplantar as adversidades, quer seja prestando assistência social, quer seja por meio da prestação de assistência sanitária (HOVARTH JR., 2008, p. 104).

Com relação ao campo material das prestações, os ensinamentos precisos de Heloisa Hernandez Derzi[93] apontam para a integração das ações de seguridade social por meio das prestações em dinheiro, visando à substituição da renda do trabalhador com métodos de reabilitação com acesso dos segurados e seus dependentes às prestações em espécie ou serviços e, ainda por métodos preventivos, com ajuda da medicina do trabalho.

Portanto, a seguridade social pode ser definida como a garantia dada pelo Estado aos seus membros na proteção das necessidades essenciais inerentes ao ser humano, entre elas a proteção contra acidentes de trabalho e demais riscos ocupacionais (aposentadorias especiais), prevenindo os afastamentos deles decorrentes e garantindo a inclusão social por meio de programas de reabilitação profissional, quando dos afastamentos por eles acarretados, permitindo a participação mais ativa do trabalhador, livre do temor e da necessidade, na atividade econômica (DURAND, 1991).[94]

---

92   M. Hovarth Jr., *Direito Previdenciário*, p. 104.

93   *Os beneficiários da pensão por morte*, p. 84. Heloísa Hernandez Derzi utiliza o conceito de Mazzoni para quem a seguridade social é um princípio ético social fundante do estado do bem-estar, para sustentar a integração entre os sistemas de seguridade (previdência, assistência e saúde), obrigando o Estado a intercalar métodos preventivos de proteção aos métodos compensatórios e reparadores.

94   P. Durand. *La Politica Contemporanea de Seguridad Social*. p. 729:"(...) La Politica de Seguridad Social tiende a transformar las condiciones de vida de una sociedad. Proporcionando la garantia de los medios de existência, permite al hombre, liberado del temor ala necesidad,

2.1.2. Diretrizes constitucionais para as ações e serviços de saúde

A saúde, como direito social, necessita de políticas públicas para a sua efetivação. É o que determina o artigo 196 da Constituição:

> A saúde é direito de todos e dever do Estado, garantido mediante políticas sociais e econômicas que visem à redução do risco de doenças e de outros agravos e ao acesso universal e igualitário às ações e serviços para sua *promoção, proteção e recuperação*.

As diretrizes para a saúde estão dispostas nos artigos 194, 196 e 198, todos da Constituição. São elas: a universalidade que garante o acesso à saúde por todos, indistintamente; gestão pública dos recursos destinados à saúde, com participação da comunidade[95] e integração dos governos federal, estaduais e municipais nas políticas preventivas e curativas de saúde, de forma a garantir integralmente a saúde da população.

Celso Lafer (2005)[96] lembra que "(...) as constituições do século XX, com destaque para as que foram elaboradas no Segundo Pós-guerra, contêm, além de regras que atribuem competências, princípios gerais. (...) voltados para indicar um sentido de direção que a Constituição busca imprimir à sociedade brasileira".

A constituinte brasileira, orientada pelos valores[97] predominantes na sociedade e, segundo o conceito de seguridade social que acaba-

---

participar más activamente en la actividad económica. Su organización técnica puede ser diseñada de manera que estmule el espíritu de ahoro".

[95] O artigo 77, § 3ª, do Ato das Disposições Constitucionais Transitórias previa a gestão do fundo de Saúde pelo Conselho de Saúde. E a Lei Complementar nº 101 /2000 – conhecida como Lei de Responsabilidade Fiscal obriga o gestor de saúde a prestar contas aos cidadãos pelos relatórios resumidos de execução orçamentária e fiscal, disponibilizando os mesmos pela Internet, garantindo a transparência da gestão.

[96] C. Lafer. "A Constituição de 1988 e as relações Internacionais: reflexões sobre o artº 4º". *Direito e Poder nas Instituições e nos Valores do Público e do Privado Contemporâneos. Estudos em Homenagem a Nelson Saldanha*, p. 216.

[97] W. Balera. *Noções Preliminares de Direito Previdenciário*, p.17. Valor para o sistema de seguridade social está previsto no artigo 193 da Constituição Federal de 1988: o primado do trabalho. Importante para a seguridade social é a questão do trabalho e as relações entre

mos de abordar, exigiu que fosse dada proteção a todos os indivíduos da nação, de forma igualitária, em qualquer contingência capaz de causar necessidade, substituindo não apenas a renda daquele que a tiver suprimido, como, igualmente, os serviços assistenciais e de saúde (BALERA, 2004).

Cabe ao Estado a gestão da seguridade social, com a participação de todos os envolvidos no seu custeio.[98]

Quanto à saúde, em cumprimento à diretriz da universalidade, a Constituição estabelece que toda a sociedade e o poder público tomem providências, contribuindo para a redução do risco de doenças e outros agravos[99] e conferindo a devida recuperação a todos que vierem a ser atingidos pelas enfermidades, sejam elas decorrentes ou não de acidentes de trabalho (BALERA, 1989).[100]

A Constituição Federal dedica cinco artigos à saúde (artigos 196 a 200. Além de prever a *universalidade da cobertura e do atendimento*, a Constituição garante a descentralização (BARROSO, 2009)[101] e a

---

o capital e o trabalho. Tanto que o valor social do trabalho aparece no artigo 1º da Constituição da República entre os fundamentos da República. O trabalho é, pois, condição para realização da justiça social. O bem-estar social, conhecido na doutrina estrangeira como welfare state é a marca registrada do Estado Contemporâneo. Daí Wagner Balera afirmar que "(...) O Sistema de Seguridade Social é o instrumento mediante o qual o Estado e a sociedade são chamados a concretizar o bem-estar social. Para Michel Foucault o bem-estar e a justiça são valores supremos da sociedade, são axiomas fundamentais para construção de uma sociedade mais justa".

98 O artigo 200 da Constituição Federal estabelece a participação da comunidade na gestão do SUS e a Lei nº 8.080/1990 a regulamenta.

99 O § único do art. 2º, da IN/INSS/PRES nº 31/2008 define agravo como sendo "a lesão, a doença, o transtorno de saúde, o distúrbio, a disfunção ou a síndrome de evolução aguda, subaguda ou crônica, de natureza clínica ou subclínica, inclusive morte, independentemente do tempo de latência".

100 W. Balera, *A Seguridade Social na Constituição de 1988*, p. 91. Mencionamos os ensinamentos de Wagner Balera sobre *para quem* o poder público deve planejar, coordenar e orientar os diferentes programas em direção ao bem-estar de todos : "(...) as ações de saneamento básico e as medidas destinadas à preservação e proteção do meio ambiente (cuja importância vem ressaltada em seção própria da Carta Magna) são típica atividade da administração pública".

101 Do ponto de vista federativo, a Constituição atribuiu competência para legislar sobre proteção e defesa da saúde *concorrentemente* à União, aos Estados e aos Municípios (Constituição Federal de 1988, art. nº 24, XII, e 30, II). À União cabe o estabelecimento de normas gerais

participação da comunidade entre suas diretrizes (artigo 198), e estabelece a criação de programas de prevenção como ações de vigilância sanitária e epidemiológica[102], bem como as de saúde do trabalhador, saneamento básico, fiscalização de alimentos, bebidas e águas para consumo humano, bem como o seu transporte e comercialização, além de colaborar na proteção do meio ambiente, nele compreendido o do trabalho (artigo 200).

Wagner Balera aponta a relevância pública da prestação dos serviços de saúde concluindo que, por se tratar de interesse de toda a coletividade protegida, a gestão descentralizada do Poder Público e dos particulares é a "melhor diretriz". E conclui: "(...) nem os poderes públicos, nem os particulares estão aptos, no Brasil, para tocarem, sozinhos, esse setor. Em prol do interesse coletivo é de se buscar uma atuação coordenada desses dois setores".

No mesmo sentido, Miguel Hovarth (2008) [103] ressalta quanto ao dever do Estado em garantir saúde a todos, com fundamento no

---

(art. nº 24, § 1º); aos Estados, suplementar a legislação federal (art. nº 24, § 2º) ; e aos municípios, legislar sobre os assuntos de interesse local, podendo igualmente suplementar a legislação federal e a estadual, no que couber (art. nº 30, I e II) . No que tange ao aspecto *administrativo* (i.e., à possibilidade de formular e executar políticas públicas de saúde), a Constituição atribuiu *competência comum* à União, aos Estados e aos municípios (art. nº 23, II) . Os três entes que compõem a federação brasileira podem formular e executar políticas de saúde. Como todas as esferas de governo são competentes, impõe-se que haja *cooperação* entre elas, tendo em vista o "equilíbrio do desenvolvimento e do bem-estar em âmbito nacional" (Constituição Federal de 1988, art. nº 23, parágrafo único). A atribuição de *competência comum* não significa, porém, que o propósito da Constituição seja a superposição entre a atuação dos entes federados, como se todos detivessem competência irrestrita em relação a todas as questões. Isso, inevitavelmente, acarretaria a ineficiência na prestação dos serviços de saúde, com a mobilização de recursos federais, estaduais e municipais para realizar as mesmas tarefas. Sobre o tema (ver W. Balera, ibid., p.74/92) e L. R. Barroso, em trabalho intitulado *Da falta de efetividade à judicialização excessiva: Direito à saúde, fornecimento gratuito de medicamentos e parâmetros para a atuação judicial*, Disponível em: http://www.lrbarroso.com.br/pt/noticias/medicamentos.pdf. Acessado em: 01.abr.2009.

102 O controle epidemiológico é feito pelo Sistema Nacional de Informações de óbitos, o SIM, o Sistema de Informações de Nascidos Vivos, o SINASC e pelo SINAN, o Sistema de Informação de Agravos e de Notificação, e os dados oficiais podem ser acessados pelo site http://www.datasus.gov.br.

103 M. Hovarth Jr. *Direito Previdenciário*, p. 107.

princípio da subsidiariedade, que "o dever do Estado não exclui o dever das pessoas, das famílias, das empresas e da sociedade em geral no seu asseguramento".

A diretriz da universalidade da cobertura e do atendimento dos serviços de saúde está diretamente relacionada ao princípio da igualdade que abordaremos a seguir.

2.2. Reserva do possível e efetividade da cobertura universal da saúde

No ambiente constitucional[104] da seguridade social, o setor da saúde foi agraciado com a universalidade da cobertura e do atendimento integral, seguindo a da Organização Mundial da Saúde, firmada na célebre Conferência Mundial sobre Cuidados Primários de Saúde realizada em 1978, em Alma-Ata[105].

O atendimento integral[106] é o vetor hermenêutico do conjunto normativo. O direito à saúde, como direito fundamental, tem aplica-

---

104 Art. 197. São de relevância pública as ações e serviços de saúde, cabendo ao Poder Público dispor, nos termos da lei, sobre sua regulamentação, fiscalização e controle, devendo sua execução ser feita diretamente ou através de terceiros e, também, por pessoa física ou jurídica de direito privado.

Art. 198. As ações e serviços públicos de saúde integram uma rede regionalizada e hierarquizada e constituem um sistema único, organizado de acordo com as seguintes diretrizes:

I - descentralização, com direção única em cada esfera de governo;

II - atendimento integral, com prioridade para as atividades preventivas, sem prejuízo dos serviços assistenciais;

Art. 199. A assistência à saúde é livre à iniciativa privada.

§ 1º - As instituições privadas poderão participar de forma complementar do sistema único de saúde, segundo diretrizes deste, mediante contrato de direito público ou convênio, tendo preferência as entidades filantrópicas e as sem fins lucrativos.

§ 2º - É vedada a destinação de recursos públicos para auxílios ou subvenções às instituições privadas com fins lucrativos.

105 A declaração de Alma-Ata, realizada na URSS, em 1978, fixou até o ano 2000 como meta para o atendimento integral na área de saúde.

106 A Lei Orgânica de Assistência Social em seu artigo 19, inciso XII demonstra a tendência do sistema protetivo de se alargar, de forma integrada, estabelecendo que a política de assistên-

ção imediata nos termos do artigo 5º, § 1º da Constituição Federal. Abordaremos, entretanto, a dificuldade de se garantir saúde a todos, como determina a Carta de 1988.

No conhecido "Plano Beveridge",[107] William Beveridge (1943) já afirmava a necessidade do investimento preventivo na saúde, de caráter universal, independentemente de contribuição social por parte do beneficiário do serviço:

> Doenças e acidentes devem ser pagos em qualquer caso (...) "um serviço racional de saúde, de amplitude nacional, assegurará a todos os cidadãos o tratamento médico que for preciso, qualquer que seja a sua forma. Domiciliar ou institucional, geral, especialista ou consultiva, e lhes assegurará também provisões para tratamento dentário, oftálmico, cirúrgico, serviços de enfermagem, parto e reabilitação após acidentes. Quer sejam ou não incluídas as despesas com o serviço de saúde na contribuição de seguro social... (BEVERIDGE, 1943, p. 245).

Entretanto, a preocupação com o custo da garantia da cobertura dos serviços de saúde e reabilitação a 100% da população já atormentava os ingleses que, àquela época, pensavam da mesma forma que o constituinte brasileiro de 1988, conforme se depreende do seguinte trecho do citado relatório:

> Do ponto de vista da segurança social, o plano ideal seria o de um serviço de saúde, que ministrasse completo tratamento preventivo e curativo, em todas as especialidades e a todos os cidadãos, sem quaisquer exceções, sem limite de remuneração e sem que nenhuma barreira econômica pudesse, em nenhum momento, protelar o recurso a esse tratamento[108] (BEVERIDGE, 1943, p. 250).

---

cia deve se articular com os órgãos responsáveis pelas políticas de *saúde* e previdência social, bem como com os demais responsáveis pelas políticas socioeconômicas setoriais visando à elevação do patamar mínimo de atendimento às necessidades básicas.

107 W. Beveridge, *O Plano Beveridge*, p. 245.
108 W. Beveridge, *O Plano Beveridge*. p. 250.

Cristina Queiroz (2006),[109] quando discorre sobre os limites da interpretação constitucional, conclui que "as cláusulas constitucionais reconhecedoras dos direitos fundamentais sociais não resultam protegidas de modo "absoluto", mas "relativo". Encontram-se, numa palavra, sujeitas a "ponderação" no quadro dos "recursos disponíveis", interpretados como "reserva do possível", isto é, "aquilo que o indivíduo pode razoavelmente exigir da sociedade".

E prossegue a doutrinadora lembrando que ninguém se obriga pelo impossível:

> (...) A escassez de meios quanto ao "objecto" do direito fundamental social, basicamente a "prestação", constitui um "limite fáctivo" de todos os direitos fundamentais sociais. O princípio clássico *ultra posse nemo obligatur*, isto é, que não pode ser buscado o que não existe, a impossibilidade de cumprir deveres como fenômeno jurídico geral, que também pode ocorrer no caso dos direitos, liberdades e garantias, é que poderá apresentar-se como uma "limitação normativa"[110] (QUEIROZ, 2006, p. 98).

"A garantia da saúde está diretamente relacionada ao orçamento que o Estado destina as demais entidades governamentais" (ASSIS, 1963),[111] no âmbito dos Estados e dos municípios. Para atender as metas e prioridades estabelecidas na Lei de Diretrizes Orçamentárias,

---

109 C. Queiroz, *Direitos Fundamentais Sociais*, p.98. A autora cita Christian Srarck, "Bundesverfassungsgericht und Grundgesetz", *Staatliche Irganisation und staatliche Finanzierung als Hilfen zu Grundrechtswirklichung?*, p.480, cujo trecho foi transcrito do texto em português de Cristina Queiroz: "É essa dependência da conjuntura que determina os limites e a extensão dos 'pressupostos de facto' da realização dos direitos fundamentais sociais".

110 Ibid., p. 210/211.

111 "Compêndio de Seguro Social". Teoria Geral da Legislação Brasileira. Vejamos o conceito de assistência social, segundo o entendimento de Armando de Oliveira Assis, *anterior portanto ao sistema de seguridade social na forma como está desenhado, atualmente,* na Constituição Federal de 1988, *onde já se demonstrava a preocupação com o orçamento do Estado:* "E por assistência social, também às vezes denominada assistência pública, devemos entender aquela série de medidas que os governos costumam adotar em favor dos necessitados, sem, porém, que haja da parte destes qualquer direito a exigir tais medidas; especificamente, nada pagam estes para usufruírem dos benefícios da assistência social, que só são outorgados pelos governos *na medida dos recursos disponíveis*".

assegurando a cada área a gestão de seus recursos, o constituinte previu o Plano Plurianual.

Parte dos recursos arrecadados a título de contribuições sociais e, ainda os recursos provenientes da contribuição para o Seguro contra Acidentes de Trabalho (SAT) devem ser destinados à saúde, à prevenção, recuperação e educação ambiental dos trabalhadores e empregadores, respeitado o princípio da solidariedade e da equidade na forma de participação no custeio, segundo o qual aquele que gera maior risco deve participar para o custeio da seguridade social com maior carga tributária.

Há, portanto, limites na garantia de saúde a todos. Tais limites aparecem, por exemplo, no momento em que o Estado negar ao administrado tratamento que este entende devido. A partir daí, competirá à ciência jurídica a orientação para a solução do conflito, sendo relevante abordarmos a interpretação da doutrina e a fundamentação das decisões judiciais em matéria relacionada aos direitos sociais na efetividade do vetor constitucional da *universalidade da cobertura e do atendimento*.

Decorrentes da dignidade da pessoa humana, fundamento[112] constitucional da República Federativa do Brasil, são as garantias do bem-estar e da justiça social inseridas pelo constituinte no artigo 193, que aparecem como vetores de interpretação da Ordem Social (Capítulo VIII da Constituição Federal de 1988).

Para garantir saúde a todos, na interpretação das normas sociais, dos direitos e garantias individuais ou mesmo dos direitos insculpidos na ordem social da Constituição, deve o intérprete garantir a proteção almejada pela sociedade e não pelo litigante individualmente[113].

---

112 A dignidade da pessoa humana é valor que inserido no texto constitucional ganha status de axioma fundamental.

113 Cabe ao Ministério Público, aos Sindicatos e associações civis a defesa de interesses da coletividade em juízo por meio de ação civil pública tornando efetivas as políticas de preservação do meio ambiente e do meio ambiente do trabalho, garantindo saúde pública aos trabalhadores. Lei nº 7.347/1985.

Neste sentido, Paulo Bonavides sustenta duas concepções de Estado de Direito, a saber:

> (...) uma em declínio, ou de todo ultrapassada, que se vinculou doutrinariamente ao princípio da legalidade; (...) outra, em ascensão, atada ao princípio da constitucionalidade, que deslocou para o respeito dos direitos fundamentais o centro de gravidade da ordem jurídica[114] (BONAVIDES, 1999, p. 362).

Podemos afirmar, portanto, que o intérprete das normas sociais, entre elas a que garante saúde a todos, levará em consideração os valores da Carta Universal dos Direitos do Homem, incorporados à Constituição Federal de 1988, como princípios a serem cumpridos pelo Estado. Servimo-nos dos ensinamentos de Maria Lúcia Luz Leiria:[115]

> A partir da consciência de que tais direitos, como direitos sociais, devem ser regrados de forma consentânea com os princípios fundamentais constitucionais que os regem, o julgador chamado a decidir em tais litígios deve ter sempre em mente a efetiva exteriorização dos textos constitucionais, fazendo vingar uma aplicação que leve em linha de conta os valores sociais em total sintonia com o momento e a realidade social que os envolvem (LEIRIA, 2001, 169-172).

E o valor da saúde é muito próximo ao da vida, valendo citarmos o ensinamento de Wagner Balera (1989)[116] ao discorrer sobre dignidade da pessoa humana, remetendo o leitor ao que ele reconhece como sendo o plano mais elevado das categorias do pensamento, a saber:

> Tal categoria de pensamento, naturalmente, se relaciona com a concepção do homem e do mundo que permeia todo o ensinamento social cristão" p. 1.344 (...) "Nenhuma pessoa, e muito menos o Estado, pode agir sem limitar o respectivo raio de atuação dentro

---

114 P. Bonavides, *Curso de Direito Constitucional*, p. 362.
115 M. L. L. Leiria, *Direito Previdenciário e Estado Democrático de Direito* – uma (re) discussão à luz da hermenêutica, p. 169-172.
116 "A dignidade da pessoa humana e o mínimo existencial". *Tratado luso-brasileiro da dignidade da pessoa humana*. p. 1359.

do perfeito ajuste que deve existir entre o bem comum e a dignidade da pessoa humana (BALERA, 1989, p. 1.358).

E conclui o doutrinador:

> (...) o direito brasileiro não dá margem a essa dicotomia porque a Constituição já tratou de fixar, no artigo 6º, o *bill* de direitos sem os quais a dignidade da pessoa humana não está assegurada. É bem verdade que se poderia obtemperar com a escassez de recursos, argumento muito adequado para a construção de teorias destinada a justificar porque não se cumprem os objetivos constitucionais. Mas, tal argumento mereceria contraste perante o Poder Judiciário, única instância apta a dar a palavra definitiva a respeito da verdade constitucional (BALERA, 1989, p. 1.358).

A *universalidade da cobertura e do atendimento* no âmbito da saúde é o norte capaz de dirigir todas as demais normas que surjam regulando a saúde e os direitos sociais a ela relacionados. Ou melhor, a interpretação jurídica deve tornar visível o que dispõe o texto. No dizer de Juarez Freitas (2004),[117] buscar, por meio de métodos hierarquizados:

> ... o metacritério que indica, inclusive em face de antinomias no plano dos critérios, a prevalência do princípio axiologicamente superior; mesmo no conflito específico entre regras, visando-se a impedir a autocontradição do sistema e resguardando a unidade sintética de seus múltiplos comandos. Unidade, esta, que se realiza, em definitivo, na atuação dos intérpretes (FREITAS, 2004, 114).

À norma infraconstitucional cabe o papel de fazer valer os princípios, fixados pelo legislador constituinte dentro das possibilidades do Estado, para a garantia da cobertura da saúde a todos de que dela necessitarem.

Todos os meios possíveis para salvar vidas, como as intervenções cirúrgicas e medicamentosas; prevenir doenças, como a aplicação de

---

[117] J. Freitas. *A Interpretação Sistemática do Direito*, p. 114.

vacinas, campanhas educativas, distribuição de preservativos, entre outras, devem ser proporcionados pelo Estado,[118] sem perder de vista o dever subsidiário da sociedade como um todo nesta obrigação.

O orçamento público deverá ser capaz de cobrir os gastos do Estado com saúde, ficando para a ciência jurídica a tarefa de solucionar os conflitos possíveis entre o Estado e os destinatários da norma constitucional.

O direito de todos à saúde pública não pode servir de fundamento isolado em decisões judiciais. O julgador deve cuidar de não provocar com suas decisões a *desorganização da administração pública* (GOUVEA, 2003).[119]

Sobre o tema da hierarquização da norma constitucional Claus--Wilhelm Canaris (1989):[120]

> (...) o sistema devendo exprimir a unidade aglutinadora das normas singulares, não pode, pelo que lhe toca, consistir apenas em normas, antes deve apoiar-se nos valores que existam por detrás delas ou que nelas estejam compreendidos.
>
> (...)

---

118 § 2º do artigo 2º da Lei nº 8.080/1990 reforça o fato de o dever do Estado em garantir saúde não o excluir das pessoas, da família, das empresas e da sociedade.

119 M. Gouvêa, em artigo intitulado "O direito ao fornecimento estatal de medicamentos", chama atenção para o fato de autoridades e diretores de unidades médicas afirmarem que, constantemente, uma ordem judicial impondo a entrega de remédio a um determinado postulante acaba por deixar sem assistência farmacêutica outro doente, que já se encontrava devidamente cadastrado junto ao centro de referência". No mesmo sentido, Luís Roberto Barroso no seu "Da falta de efetividade à judicialização excessiva: Direito à saúde, fornecimento gratuito de medicamentos e parâmetros para a atuação judicial". *Tais decisões privariam a Administração da capacidade de se planejar, comprometendo a eficiência administrativa no atendimento ao cidadão. Cada uma das decisões pode atender às necessidades imediatas do jurisdicionado, mas, globalmente, impediria a otimização das possibilidades estatais no que toca à promoção da saúde pública.* Trabalho desenvolvido por solicitação da Procuradoria Geral do Estado do Rio de Janeiro, baseado em pesquisa e debates desenvolvidos no âmbito do Instituto Ideias. Publicado no endereço eletrônico: http://www.conjur.com.br/dl/estudo-barroso.pdf. Acesso em: 28.03.2009, às 11:37hs.

120 C. Canaris, *Pensamento sistemático e conceito de sistema na ciência do direito.* p. 76.

O objetivo da interpretação jurídica é entender os princípios (...) como princípios da ordem jurídica, portanto, da ordem justa e apropriada da convivência humana (CANARIS, 1989, p. 176).

No mesmo sentido, Robert Alexy (2008)[121] afirma:

(...) a diferença entre princípios e valores é reduzida a um ponto. Aquilo que, no modelo de valores, é prima facie o melhor, é, no modelo de princípios, *prima facie* devido; e aquilo que é, no modelo de valores definitivamente o melhor, é, no modelo de princípios, definitivamente devido. Princípios e valores diferenciam-se, portanto, somente em virtude de seu caráter deontológico, no primeiro caso, e axiológico, no segundo (ALEXY, 2008, p. 153).

Ao tratar da saúde, Heloisa Hernadez Derzi (1992)[122] a hierarquiza, descrevendo-a como:

um bem público, cuja supremacia expressa-se no sentido da própria preservação da vida humana: quando falta saúde, a consequência inexorável é a ausência de bem-estar (DERZI, 1992, p. 88).

O trabalhador tem na saúde o direito à cobertura integral dentro do orçamento do Estado (ALEXY, 2006)[123] destinado à prestação de serviços na área. A garantia de acesso à saúde pode ser suplementada por meio de convênios firmados entre o Estado e as entidades privadas de seguros de saúde (artigos 197 e 199, da Confederação Federal de 1988 e 24 e 43, ambos da Lei nº 8.080/1990).

O empregador, por sua vez, poderá garantir a *todos* os seus empregados a complementação do auxílio-doença e assistência médica ou odontológica própria ou conveniada, inclusive o reembolso de despesas com medicamentos, óculos, aparelhos ortopédicos, despesas médico-hospitalares e outras similares, ficando isento da contribuição previdenciária que incidiria sobre aqueles valores, nos termos previstos na Lei de Custeio da Previdência Social (artigos 2º, § 2º e 21, da

---

121 R. Alexy, *Teoria dos direitos fundamentais*, p. 153.
122 *Os beneficiários da pensão por morte*, p. 88.
123 R. Alexy. *Teoria dos Direitos Fundamentais*, p. 626/627.

Lei nº 8.080/1990 combinados com o artigo 28, § 9º, letras "n" e "q" da Lei nº 8.212/1991).

Podemos afirmar, portanto, que o Estado garante saúde a todos, por meio de políticas públicas e serviços de saúde públicos e por convênios firmados com a rede particular de serviços de saúde, conforme prevê a Constituição e a Lei Orgânica de Saúde e, ainda, de forma complementar e facultativamente, concedendo incentivos fiscais, por meio de seguros privados de saúde firmados em apólices coletivas capazes de garantir contribuições mais baixas, muitas vezes totalmente subsidiadas pelos empregadores[124].

Cássio Mesquita Barros (2009)[125], discorrendo sobre a saúde do trabalhador e o meio ambiente do trabalho, classifica o direito ao meio ambiente equilibrado e à saúde do trabalhador entre os direitos protegidos como interesses da coletividade e, portanto, difusos:

> Um meio ambiente do trabalho ecologicamente equilibrado é um direito de todos trabalhadores. Encontra-se incluído, portanto, no rol dos interesses difusos, até porque a proteção da saúde, que é um direito de todos, caracteriza-se como um direito metaindividual. Cumpre assinalar que existem duas espécies de interesses coletivos: os difusos e os coletivos *stricto sensu*. Enquanto os coletivos *stricto sensu* têm como titular certa categoria, os interesses difusos caracterizam-se pela indeterminação do titular. (BARROS, 2009)

Neste contexto entendemos que o direito à saúde, em meio ambiente equilibrado, possui a natureza jurídica de direito público

---

[124] O governo já se preocupa com o envelhecimento da população e sua capacidade em bancar com recursos da aposentadoria pública e complementar os gastos com saúde em fase da vida onde estes se fazem mais elevados. A solução encontrada parece ser, segundo estudos revelados na *Folha de São Paulo*, Caderno Dinheiro, B7, 16.06.2009, a criação de um VGBL (Vida Gerador de Benefício Livre) Saúde para garantir aos trabalhadores uma renda futura para manter os pagamentos de planos de saúde privados.

[125] C. M. Barros, *Saúde e Segurança do Trabalhador. Meio Ambiente do Trabalho*. Disponível em: http://www.mesquitabarros.com.br/index.php?option=com_content&view=article&id=31%3Asaude-e-seguranca-do-trabalhador-meio-ambiente-de-trabalho&catid=7%3Aartigos&Itemid=3&lang=pt. Acessado em 9.mar.2009.

(MAZZILLI, 2009),[126] na medida em que a Constituição Federal de 1988 o qualifica como direito de relevância pública, em razão da universalidade de sua cobertura e atendimento, nos termos previstos no artigo 196:

> Art. 196. A saúde é direito de todos e dever do Estado, garantido mediante políticas sociais e econômicas que visem à redução do risco de doença e de outros agravos e ao acesso universal e igualitário às ações e serviços para sua promoção, proteção e recuperação.

A própria Constituição permite as ações e serviços de saúde por terceiros, mediante regulamentação e fiscalização do poder público, deixando à lei ordinária a concessão de incentivos tributários, isentando as despesas destinadas a planos de saúde coletivos capazes de garantir, de forma complementar o acesso à saúde, enquadrando-se completamente no conceito normativo do Código de Defesa do Consumidor (artigo 81, I),[127] como sendo aquele transindividual de natureza indivisível, de quem sejam titulares pessoas indeterminadas e ligadas por circunstâncias de fato[128].

Vejamos a redação do artigo 197 da Constituição Federal:

---

126 A Lei nº 7.347/1985, que trata da ação civil pública, prevê a investigação de danos ao meio ambiente, patrimônio cultural, consumidor, ordem econômica e outros interesses difusos e coletivos, permitindo a instauração pelo Ministério Público de inquérito civil para apurar danos ao patrimônio público e social, cuidar da prevenção de acidentes do trabalho, defender interesses de populações indígenas, crianças e adolescentes, pessoas idosas ou portadoras de deficiência, investigar abusos do poder econômico, defender contribuintes, apurar falhas da administração na prestação de seus serviços, garantir direitos fundamentais como o acesso à saúde ou à educação. Remetemos o leitor ao texto de Hugo Nigro Mazzilli "Os Interesses Transindividuais: Sua Defesa Judicial e Extrajudicial", texto cedido pelo Fundescola/MEC, integrante da publicação *Encontros pela Justiça na Educação* e revisado pelo autor, com acesso pelo endereço eletrônico http://bvsms.saude.gov.br/bvs/publicacoes/direito_sanitarioVol1.pdf, p.82 e ss. Acessado em: 28.mar.2009.

127 Art. 81. A defesa dos interesses e direitos dos consumidores e das vítimas poderá ser exercida em juízo individualmente, ou a título coletivo.

Parágrafo único. A defesa coletiva será exercida quando se tratar de:

I - interesses ou direitos difusos, assim entendidos, para efeitos deste código, os transindividuais, de natureza indivisível, de que sejam titulares pessoas indeterminadas e ligadas por circunstâncias de fato.

128 J. C. S. Rocha, *Direito da Saúde*, p. 46.

Art. 197. São de relevância pública as ações e serviços de saúde, cabendo ao Poder Público dispor, nos termos da lei, sobre sua regulamentação, fiscalização e controle, devendo sua execução ser feita diretamente ou através de terceiros e, também, por pessoa física ou jurídica de direito privado.

Proporcionar saúde a todos tem custo por parte do Estado. Os gastos com saúde são limitados à reserva do possível (Vorbehalt des Möglichen). Cristina Queiroz (2006)[129] afirma sobre a diversidade de estatuto dos direitos fundamentais sociais que estes "só poderão ser garantidos na medida do possível, isto é, de modo proporcional ao desenvolvimento e ao progresso econômico e social.[130]

A limitação dos serviços de saúde e das prestações previdenciárias e assistenciais nos permite citar a discricionariedade epistêmica e a vinculação à Constituição na Teoria dos Direitos Fundamentais de Robert Alexy no trecho abaixo:

> À competência do legislador para, por meio de lei e em virtude de uma discricionariedade epistêmica, proibir algo que não pode ser proibido em razão dos direitos fundamentais parece corresponder não apenas à não-competência do Tribunal Constitucional para invalidar a proibição inconstitucional, mas também uma proibição constitucional para fazê-lo. Isso suscita a possibilidade de proibições de direitos fundamentais infensas a controle". (...) "Constituições que garantem direitos fundamentais são tentativas de, ao mesmo tempo, organizar ações coletivas e assegurar direitos individuais. No caso dos direitos fundamentais esse duplo caráter pode ser percebido por meio da possibilidade de sua restrição por parte do legislador. Essa possibilidade de restrição

---

129 Cristina Queiroz refere-se aos autores W. Martens, Grundrechte im Leistungsstaat, in: 30 "VV DstLR" (1972), p. 31 e Peter Häberle, Grundrechte im Leistungsstaat, in: 30 "VV DstLR" (1972), p. 9 e 153 ss.

130 C. Queiroz, *Direitos Fundamentais Sociais*, p.98. A autora cita Christian Srarck, Staatliche Irganisation und staatlicher Finanzierung als Hilfen zu Grundrechtswirklichung?, Christian Stark ed, "Bundesverfassungsgericht und Grundgesetz", II, Tubingen, 1976, p. 480 cujo trecho transcrevemos do texto em português de Cristina Queiroz: "É essa dependência da conjuntura que determina os limites e a extensão dos "pressupostos de facto" da realização dos direitos fundamentais sociais". p. 97/98.

dos direitos fundamentais positivados é parte de sua essência. À restrição material as discricionariedades cognitivas acrescentam um limite epistêmico. Esse limite é requerido pela constituição como um todo, ou seja, por um argumento sistemático-constitucional (ALEXY, 2006).

Daí o legislador permitir que o Estado faça convênios com a iniciativa privada para garantir os serviços de saúde à população e, ao mesmo tempo, incentivar o empregador a proporcionar a todos os seus empregados a cobertura à saúde por meio de recursos próprios ou de convênios particulares com planos de saúde privados.

Há, portanto, estreita relação entre orçamento e o *direito universal da cobertura e do atendimento* dos serviços de saúde. Cabe ao Estado programar-se para arrecadar os recursos necessários à saúde, estabelecendo campanhas de prevenção e medidas sanitárias como forma de possibilitar a efetividade da garantia de saúde a todos que dela necessitarem.

Cabe indagar se o pacto tratado há mais de 20 anos vem sendo modificado, anualmente, por emendas constitucionais, por não atender aos anseios da atualidade, não sendo capaz, na sua redação original, de garantir o mínimo para a sobrevivência digna das pessoas, tendo chegado o momento de novo pacto social precisar ser estabelecido ou verificar se seria suficiente somente efetivar e restabelecer a participação da comunidade protegida (BALERA, 2006)[131] na gestão

---

131 "A extinção do Conselho Nacional de Seguridade deu-se com a revogação do artigo 6º da Lei nº 8.212/1991, por ato do Executivo (Medida Provisória nº 1.799-5/99), reeditada até ser baixada a Medida Provisória nº 2.216-37, que prevê, em seu artigo 16, inciso XV, que integram a estrutura básica do Ministério da Previdência e Assistência Social a Secretaria de Estado de Assistência Social, o Conselho Nacional de Previdência Social, o Conselho Nacional de Assistência Social, o Conselho de Recursos da Previdência Social, o Conselho de Gestão da Previdência Complementar e até duas secretarias. O artigo 194, § único, inciso VII, que traça os objetivos da seguridade social, já havia sido modificado pela Emenda Constitucional nº 20/1998, tendo sido suprimida a participação da comunidade na gestão administrativa, em substituição a gestão quadripartite, na qual participariam os trabalhadores, os empregadores, os aposentados e o governo nos órgãos colegiados. Notamos verdadeiro retrocesso no texto da Medida Provisória nº 2.216-37, em prejuízo ao caráter descentralizado da gestão que deixou de ser integrada com a saúde, como previa a Constitui-

dos recursos da seguridade social e a equidade na participação do custeio, permitindo a elevação da renda mínima capaz de garantir sobrevivência digna às pessoas.

Enxergamos nas emendas constitucionais verdadeiras alterações do próprio pacto social de 1988. Nesse sentido é, também, o entendimento de Almir Pazzianotto Pinto (2005) em *A crise constitucional*,[132] em que conclui:

> (...) a violação das mais elementares garantias constitucionais e a demolição do texto original prosseguem de maneira ininterrupta. Tivemos há poucos dias a Emenda Constitucional nº 45, que deu início à reforma do Poder Judiciário. Mal havia sido promulgada, e a PEC nº 369, que deveria tratar da reforma sindical, investe contra o novo texto do art. 114, na tentativa de modificá-lo.
>
> (...)
>
> Constituição sujeita a tantas reformas desliga-se das raízes, perde identidade e o apreço da Nação, desleixada da tarefa de proteger a sua integridade. Deixou de ser verdadeira. Deixou de ser a lei orgânica da Nação (como a denominava Rui Barbosa), lei fundamental, lei das leis, para se converter em prolixo, desarticulado e frágil conjunto de normas vazias, que acenam inutilmente com garantias e direitos abstratos e descumpridos, acarretando-lhe a perda do respeito da população (PINTO, 2005, p. 82).

Em 1997, a Emenda Constitucional nº 17 criou o Fundo Social de Emergência, destinando a parcela do produto da arrecadação resultante da elevação da alíquota da contribuição social sobre o lucro dos contribuintes a que se refere o § 1º do artigo 22 da Lei nº 8.212/1991, com o objetivo de saneamento financeiro da Fazenda Pública federal e de estabilização econômica.

ção para se limitar à assistência e previdência. Esta, aliás, é a chave da abóboda do sistema, a descentralização da gestão para integração das ações de seguridade", como afirma Wagner Balera em seu livro *Sistema de Seguridade Social*, p. 44.

132 *Princípios Constitucionais Fundamentais*, estudos em homenagem ao professor Ives Gandra da Silva Martins, p. 82.

Em 2007, portanto, 18 anos após a promulgação da Constituição Federal de 1988, a Emenda Constitucional nº 56 introduziu o artigo 76[133] no Ato das Disposições Constitucionais Transitórias, desvinculando 20% da arrecadação da União e permitindo que, ao dinheiro carimbado da seguridade social, fosse dado qualquer outro destino. Como se após 12 anos de vigência alguma norma pudesse ser incluída no ADCT.

De que adiantaria instituir alíquotas diferenciadas, como fez a Emenda Constitucional nº 47/2005, alterando a redação original para introduzir no § 9º, do artigo 195, alíquotas ou bases de cálculo diferenciadas, para as contribuições do empregador, da empresa e da entidade a ela equiparada, em razão da atividade econômica, da utilização intensiva de mão de obra, do porte da empresa ou da condição estrutural do mercado de trabalho se, logo em seguida, outra Emenda Constitucional (a de nº 56/2007, retrocitada) permitiu a desvinculação de 20% das contribuições sociais arrecadas pela União, com destinação diversa daquela para a qual foram arrecadadas?

Não é por outra razão que Goffredo Teles Jr. (2007) em sua *Carta aos brasileiros*[134], de 1977, já alertava sobre a ilegitimidade das emendas no texto constitucional, entendendo-as como prática de usurpação de poder político, conforme trecho que merece transcrição:

> "Negamos peremptoriamente a possibilidade de coexistência, num mesmo país, de duas ordens constitucionais legítimas, embora diferentes uma da outra. Se uma ordem é legítima, por ser obra da Assembleia Constituinte do Povo, nenhuma outra ordem, provinda de outra autoridade, pode ser legítima. Se ao Poder Executivo fosse facultado reformar a Constituição, ou submetê-la a uma legislação discricionária, a Constituição perderia, precisa-

---

133 Art. 76. É desvinculado de órgão, fundo ou despesa, até 31 de dezembro de 2011, 20% (vinte por cento) da arrecadação da União de impostos, contribuições sociais e de intervenção no domínio econômico, já instituídos ou que vierem a ser criados até a referida data, seus adicionais e respectivos acréscimos legais. (A Emenda Constitucional nº 68/2011 prorrogou a DRU até 31.12.2015.)

134 Edição comemorativa do 30º aniversário da Carta, ed Juarez de Oliveira, 2007, p. 78.

mente, seu caráter constitucional e passaria a ser um farrapo de papel" (TELES JR., 2007, p. 78).

É bastante oportuna a colocação de Hannah Arendt (2008)[135] a respeito do significado da política, quando demonstra que apenas os valores e a fé não serão capazes de fazer alterações sociais significativas na vida em sociedade. Para a estudiosa, os seres humanos devem se manter preocupados com a vida, conforme se depreende do seguinte trecho da "Promessa da política" que merece ser transcrito:

> A ação é absolutamente singular no sentido de pôr em marcha processos que, em seu automatismo, se parecem muito com os processos naturais, mas também no de marcar o começo de alguma coisa, começar algo novo, tomar a iniciativa ou, em termos kantianos, forjar a sua própria corrente. O milagre da liberdade é inerente a essa capacidade de começar, ela própria inerente ao fato de que todo ser humano, simplesmente por nascer em um mundo que já existia antes dele e seguirá existindo depois, é ele próprio um novo começo (ARENDT, p. 167).

Como vimos anteriormente, a Constituição Federal de 1988 estabelece entre os objetivos da seguridade social a descentralização da gestão, e a Lei Orgânica da Saúde (Lei nº 8.080/1990) estabelece em seu artigo 4º que o Sistema Único de Saúde se constitui por um conjunto de ações e serviços de saúde prestados por órgãos e instituições

---

[135] H. Arendt. *A Promessa da Política*. "A diferença crucial entre as improbabilidades infinitas nas quais se baseiam a vida humana na Terra e os acontecimentos milagrosos na arena dos assuntos humanos está, é claro, no fato de que neste caso há um fazedor de milagres – isto é, de que o próprio homem tem, evidentemente, um talento fantástico e misterioso para fazer milagres. A palavra usual, corriqueira, disponível na linguagem para tal talento é "ação" "... a vida coletiva dos homens, e não dos anjos, o provimento da existência humana só pode ser realizado pelo Estado, que detém o monopólio da força bruta e impede a guerra de todos contra todos" p. 169 (...) "A falta de resistência, a incapacidade de reconhecer e padecer a dúvida como uma das condições fundamentais da vida moderna, introduz a dúvida na única esfera onde ela jamais deveria entrar: a esfera religiosa, estritamente falando, a esfera da fé. Este é apenas um exemplo que mostra o que pode nos suceder no afã de escapar do deserto", p. 268. Enquanto aqui cuidamos da preservação da saúde e da vida das pessoas, na Faixa de Gaza a fé mata inúmeras pessoas, provenientes de diversas crenças e nacionalidades, com a banalidade que choca o mundo e comove a comunidade médica.

públicas federais, estaduais e municipais, da Administração direta e indireta e das fundações mantidas pelo Poder Público. Ela é o marco inicial do sistema de seguridade social vigente.

Para John Rawls (2002), em sua *Teoria da Justiça*, "o sistema social sempre influenciará as aspirações e preferências que as pessoas venham a ter, de modo que é preciso escolher entre sistemas sociais que, em parte, estejam de acordo com os desejos e necessidades que eles geram e encorajam".[136]

E acrescenta Vicente Ráo:[137] "(...) o respeito dos direitos fundamentais do homem, dos corpos sociais e das nações, cria a verdadeira democracia na ordem interna e na ordem internacional".

A saúde, tal como prevista em nosso ordenamento, tem como fatores determinantes e condicionantes, entre outros, a alimentação, a moradia, o saneamento básico, o meio ambiente, o trabalho, a renda, a educação, o transporte, o lazer e o acesso aos bens e serviços essenciais. A quantidade de bem-estar social da população poderá ser medida pelo grau de organização social e econômica que o Estado conseguir atingir.

Rawls define bem-estar social por meio de uma teoria matemática usada em estudos econômicos, a otimalidade de Pareto, segundo a qual uma sociedade é justa se, e somente se, for aquela sociedade que maximiza as expectativas de um indivíduo representativo de seu grupo em pior situação. Ao longo de sua defesa, Rawls introduz outras expressões matemáticas: "conectividade em cadeia[138]",

---

136 J. Rawls, *Uma teoria da Justiça*, tradução de Almiro Pisetta e Lenita Maria Rímolis Esteves, ed Martins Fontes, São Paulo, 2002, p. 259.

137 V. Ráo. "Os Direitos Humanos como fundamento da Ordem Jurídica e Política", *Revista Brasileira de Política Internacional*, p. 9.

138 Ob cit. *Chain-connectedness*. Rawls define essa suposição em *Uma teoria da justiça*, p. 80, da seguinte forma: "se um benefício tem o efeito de elevar as expectativas da posição mais baixa, ele também elevará as expectativas de todas as posições intermediárias. Por exemplo, se as vantagens mais elevadas propiciadas para os empresários beneficiam os trabalhadores não qualificados, elas também beneficiarão os trabalhadores semiqualificados".

"comparações par a par" e "conexão estreita[139]", ligadas à noção de bem-estar social e coletividade.

Com base nos ensinamentos de Rawls podemos afirmar que, quanto maior forem os recursos mínimos essenciais assegurados à população mais necessitada, como alimentação, moradia, saneamento básico, meio ambiente saudável, trabalho, renda, educação, transporte, lazer e acesso aos bens e serviços essenciais, mais saúde o Estado poderá assegurar a todos.

Em seu *Uma breve história da justiça distributiva*, Samuel Fleischacker (2006) sintetiza a definição de seus célebres princípios de justiça, até chegar ao que considera a formulação plena desses princípios, observada a seletividade e o orçamento do Estado, o que se depreende da leitura do texto abaixo:

> 1. Cada pessoa deve ter um direito igual ao sistema total mais extenso de liberdades básicas iguais, compatível com um sistema semelhante de liberdade para todos;
>
> 2. As desigualdades sociais e econômicas devem ser arranjadas de modo que ambas:
>
>   a) sejam para o benefício máximo dos menos favorecidos, consistente com o princípio de poupança justa, e
>
>   b) estejam vinculadas a cargos e posições abertos a todos sob condições de igualdade equitativa de oportunidades (o Princípio da Diferença) (FLEISCHACKER, 2006).

Ainda resta saber se o princípio da diferença capta adequadamente as exigências da justiça distributiva (ARAÚJO, 2003).[140]

---

[139] Ibid. Para Rawls, a conexão estreita pode ser definida com a seguinte afirmação: "É impossível elevar ou diminuir as expectativas de qualquer indivíduo representativo sem elevar ou diminuir as expectativas de todos os demais indivíduos representativos". p. 83.

[140] Odília Sousa de Araújo, em seu *O Direito à seguridade Social, Política Social Preventiva: desafio para o Brasil*, p. 66/67, discorre sobre a seguridade social e aponta causas endógenas e exógenas para os problemas sociais brasileiros. "As endógenas são aquelas vinculadas à condição de país de dimensão continental, com acentuadas desigualdades econômica, social e cultural, a ponto de haver dois países em um: o rico e o pobre. São causas endógenas: a alta concentração de renda, a falta de implementação da legislação social e dos instrumentos de política social, o combate à pobreza de forma focalista, a banalização da desigualdade, o

Amatya Sen (2004)[141] sustenta que as sociedades deveriam ter por meta as capacidades das pessoas. As sociedades devem voltar sua política distributiva para uma igualação das "capacidades básicas das pessoas", fazendo isso por meio do acesso de todos à educação, saúde, lazer, moradia. Para o pensador, deve-se dar maior importância à capacidade das pessoas na promoção e sustentação do crescimento econômico do que priorizar tão somente o crescimento econômico, diminuindo as diferenças entre as pessoas, e conclui:

> Se uma pessoa pode se tornar mais produtiva na geração de mercadoria graças à melhor educação, saúde etc., não é estranho esperar que por esses meios ela possa, também diretamente, realizar mais – e ter a liberdade de realizar mais – em sua vida (SEN, 2004, p. 133).

Partilhamos o entendimento de Rawls para quem

> os deveres de justiça distributiva são aqueles que um Estado tem para com seus próprios cidadãos. Se o legislador constituinte traçou como meta a erradicação da miséria pelo primado do trabalho, com fundamento nos princípios do bem-estar e da justiça social, então os direitos a serem distribuídos devem considerar a valorização do trabalho, a construção de uma sociedade livre, justa e solidária que proteja todos da pobreza.

No mesmo sentido, José Afonso da Silva (2007) [142] expõe em seu *Estudos de Direito Constitucional*:

> "a jurisprudência dos valores é a que mais se aconselha na busca do sentido da Constituição, porque ela incorpora um sistema de valores essenciais à convivência democrática que informa todo o ordenamento jurídico. Todas as suas normas e princípios são suscetíveis de serem interpretados em função dos valores que neles se encarnam, especial-

---

descaso dos políticos para com os problemas da população, a falta de ética na política com acentuado índice de corrupção, o clientelismo e a não priorização de estratégias de superação dos problemas sociais, com consequências imprevisíveis. Já as exógenas constituem o conjunto de problemas gerados pelas crises econômicas, sociais e políticas de outros países que, diante do fenômeno da globalização, têm as suas desgraças socializadas, mas não a sua fortuna".

141 A. Sen. *Desenvolvimento como liberdade*, p. 333.
142 J. A. Silva, *A Constituição e a Estrutura de Poderes. Estudos de Direito Constitucional em homenagem à Profª Maria Garcia*, p. 201/202.

mente porque todas as normas e princípios constitucionais têm uma única direção, qual seja, a de garantir o primado da dignidade da pessoa humana, que, por seu lado, resume todas as manifestações dos diretos humanos" (SILVA, 2007, p. 201/202).

Da interpretação que fizemos dos princípios constitucionais que norteiam a saúde podemos afirmar ser de grande importância o tema, especialmente no ambiente de trabalho, cabendo ao legislador infraconstitucional determinar a presença do Estado nas normas que vier a editar, com a finalidade de proteger a saúde dos trabalhadores, garantindo a todos, indistintamente, a sua quota de serviços necessária para assegurar a liberdade da cada um, dentro de seu orçamento. (LOTTENBERG, 2009)[143]

Quando o constituinte deixa para o legislador infraconstitucional a tarefa de atender os direitos sociais fundamentais que previu, está atentando para a *seletividade e distributividade na prestação dos benefícios e serviços (artigo 194, § único, III)*, insertos entre os princípios que regem a seguridade social, sendo a seletividade dirigida ao legislador, a quem caberá a tarefa de definir os benefícios e serviços capazes de oferecerem melhores condições de vida

---

143 Claudio Lottenberg em artigo "A Receita de Obama para a saúde" publicado no jornal *A Folha de São Paulo*, Caderno A, Tendências e Debates, p. A3, 25.03.2009, adverte sinalizando cautela no momento de se trocar as técnicas existentes por novas, mais modernas e muito mais caras. "Os gastos com saúde nos EUA absorvem 16% do Produto Interno Bruto, representando US$ 2,3 trilhões em 2008. No Brasil, um procedimento de angioplastia (desobstrução das artérias que custava R$ 9.400,00 em 2001, hoje custa R$ 55.000,00, um aumento de 485% em sete anos de evolução tecnológica. Pesquisa divulgada pelo Hospital Albert Einstein, em São Paulo, constatou aumento de 170% no custo dos medicamentos, nos últimos dez anos". No mesmo sentido, Dalmo de Abreu Dallari em texto intitulado *Ética Sanitária, Direito Sanitário, Direito Sanitário e Saúde Pública*, p. 76, afirma "Não se pode admitir que sob pretexto de busca do progresso sejam abandonados os padrões éticos, pois mesmo os avanços científicos e o aperfeiçoamento tecnológico formalmente inegáveis não poderão ser considerados fatores de progresso, mas de retrocesso, se forem utilizados para degradar a pessoa humana, para aumentar as discriminações entre pessoas, grupos sociais e povos. Não se pode falar com propriedade em progresso da humanidade quando só um pequeno número de pessoas recebe os benefícios das inovações, que, na realidade, só se tornam possíveis graças aos meios que, direta ou indiretamente, são fornecidos por muitos. E haverá evidente agressão à ética se tais progressos forem obtidos à custa da sonegação dos recursos indispensáveis para que uma *grande parcela da humanidade possa sobreviver de maneira digna*".

à população, distribuindo àqueles que mais necessitam a maior parcela possível de programas sociais e benefícios com o fim último de erradicação da miséria.

Sustentaremos e desenvolveremos no capítulo IV de nosso trabalho que a nova metodologia para o custeio de benefícios decorrentes de riscos ocupacionais do trabalho – incluídas neste conceito os afastamentos causados por acidentes de trabalho e as doenças do trabalho e, ainda, as aposentadorias especiais – possibilitará ao Estado o alargamento de sua capacidade financeira para cobertura ampla tanto da saúde, na sua forma preventiva, curativa e restauradora, como das próprias prestações com pagamentos de benefícios que passarão a ser evitados pelo empregador com investimentos tecnológicos eficientes e capazes de reduzir a frequência, a gravidade e o custo do risco ambiental do trabalho.

No Capítulo V abordaremos as ações regressivas ajuizadas contra os empregadores negligentes na prevenção de acidentes como medida educativa e preventiva das contingências decorrentes dos riscos ocupacionais do trabalho.

Ao legislador, cabe o poder de determinar as prioridades políticas e a forma de arrecadação dos recursos necessários para cobertura das previsões constitucionais. A questão que aqui debatemos está relacionada à distributividade da justiça. Quando a Assembleia Constituinte afirmou que saúde é direito de todos, deixou que o legislador infraconstitucional e toda a comunidade protegida estabelecessem os critérios que definirão *como* garantir saúde para todos.

capítulo III

Saúde do trabalhador e meio ambiente do trabalho

3.1. Aspectos históricos, políticos, sociais e econômicos do Brasil e suas consequências para a saúde do trabalhador na vigência da Constituição Federal de 1988

A Constituição é a primeira das fontes do direito da seguridade social. É ela quem traça, para o Estado, os princípios orientadores à adoção das medidas necessárias à implantação do programa de seguridade, bem como das medidas legislativas adequadas e capazes de torná-lo efetivo.

Abordaremos o tratamento dado à saúde do trabalhador e aos riscos ocupacionais do trabalho na Constituição de 1988 e na legislação infraconstitucional.

O artigo 6º, da Constituição de 1988, relaciona os direitos sociais, entre eles a saúde, em cujo conceito está não só a cura de doenças, como também a prevenção destas. No conceito de saúde, portanto, como afirmamos anteriormente, estão todos os demais direitos sociais mencionados no artigo retrocitado, capazes de prevenir a doença.

Para ter acesso à educação, trabalho, moradia, lazer, segurança e previdência social, entre outros itens capazes de gerar felicidade[144], o trabalhador terá que obter e manter um emprego, mas para que isso ocorra, ele terá que gozar de boa saúde.

---

144 O sambista brasileiro Joãozinho Trinta já dizia "quem gosta de miséria é intelectual. O pobre gosta é de luxo". O carnavalesco faz o alerta de que a pobreza não precisa ser estudada, mas combatida. Saúde não é luxo, é um bem necessário para manutenção de vida digna.

As atribuições do Sistema Único de Saúde, criado pela Constituição Federal de 1988, foram estabelecidas no artigo 200, não havendo hierarquia entre elas, como leciona Balera (1988)[145]

Para nosso estudo, entretanto, são importantes as ações de vigilância sanitária e epidemiológica (COSTA, 2003)[146] bem como as de saúde do trabalhador; a formação de recursos humanos na área de saúde e a proteção do meio ambiente, neste está também compreendido o do trabalho.

Os artigos 197 e 199 da Constituição de 1988 permitem que a saúde seja suplementada e complementada pela iniciativa privada, como abordamos no Capítulo II.

No plano da legislação infraconstitucional, a Lei nº 8.080/1990, dispõe sobre as condições para a promoção, proteção e recuperação da saúde, a organização e o funcionamento dos serviços a ela correspondentes e, diante da dificuldade do Estado em garantir saúde com qualidade para todos[147], é possível citar, ainda, o Código de Defesa do Consumidor, Lei nº 8.078/1990, que se aplica aos fornecedores de medicamentos, que deu nova roupagem aos contratos de planos privados de saúde, mercado em franco crescimento, regulamentados pela Lei nº 9.656/1998, que dispõe sobre os planos e seguros privados de saúde[148], de natureza complementar à saúde pública.

---

145 W. Balera, *A Seguridade na Constituição Federal de 1988*), p. 90/91.
146 Para Edná Alves Costa em *Vigilância Sanitária e Proteção da Saúde*, p. 195/196): "A vigilância epidemiológica tem como propósito fornecer orientação técnica permanente aos profissionais de saúde que têm a responsabilidade de decidir sobre a realização de ações de controle de doenças e agravos. (...) Os estudos epidemiológicos são fundamentais para elucidar a associação entre fatores de risco relacionados a elementos sob controle da Vigilância Sanitária e determinadas doenças. Na regulamentação de substância química, restrição ou proibição de uso, a apresentação de evidência de sua relação com uma doença torna-se decisiva para a agência que deve deliberar sobre o seu controle (Huff et al., 1990), assim como para alterações na legislação de proteção aos trabalhadores".
147 A exemplo do *home care* oferecido pelos planos de saúde como economia com despesas hospitalares, a Lei nº 10.424/2002, criou a assistência domiciliar no âmbito do SUS.
148 A Agência Nacional de Saúde, por meio da Lei nº 10.850/2004, fiscaliza e coordena a comercialização e prestação dos serviços de saúde pela atividade privada.

Outro diploma legal de importância é a Lei nº 8.974/1995, que ao disciplinar o artigo 225, § 1º, inciso V, da Constituição Federal, dispõe sobre a produção, a comercialização e o emprego de técnicas, métodos e substâncias que comportem risco para a vida, a qualidade de vida e o meio ambiente.

E, no âmbito do acidente do trabalho, o anexo II do Decreto nº 3.048/1999, introduzido pelo Decreto nº 6.042/2007, passou a elencar as atividades e doenças presumivelmente relacionadas com determinadas atividades econômicas, classificadas pela doutrina como tecnopatias, e as causadas pelo ambiente e falta de ergonomia, denominadas mesopatias. Além de listar as causas preexistentes, supervenientes ou concomitantes, que podem ser consideradas concausalidade por agravarem o estado de saúde do trabalhador.

É válido afirmar que o direito social está diretamente relacionado ao plano das Nações Unidas para o desenvolvimento, cujos objetivos de desenvolvimento do milênio foram adotados em 2000 pelos governos de 189 países, entre eles o Brasil, como compromisso de combater a desigualdade e melhorar o desenvolvimento humano no mundo. Trata-se de uma carta de intenções – com um horizonte fixado em 2015 – para erradicar a pobreza extrema e a fome, universalizar o ensino fundamental (LEITE, 1996),[149] promover a igualdade entre os

---

[149] C. B. Leite, "Conceito de Seguridade Social". In: W. Balera, *Curso de Direito Previdenciário, Homenagem a Moacyr Velloso Cardoso de Oliveira*. p. 21. No mesmo sentido, Celso Barroso Leite discorre sobre as necessidades individuais com implicações sociais que necessitam de proteção social: "(...) Decerto, existem outros fatores, como a educação, que não deve limitar-se ao ensino das chamadas técnicas básicas da civilização, como ler, escrever, fazer contas. Ao contrário, ela envolve conhecimentos empíricos indispensáveis a uma vida sadia e a um mínimo de traquejo social. Por conseguinte, não se pode deixar de tê-la em mente quando se cogita de conceituar a seguridade social em função dos seus objetivos e responsabilidades". (...) Outra realidade nova é aquela que alguns cientistas sociais denominam "medicalização da sociedade", ou seja, maior preocupação com assistência médica e prioridade cada vez mais marcada para a medicina curativa, cujo preço, crescendo mais que os preços em geral, agrava a exiguidade dos recursos destinados à medicina preventiva. Por outras palavras, a tecnologia médica e a sofisticação farmacêutica, entre outros fatores, reduzem as ações de saúde pública e saneamento, sem falar em coisas mais essenciais e elementares ainda, como alimentação, educação, moradia".

sexos, melhorar a saúde, reverter a deterioração ambiental e fomentar uma associação mundial para o desenvolvimento.

O índice de desenvolvimento humano (IDH) foca três dimensões mensuráveis, entre elas a saúde. São elas: viver uma vida longa e saudável, ser instruído e ter um padrão de vida digno (BONAVIDES, 2007).[150] Ao mensurar as realizações médias na saúde, na educação e no rendimento, o IDH pode dar uma imagem mais completa do estado de desenvolvimento de um país.[151] Como vimos, a saúde está diretamente relacionada com o grau de desenvolvimento humano do país, que, por sua vez, tem relação com a educação e a condição financeira do trabalhador.

Quanto ao aspecto histórico que marcou o período posterior à Constituição de 1988, é importante citar a melhora do índice de desenvolvimento humano obtido em razão da redução da mortalidade infantil (RISSI, 2009)[152] e a necessidade de proteção da saúde da criança e do adolescente[153].

---

150 Lembramos aqui dos ensinamentos de Paulo Bonavides em *Democracia Direta, a democracia do terceiro milênio*, onde se lê: "Uma sociedade desigual será invariavelmente uma sociedade injusta, e não há justiça onde os homens padecem na ordem econômica os mais iníquos desníveis de renda; onde a classe média destroçada cede lugar a uma falsa democracia formal; onde a pobreza dos desgraçados sela a união frouxa, coerciva e instável da camarilha de opressores com a multidão de oprimidos". Texto publicado nos *Estudos de direito constitucional*, em homenagem à profª Maria Garcia, 2007, p. 400).

151 *Relatório de Desenvolvimento Humano 2004*, publicado para o Programa das Nações Unidas para o Desenvolvimento (PNUD), p. 271.

152 Um indicador muito importante para a análise do IDH é a mortalidade infantil, que corresponde ao número de crianças que vão a óbito antes de atingir um ano de idade. No Brasil, o percentual de mortalidade infantil diminuiu muito nas duas últimas décadas, no entanto, o índice continua muito elevado, cerca de 26,6%. Se comparado a outros países fica mais evidente que há muito o que melhorar, pois, em nações como a Suécia, o índice é de 3,3%, na Noruega 3,8%, no Canadá 5,1% e até mesmo em países de menor desenvolvimento os índices são melhores que os brasileiros, como o da Coreia do Sul 3,8%, Cuba 6,1%, Chile 8%, Costa Rica 10,5%, Argentina 15% e Tailândia. Fonte: *As Condições de Saúde no Brasil*. Coordenadores João Baptista Rissi Jr. e Roberto Passos Nogueira. Disponível em: http://www.fiocruz.br/editora/media/04-CSPB02.pdf. Acessado em 31.mar.2009.

153 Remetemos o leitor à nota de rodapé de número "57", lembrando que a publicidade de bebidas alcoólicas está em conflito com a política pública de prevenção de acidentes automobilísticos, já que, por meio da Lei nº 11.705/2008, o legislador alterou o Código de Trânsito Brasileiro a partir da nova legislação que foi apelidada de "Lei Seca", por permitir o consumo por motoristas de apenas 0,6 g/l de álcool por litro de sangue.

Apesar de termos conseguido diminuir a mortalidade infantil, dados da Organização Mundial de Saúde mostram que, no Brasil, a cada 77 nascimentos, uma criança morre nos primeiros 27 dias de vida. Sete de cada dez mortes poderiam ter sido evitadas por meio de acompanhamento médico durante a gestação e nos primeiros sete dias de vida do bebê.

O Ministério da Saúde está monitorando os óbitos dos bebês visando à redução da mortalidade infantil. Acordos[154] entre a União e os governadores do Nordeste e da Amazônia pretendem reduzir 5% ao ano as taxas de mortalidade até o 27º dia de vida. Os recursos financeiros, no entanto, não estão sendo destinados à saúde na velocidade desejada, comprometendo a meta de redução da taxa de mortalidade e melhora do IDH do país[155].

Estima-se que na próxima década o número de doenças em jovens entre 15 e 24 anos aumentará[156]. A referida faixa etária arrisca-se mais, envolvendo-se em acidentes e atos de violência, uso de drogas, álcool e fumo e, ainda, está propícia a contaminação infecciosa ou viral por transmissão sexual. Os jovens que devem ser protegidos, hoje, poderão ingressar no mercado de trabalho portando doenças que se agravarão com a atividade laboral ou até mesmo poderão causar um acidente de trabalho, como no caso de um dependente químico operar uma máquina[157].

Márcia Flávia Santini Picarelli (2003),[158] ao discorrer sobre direito sanitário do trabalho e da previdência social ressalta a importância

---

154 A competência para regulamentar, fiscalizar e controlar as atividades na área da saúde é comum à União, estados, territórios, Distrito Federal e municípios, nos termos do artigo 23, inciso II, da Constituição Federal de 1988.
155 Jornal *Folha de São Paulo*, de 1º de março de 2009, Caderno Cotidiano.
156 www.opas.org.br/ambiente/default.cfm. Acessado em 23.ago.2008.
157 O acidente desse tipo pode ser definido como sendo aquele causado subita e repentinamente, provocando o dano à saúde ou mesmo a morte do operário, como no exemplo dado no nosso texto, enquanto as doenças do trabalho aparecem paulatina e progressivamente.
158 M. F. S. Picarelli, *Direito Sanitário do Trabalho e da Previdência Social. Direito Sanitário e Saúde Pública*, p. 229l.

dos pactos e das convenções internacionais ratificados pelo Brasil relacionados com saúde e segurança do trabalho, são eles:

> (...) o tratado do *Pacto Internacional dos Direitos Econômicos, Sociais e Culturais*, ratificado pelo Brasil em 24 de janeiro de 1992, que em seu artigo 7º trata do direito ao ambiente de trabalho. (...) Da OIT, há convenções que trazem perspectiva importante para a legislação nacional ao abordarem questões relacionadas ao meio ambiente de trabalho. Trata-se da *Convenção nº 155*, que disciplina questões de saúde, segurança e meio ambiente de trabalho e que foi aprovada em 3 de junho de 1981, e ratificada pelo Brasil em 18/05/1992 (Decreto Legislativo nº 2/1992 e Decreto nº 1.254/1994), e da *Convenção nº 161*, que assegura serviços de saúde do trabalho e foi aprovada em 1985 e ratificada pelo Brasil em 18/05/1990 (Decreto Legislativo nº 86/1989 e Decreto nº 127/1991) (PICARELLI, 2003, p. 2291).

A Organização Panamericana da Saúde, no Brasil, vem prestando cooperação técnica, principalmente no enfrentamento de problemas de saúde relacionados às necessidades dos adolescentes. O investimento na prevenção e recuperação das doenças que acometem o jovem, por falta de apoio e orientação familiar ou imaturidade, é importante, não só pela economia que o Estado fará com gastos na saúde e benefícios previdenciários, como também para a preservação do pacto entre gerações, garantindo aos jovens de hoje a reinserção no mercado de trabalho, para que se mantenha o equilíbrio nas contas púbicas.

Na década de 1960, as principais doenças que assustavam os Estados eram as infecções por cólera, peste e febre amarela.

Na atualidade, não há distância entre as pessoas. A locomoção por navios foi substituída por rápidos aviões e a facilidade e rapidez do contato entre os povos fizeram com que doenças endêmicas pudessem se alastrar rapidamente, transformando-se em epidêmicas.[159]

---

[159] Foi o que ocorreu na China com a síndrome respiratória aguda grave (SARS), na África, com o vírus Ébola e no Brasil com a dengue, o hantavirus e a febre amarela e no primeiro semestre de 2009, no México, se alastrando por todos os Continentes do Globo Terrestre com o vírus da gripe H1N1, impropriamente denominado gripe suína.

A febre asiática, como ficou conhecida a SARS, levou os Estados membros da Organização Panamericana de Saúde (OPAS/OMS) a entrarem em acordo, em 2005, para adotar o Regulamento Sanitário Internacional – RSI (2005), em vigor desde 15 de junho de 2007, tendo como finalidade o aumento da segurança sanitária mundial, com a cooperação da comunidade internacional na contenção de disseminação de vírus entre os continentes.

Outro exemplo de combate ao controle de epidemias é o programa de tratamento com antirretrovirais para combate ao vírus da AIDS[160] e Hepatite C que já atingiu, no mundo, 3 milhões de pessoas.

Desde 2006 o Ministério da Saúde vem alertando para o fato de o vírus da Aids ter aumentado entre pessoas com mais de 50 anos, atingindo também a terceira idade em razão da popularização de medicamentos hormonais. O fato é que os aposentados, além das doenças causadas pela idade, oneram o sistema de saúde pela falta de prevenção de doenças sexualmente transmissíveis.[161]

O Brasil, com seu programa de atendimento e fornecimento de antirretrovirais, atinge cerca de 80% daqueles que necessitam de tratamento, segundo a Organização Mundial de Saúde. Dentro do grupo dos 45 países em desenvolvimento, o país está entre as nove nações que passam da cifra de 75% dos pacientes atendidos. A Organização Mundial da Saúde ressalta que os serviços de saúde, em todo o mundo, devem ser apoiados e reforçados para que a luta contra a epidemia de Aids continue.[162]

---

160 O Brasil teve importância internacional com a quebra da patente do coquetel anti-HIV, o interferon, hoje usado também para o combate de outras doenças, o que faz com que pessoas de países vizinhos venham ao Brasil, atravessando as fronteiras para receberem aqui o medicamento gratuitamente e de forma eficaz.
161 Cartilha e Caderneta do Idoso fornecida pelo SUS divulgam os riscos a que estão expostos homens e mulheres na terceira idade.
162 *Menos de um terço dos soropositivos tem acesso a remédio contra Aids, diz OMS* site: http://g1.globo.com/Noticias/Ciencia/0,,MUL586629-5603,00-MENOS+DE+UM+TERCO+DOS+SOROPOSITIVOS+TEM+ACESSO+A+REMEDIO+CONTRA+AIDS+DIZ+OM.html. Acessado em 16.set.2008.

Além de combater epidemias e endemias, o saneamento básico é imprescindível para a garantia da saúde da população. Em 2008, o IBGE[163] registrou, pela primeira vez, que mais da metade dos domicílios brasileiros estão sendo atendidos por rede coletora de esgotos, mas não há razão para comemoração. O fato de não haver fiscalização quanto à verificação das ligações dos domicílios à rede disponível, ainda, compromete a saúde da população que tem acesso à rede, sem contar aqueles que se sujeitam diariamente à contaminação por conviverem com o esgoto despejado por eles a céu aberto.

A situação não é diferente em outras nações pobres. É o que aponta o Relatório de Desenvolvimento Humano (RDH) 2006, divulgado pelo Programa das Nações Unidas para o Desenvolvimento (PNUD), alertando para o problema da falta de acesso a água e saneamento que mata uma criança a cada 19 segundos, em decorrência de diarreia. Segundo o estudo, intitulado *Além da escassez: poder, pobreza e a crise mundial da água*, há no mundo 1,1 bilhão de pessoas sem acesso a água limpa. No ritmo atual, o mundo não conseguirá cumprir a meta dos Objetivos de Desenvolvimento do Milênio, que prevê reduzir pela metade, até 2015, a proporção de pessoas que não desfrutam desses recursos que estão diretamente relacionados à saúde da população.

A qualidade de saúde que podemos dispor está relacionada à renda que possuímos.

O grande destaque da Pnad – Pesquisa Nacional por Amostra de Domicílios – de 2007, foi a queda da desigualdade de renda. A

---

163 Segundo notícia veiculada pelo jornal *Folha de São Paulo*, Caderno Cotidiano, Especial "Retrato do Brasil", em 19.09.2008, p. 8, o maior crescimento ocorreu na região Norte, onde o número de casas atendidas por rede coletora praticamente dobrou – de 186 mil para 381 mil. Mas ainda há muito há fazer: somente 9,8% das casas na região estão ligadas à rede de esgoto. Em números absolutos, a maior quantidade de residências sem acesso à rede está no Nordeste: 6,4 milhões. Mesmo no Sudeste, que tem os melhores resultados, o percentual não atinge 80% das casas (79,4% – um crescimento de 2,6 pontos percentuais). Ao todo, o Brasil registrou 56,3 milhões de domicílios particulares em 2007, segundo a Pnad – aumento de 1,7 milhão de casas em relação a 2006.

renda dos 50% mais pobres cresceu 4,3% em 2007, enquanto a dos 10% mais ricos teve ligeira queda (0,13%) e os 40% da população que estão na faixa intermediária tiveram aumento de renda de 3,98%. O resultado é fruto da política do governo em conceder à população carente benefícios assistenciais, tais como o Bolsa Família, o Bolsa Escola, o Fome Zero, entre outros. A política do governo foi muito criticada por diversos segmentos da sociedade por ser natural a resistência na implantação de novo modelo social (Hesse, 2006)[164], ainda que incipiente, mas a assistência social anda de mãos dadas com a saúde, conforme determina o artigo 5º, inciso III, da Lei da Saúde (Lei nº 8.080/1990).

Os programas assistenciais e a formalização do emprego geraram aumento do consumo, especialmente na chamada classe C, e o índice de Gini[165] da renda do trabalho caiu de 0,573 em 2002 para 0,534 em 2007.

A taxa de analfabetismo no país caiu 10%; em 2008, no entanto, o trabalho infantil não reduziu como era esperado. Há no Brasil 4,8 milhões de crianças e adolescentes trabalhando. Apesar de a Constituição proibir o trabalho de menores de 14 anos, o IBGE constatou que a jornada de trabalho da faixa etária dos 5 aos 13 anos passou de 24,7 horas, para 25,6 horas semanais. As regiões Norte e Centro-Oeste são as mais prejudicadas e onde os níveis de escolaridade caíram mais.

As diferenças regionais mostram que o número de trabalhadores sindicalizados diminuiu apesar da ampliação do trabalho formal, o que se justifica pelo aumento da rotatividade do trabalho. As mu-

---

164 É pertinente lembrar Herman Hesse "para a ave nascer é preciso quebrar o ovo", o que significa afirmar que, para produzir o novo é necessário destruir o velho. Por essa razão, a mudança gerada pela política atual, apesar de muito pequena, já causou celeuma. "A ave sai do ovo; o ovo é o mundo; quem quiser nascer precisa destruir o mundo"(HESSE, Hermann. *Demian*. 37. ed. Rio de Janeiro: Record, 2006).
165 O índice de Gini mede o grau de desigualdade existente na distribuição de indivíduos segundo a renda domiciliar *per capita*. Quanto mais próximo de zero menor é a desigualdade verificada.

lheres, segundo a Pesquisa Nacional por Amostra de Domicílios, continuam ganhando menos e estudando mais.

Do menor que trabalha à mulher discriminada no mercado de trabalho, *todos* podem ficar doentes e necessitar do amparo do Estado em algum momento de suas vidas.

Além da mortalidade infantil, do trabalho insalubre do menor, das doenças causadas pela falta de saneamento básico, das doenças virais, das epidemias e endemias que assustam o planeta, há, igualmente, outras doenças capazes de afastar os trabalhadores de suas atividades laborais. São doenças relacionadas com o trabalho ou por ele desencadeadas. Interessa-nos, no presente estudo, todo afastamento que resulte em incapacidade para o trabalho, tendo relação direta ou indireta com o meio ambiente do trabalho, a saber: a doença, a invalidez, a sequela que reduza a capacidade para o trabalho, a morte e a aposentadoria precoce em razão de exposição a agentes físicos, químicos e biológicos durante toda a jornada de trabalho.

O bem-estar mental é outra preocupação atual no meio ambiente do trabalho. Há estudos evidenciando que os pacientes psiquiátricos, especialmente pacientes deprimidos, têm qualidade de vida e de relacionamento social inferiores ou semelhantes ao de pessoas portadoras de doenças clínicas graves (WELLS, 1989),[166] havendo, ainda, doenças psiquiátricas com nexo causal relacionado a determinadas atividades laborais[167].

Apesar da preocupação do legislador constituinte e do legislador infraconstitucional em regulamentar a proteção da saúde

---

166 K Wells, et al. "The functioning and wellbeing of depressed patients: results from the medical outcomes study". *JAMA* 1989; 262:914-9.
167 Vide anexo II do Decreto nº 3.048/99, com a redação dada pelo Decreto nº 6.042/2007, Lista B, Grupo VI da CID 10, que relaciona, por exemplo, distúrbios do ciclo vigília-sono com problemas relacionados ao emprego ou desemprego e a má adaptação à organização do horário de trabalho quando o mesmo for prestado em turnos alternados ou no período noturno e, ainda reações ao estresse grave e transtornos de adaptação: estado de estresse pós-traumático, em reação após acidente do trabalho grave ou catastrófico, ou após assalto no trabalho ou outras circunstância relativa às condições de trabalho.

do trabalhador, 50% dos trabalhadores brasileiros não possuem sequer vínculo jurídico com seus empregadores. O fato resultou na criação, pela Lei Complementar nº 123/2006, do segurado de baixa renda (contribuinte individual), com alíquota única reduzida de 11% sobre o valor do salário mínimo, com exclusão do direito ao benefício de aposentadoria por tempo de contribuição (PIEDORNÁ, 2009).[168]

A exclusão social é preocupação mundial. É o que consta do relatório *Commission on Legal Empowerment of the Poor*[169] intitulado *Making the Law Work for Everyone* (Fazer com que as leis funcionem para todos), quando afirma que 4 bilhões de pessoas, ou dois terços da população mundial, estão fora do amparo legal de seus países, não têm documentos como certidão de nascimento, trabalham na informalidade, moram em terreno sem escritura ou têm algum tipo de atividade sem registro.

---

168 Zélia Luiza Piedorná vê o dispositivo que exclui o direito do segurado de baixa renda à aposentadoria por tempo de contribuição como inconstitucional. *A inclusão social dos trabalhadores informais brasileiros: uma proposta para amenizar o problema.* Trabalho apresentado no II Congresso de Prevención de Riesgos Laborales em Ibero América. Publicado no site do Congresso http://www.prevencia.org/lib/comunicaciones_3premio.pdf. Acessado em 03.mar.2009,. Considerando que há outras diversas fontes de custeio, a redução da alíquota da contribuição do segurado de baixa renda não deveria implicar limitação em seus direitos. A restrição implica lesão à isonomia entre os segurados da Previdência Social.

169 O relatório estima que mais de um terço do mercado nos países em desenvolvimento é informal – proporção que chega a 90% em alguns países da África e do sul da Ásia. O texto cita um estudo do BID (Banco Interamericano do Desenvolvimento) sobre 12 países sul-americanos, segundo o qual apenas 8% das empresas eram legalmente registradas e aproximadamente 23 milhões de negócios eram feitos à margem da legislação. Para chegar aos 4 bilhões, a comissão estimou o número de pessoas que não são assistidas por alguns dos direitos básicos garantidos pela legislação de seus países – não têm direito de posse sobre o imóvel nem direitos trabalhistas, abrem negócios sem documentação formal ou sem reconhecimento por parte da justiça. Quando a legislação e a sociedade apresentam barreiras aos pobres, a ideia de lei como uma instituição legítima da democracia fica prejudicada, alerta o relatório. Em contraste, a expansão da proteção legal tende a fazer com que mais cidadãos desenvolvam um maior interesse na manutenção da ordem social e na estabilidade de governos locais. Isso ajudaria os Objetivos de Desenvolvimento do Milênio. (Disponível em http://www.undp.org/legalempowerment/report/. Acessado em 19.ago.2008)

O legislador, com base na seletividade e distributividade das prestações e serviços, diferenciou os segurados, permitindo aos mais necessitados a inclusão na previdência social e o acesso aos benefícios previdenciários.

Sobre o princípio da seletividade, previsto no inciso III, do artigo 196, da Constituição Federal, é importante citar o posicionamento de Marisa Santos (2003)[170] quando discorre sobre a importância da *seletividade e distributividade das prestações* na fase de elaboração das normas, conforme o trecho que transcrevemos:

> A função dos princípios constitucionais, neste caso, é de diretiva para o legislador ordinário, que já foi, inclusive, apontada por BOBBIO. Ou, no dizer de CANOTILHO, "vinculam o legislador no momento legiferante, de modo a poder dizer-se ser a liberdade de conformação legislativa positiva e negativamente vinculada pelos princípios jurídicos gerais (SANTOS, 2003, p. 75).

No mesmo sentido leia-se Zélia Luiza Pierdoná (2003)[171] quando afirma:

> (...) a seguridade social tem como objetivo a universalização, sendo que o princípio ora em discussão revela uma contenção provisória. No caminho de sua efetivação, o legislador infraconstitucional, discricionariamente, deverá escolher etapas, selecionando os riscos sociais que serão cobertos por prestações. Porém, a discricionariedade não é total, pois, além de a própria Constituição, nos incisos do artigo 201, ter apresentado vetores como doença, velhice, invalidez etc., o segundo comando do princípio – distributividade – determina que a escolha dos riscos a serem cobertos recaia sobre prestações que concretizem os objetivos da Ordem Social (PIERDONÁ, 2003, p. 56).

O legislador terá ainda muito trabalho para, guiado pela seletividade e distributividade das prestações, combater às desigualdades sociais. É o que se depreende de trecho do discurso do Ministro

---

170 M. F. Santos, *O princípio da seletividade das prestações de seguridade social*, p. 70/75.
171 Z. L. Pierdoná, *Contribuições para a seguridade social*, p. 56.

do STF, Marco Aurélio de Mello, em sessão solene onde recebeu o prêmio "Franz de Castro Holzwarth"[172] de Direitos Humanos, promovido pela OAB/SP, em 10.12.2007, que vale ser transcrito:

> Há pouco, há bem pouco, manchetes veicularam, com o estardalhaço ufanista de praxe, a notícia de que o país fora promovido, por decisão da Organização das Nações Unidas, ao patamar daqueles com alto índice de desenvolvimento humano.
>
> Antes, celebrou-se com fogos e bravatas de nuances hegemônicas, além da autossuficiência em petróleo, a descoberta de colossal jazida do óleo na região de Santos, a elevar-nos à condição de "magnata do ouro negro", com reivindicado assento na Opep, a organização que consagra os sultões que o produzem. Na outra ponta dessa bússola, na Amazônia tão distante dos palácios governamentais, índios perecem como moscas. Morrem de fome ou suicidam-se, porque o alcoolismo, a miséria, o descaso de quem os devia amparar já lhes ceifaram toda a esperança (...) De que serve um PIB maior do que o da Índia ou da Rússia se a imensa população de miseráveis vê-se excluída da rede de proteção social do Estado e, portanto, privada de serviços básicos como o acesso a saúde, educação, segurança e até esgoto! (...) [173] (MELLO, 2008, p. 371).

As pesquisas oficiais citadas anteriormente e o discurso do Ministro do Supremo Tribunal Federal, cujo trecho foi transcrito, revelaram um país de desigualdades quando o assunto é a garantia dos direitos sociais, além de alertar para o fato de não estarmos conseguindo observar as diretrizes desenhadas na Constituição de 1988 para a saúde, especialmente a da descentralização com a participação efetiva da União, dos estados, dos municípios e da comunidade, e do atendimento integral na cura e na prevenção das doenças.

---

172 Franz de Castro Holzwarth era advogado, defendia os mais fracos e evangelizava os encarcerados. Sua morte bárbara aconteceu durante um motim na cadeia de Jacareí, interior de São Paulo, no dia 14 de fevereiro de 1981. Foi chamado para ser o mediador da rebelião e se ofereceu para ficar como refém, no lugar de um policial militar. Logo após a libertação do policial, o carro que levava o advogado foi metralhado. Franz foi atingido com cerca de 30 tiros. O Vaticano abriu processo para canonização de Franz de Castro Holzwarth.
173 Revista do IASP, jan/jun de 2008, p. 371.

A descentralização e a participação de todos os envolvidos o cenário social inclui, ainda, o dever de fiscalização do Congresso Nacional[174] (artigo 49, inciso X, da Constituição Federal).

Sobre as desigualdades sociais no Brasil e a situação de penúria em que vivem inúmeros brasileiros, Darcy Ribeiro (1998)[175] lembra que *as* desigualdades provem dos valores que herdamos do tempo da escravidão:

> (...) Essas duas características complementares – as distâncias abismais entre os diferentes estratos e o caráter intencional do processo formativo – condicionaram a camada senhorial para encarar o povo como mera força de trabalho destinada a desgastar-se no esforço produtivo e sem outros direitos que o de comer enquanto trabalha, para refazer suas energias produtivas, e o de reproduzir-se para repor a mão de obra gasta. (...) ... nem poderia ser de outro modo no caso de um patronato que se formou lidando com escravos, tidos como coisas e manipulados com objetivos puramente pecuniários, procurando tirar de cada peça o maior proveito possível. Quando ao escravo sucede o parceiro, depois o assalariado agrícola, as relações continuam impregnadas dos mesmos valores, que se exprimem na desumanização das relações de trabalho (RIBEIRO, 1998, p. 210/212).

Para Popper (2006)[176]

> ... a luta contra a pobreza produziu em muitos países um estado de bem-estar social com uma monstruosa burocracia e com uma quase grotesca burocratização dos hospitais e da profissão

---

174 A Operação Vampiro é exemplo de investigação da Polícia Federal. Desencadeada em maio de 2004, levou à prisão empresários, lobistas e servidores, acusados de manipular compras de medicamentos para o Ministério da Saúde, então chefiado por Humberto Costa. O alvo principal da quadrilha eram as compras de hemoderivados, daí a inspiração para o nome. Todos estão soltos e os cofres públicos não foram ressarcidos pelos danos causados pela noticiada corrupção. As CPIs instauradas pelo Congresso Nacional e as Ações da Polícia Federal ainda acabam impunes no Brasil tanto do ponto de vista criminal quanto do ressarcimento dos danos sociais causados pela corrupção.
175 D. Ribeiro. *O Povo Brasileiro. A formação e o sentido do Brasil*, p. 210/212.
176 K. R. Popper, *Em busca de um mundo melhor*, p. 280/282.

médica, com o óbvio resultado de que apenas frações da quantia gasta para o bem-estar social realmente beneficiaram os que precisavam dela.

No Brasil não foi diferente. Prossegue o moderno pensador, concluindo a crítica ao estado de bem-estar social para mostrar como os ideais daquela política social poderiam ter sido mais bem realizados, em trecho que merece ser transcrito:

> (...) Apenas a ambição econômica do indivíduo pode fazer com que a pobreza seja tão rara que por fim deverá parecer absurdo considerar a luta contra a pobreza a principal tarefa do Estado. (...) Se não conseguirmos tornar a pobreza uma raridade, poderemos facilmente perder nossa liberdade para burocratização do Estado do bem-estar social (POPPER, p. 280/282).

Vimos que a efetivação dos direitos sociais depende de grandes investimentos e de política pública eficiente. Quando discorremos[177] sobre os conflitos armados na Colômbia, demonstramos que "(...) o poder de decidir sobre questões orçamentárias e definir prioridades é do cidadão consciente de seus direitos. Aliás, a essência de todo o direito é a consciência do que a cada um é devido, daí a célebre frase de Hannah Arendt de que a essência dos direitos humanos é o direito a ter direitos". E, de fato, nunca houve tanta gente disposta a ajudar o

---

[177] M. M. R. P. Gueller, "Conflitos armados na Colômbia atual e perspectivas para a paz", *Revista de Direito Social*, nº 21, jan/mar 2006. Na ocasião foi afirmado que "os orçamentos públicos cujas reservas tornam possível a realização do bem comum devem respeitar as prioridades sociais". p. 78. p. 79 (...) "para encontrarmos o verdadeiro 'Oz', no final da estrada de tijolos amarelos, será necessário que um ciclone, no caso aqui abordado – os conflitos sociais, nos levem ao encontro do homem de lata, que outrora representava a indústria sucateada do pós-guerra e, hoje, é a figura da falta de oportunidades de mercado capaz de absorver a mão de obra, que necessita ser cada vez mais especializada para proporcionar um primeiro emprego; do espantalho – que representava e continua retratando o abandono dos pequenos produtores agrícolas, engolidos pelos grandes produtores que monopolizam a produção e o mercado; e finalmente o leão covarde – que representa o governante incapaz de realizar qualquer reforma estrutural no Estado capaz de aumentar a reserva operacional desejável para propiciar a maior número de pessoas o almejado 'bem-estar social'. Restará à pequena Dorothy – representando o cidadão livre e consciente de seus direitos – escolher a estrada certa para o desenvolvimento.", p. 80/81.

próximo[178] (SARAMAGO, 1998) e a fazer sacrifícios para melhorar a vida do outro, obter maior liberdade e paz[179] para si mesmo (MARITAIN, sem ano).

---

[178] José Saramago descreve a vulnerabilidade da vontade humana, em seu romance *O ano da morte de Ricardo Reis*, p. 64: "(...) a língua é que vai escolhendo os escritores de que precisa, serve-se deles para que exprimam uma parte pequena do que é, quando a língua tiver dito tudo, e calado, sempre quero ver como iremos nós viver. Já as primeiras dificuldades começam a surgir, ou não serão ainda dificuldades, antes diferentes e questionadoras camadas do sentido, sedimentos removidos, novas cristalizações, por exemplo. Sobre a nudez forte da verdade o manto diáfano da fantasia, parece clara a sentença, clara, fechada e conclusa, uma criança será capaz de perceber e ir ao exame repetir sem se enganar, mas essa mesma criança perceberia e repetiria com igual convicção um novo dito. Sobre a nudez forte da fantasia o manto diáfano da verdade, e este dito, sim, dá muito mais que pensar, e saborosamente imaginar, sólida e nua a fantasia, diáfana apenas a verdade, se as sentenças viradas do avesso passarem a ser leis, que mundo faremos com elas, milagre é não endoidecerem os homens de cada vez que abrem a boca para falar. (p. 62 – por desejo do autor a grafia da edição brasileira manteve a ortografia do texto original e a pontuação é típica do estilo do autor). Ainda com relação às virtudes do homem prossegue o ilustre escritor português: "(...) Quando uma ideia puxou outra, dizemos que houve associação delas, não falta mesmo quem seja de opinião que todo o processo mental humano decorre dessa sucessiva estimulação, muitas vezes inconsciente, outras nem tanto, outras compulsiva, outras agindo em fingimento de que o é para poder ser adjunção diferente, inversa quando calha, enfim, relações que são muitas, mas entre si ligadas pela espécie que juntas constituem e parte do que latamente se denominará comércio e indústria dos pensamentos, por isso o homem, entre o mais que seja, tenha sido ou venha a ser, é lugar industrial e comercial, produtor primeiro, retalhista depois, consumidor finalmente, e também baralhada e reordenada esta ordem, de ideias falo, então lhe chamaríamos, com propriedade, ideias associadas, com ou sem companhia, ou em comandita, acaso sociedade cooperativa, nunca de responsabilidade limitada, jamais anônima, porque, nome, todos o temos".

[179] J. Maritain, *Os direitos do homem*, p. 17-18. Jacques Maritan destaca que o objeto da sociedade é o bem comum do corpo social. O bem comum idealizado é o da comunhão de todos no bem-viver, o que só se alcança em tempo de paz. A noção de pessoa significando totalidade, em função de que cada pessoa é única, exige o reconhecimento estatal dos direitos fundamentais delas e implica na ampla possibilidade de acesso de todas aos bens de consumo, garantia de liberdade, de expressão e de exercício profissional. O insigne pensador católico destaca três características essenciais inerentes ao bem comum: a redistribuição dos bens, a autoridade e a moralidade. A redistribuição é essencial para a integração das pessoas no ambiente social. O ensino está na Segunda Epístola de São Paulo a Coríntios: "Aquele que colheu muito não deve ter demais, e aquele que colheu pouco não deve ter de menos". Quanto à autoridade, ela é de ser preservada e respeitada, como coordenadora do bem comum, propiciando justa redistribuição dos bens, consoante os méritos e as necessidades de cada qual. Durante o conflito armado ela deve estar voltada à consolidação futura da paz. A moralidade, consubstanciada na máxima latina do viver honestamente, não lesar ninguém e atribuir a cada um o que é seu, representa o ideal de retidão de vida, boa e íntegra. A justiça e a retidão moral são assim essenciais ao bem comum.

No entanto, o cenário mundial não é otimista quanto à erradicação da miséria. A Organização Mundial do Comércio revela que enquanto os países em desenvolvimento disputam com os países desenvolvidos mercados agrícolas ao fim de barreiras tributárias, o relato recente da Organização das Nações Unidas constante do relatório do PNUD (Programa das Nações Unidas para o Desenvolvimento), de 2005, demonstra que a desigualdade é marca mundial.

Uma criança que está nascendo neste momento na Zâmbia, por exemplo, terá as mesmas chances de chegar aos 30 anos de idade do que tinha um habitante da Inglaterra em 1840.[180] Morrendo aos 30 anos de idade, sequer o emprego capaz de garantir acesso à saúde, educação, moradia e lazer, poderá ser almejado.

A Constituição Federal de 1988 nos trouxe estabilidade institucional e política, além de garantia ampla de direitos, porém ainda nos deparamos com bolsões de miséria[181] em nosso país (SEN, 2000). O trabalho na indústria do álcool e do biodiesel, no Brasil, nos dias de hoje, não difere daquele prestado pelos índios e negros outrora escravizados (BALERA, 1982).[182] É o que se depreende do relato de jornalistas que se surpreenderam com a idade dos trabalhadores nos canaviais:

> (...) exige alto esforço físico sendo preciso dar 3.792 golpes com o facão e fazer 3.994 flexões de coluna para colher 11,5 toneladas no dia. As usinas não fornecem equipamentos de segurança no campo,

---

180 *Folha de São Paulo*, Caderno Brasil, A22, 07/07/2005.
181 A expressão é de Amartya Sen, em *Desenvolvimento como Liberdade*, p. 144; para ele "os próprios fatores que podem impossibilitar uma pessoa de encontrar um bom emprego e ter uma boa renda (como a incapacidade) podem deixá-la em desvantagem na obtenção de uma boa qualidade de vida até mesmo com um bom emprego ou boa renda. Essa relação entre potencial para auferir renda e potencial para usar a renda é um conhecido fenômeno empírico nos estudos sobre a pobreza". Não é por outra razão que Amartya Sen adverte sobre a existência de verdadeiros bolsões de miséria dentro dos países ricos e diversidades de direitos de acesso à educação, saúde, trabalho, moradia, lazer, segurança, entre outros direitos que asseguram dignidade às pessoas.
182 Não é diferente, atualmente, a situação do estrangeiro no Brasil, muitos deles trabalhando em troca de abrigo e comida, escondidos em confecções nas capitais dos principais Estados, como já advertia Wagner Balera em *O Direito dos Pobres*, p. 40-48.

onde é feita a colheita. As moradias fornecidas pelas usinas não têm higiene – o saneamento básico passa longe – e o pagamento do salário é inferior ao mínimo. Muitos trabalhadores do canavial dependem do Bolsa-Família e ainda há relatos de fraude no peso da cana, por parte dos usineiros, no momento em que é efetuado o peso da cana cortada para o pagamento da diária (BALERA, 1982, p. 40-48).

A escravidão foi abolida.[183] "Vivemos na melhor ordem social de que se tem conhecimento por ser a mais aberta às transformações." (POPPER, 2006).[184]

Pior do que a constatação de trabalho escravo (MAGALHÃES, 2008)[185] nos canaviais ainda é o fato de que o desenvolvimento tecnológico e a exploração de petróleo, com técnicas de perfuração profunda, que, em futuro próximo poderá dar ao Brasil o título de potência do Atlântico Sul, deixará sem trabalho 335 mil cortadores de cana, sendo 135 mil em São Paulo, com a extinção do corte manual e das queimadas previstas para terminar até 2015. Esses 335 mil trabalhadores já oneram ou irão onerar o Sistema Único de Saúde, em razão dos atendimentos de emergência e de caráter meramente curativo e, o INSS, por meio de pagamentos de benefícios assistências ou previdenciários, nos casos onde a formalização do trabalho é decorrente da fiscalização feita pelo Ministério Público do Trabalho.[186]

---

183 Cabe lembrar que, apesar de a escravidão ser proibida no Brasil, o trabalho escravo permanece presente bem debaixo de nossos olhos. Os números apurados nos estudos sociais, aos quais acabamos de nos referir, nos remete mais ao Brasil conhecido como "colônia do açúcar", do período de 1580 a 1700.

184 K. Popper, *Em busca de um mundo melhor*, p. 287-288.

185 O fiscal das usinas é chamado de feitor. Fonte: Mário Magalhães e Joel Silva da reportagem do jornal *Folha de São Paulo*, Caderno Mais, p.4, de 24.08.2008.

186 O procurador do trabalho, Luís Henrique Rafael, destacou em ação civil pública o que considera abismo entre os componentes contemporâneos e arcaicos do negócio da cana e seus derivados: "A tecnologia de ponta que se observa nas usinas contrasta com as 'senzalas' nos canaviais, explicitando bem o verdadeiro *apartheid*, fruto da inescrupulosa equação de distribuição das rendas geradas pelo tal 'petróleo verde'." ACP Nº 0556-2007-030-15-00-

Apesar do quadro exposto, o Brasil vem sendo classificado por otimistas estudiosos como "a potência do Atlântico Sul" (VILLA, 2008).[187] Ao mesmo tempo em que investe-se em tecnologia, fechamos os olhos para a degradação do trabalho nos canaviais brasileiros da atualidade[188].

Diante de tanta diversidade e forma de tratamento para o que a Constituição Federal de 1988 denominou "valor social do trabalho" é possível mencionar as lições de Gregorio Peces-Barba Martínez (2004)[189] em seu *Lecciones de Derechos Fundamentales* sobre a igualdade material, cujo trecho segue abaixo:

> La igualdad de trato material como diferenciación genera y fundamenta a derechos que, através de la satisfacción de las necesidades, ayudan a cumplir el objetivo moral con la superación de los obstáculos que afectan a los titulares y que estos pueden

---

011.09.2008 Requerente – MPT/PRT 15ª Região em Bauru Requerido – Novo Horizonte Empreendimentos Agrícolas Ltda. Requerido – Usina Renascença Ltda.

187 As relações com a África são fundamentais para o Brasil. Tratados, convênios e diversos acordos econômicos, científicos e culturais permitiram uma efetiva aproximação com a África. As forças armadas foram determinantes para consolidarmos a presença no cenário mundial. "[...] A história mostra que, se temos programas econômicos e sociais eficazes, isso se deve à garantia que as forças armadas dão ao país, afastando potenciais inimigos do nosso território e de nossas riquezas. As descobertas de petróleo no início do século foram o principal elemento propulsor deste novo tempo. [...] Se hoje somos a potência do Atlântico Sul é porque aprendemos a enfrentar situações adversas, difíceis, como no momento em que resolvemos sair do Mercosul [...] O Mercosul era um obstáculo para os nossos interesses nacionais. Hoje não somos mais (ou apenas) o país do samba e do futebol. Foi-se o tempo do exotismo. O tamborim foi substituído pela tecnologia, a bola pelas empresas que estão entre as maiores do mundo, o pandeiro pelas nossas mercadorias que transformam o 'made in Brazil' em símbolo de qualidade e eficiência". Marco Antonio Villa, em "Plataforma de ataque: enriquecido com o petróleo, país domina vizinhos continentais e se impõe como potência militar e econômica do Atlântico Sul." *Folha de São Paulo*, Caderno Mais 21.09.2008, p. 5.

188 É o que retratam Mário Magalhães e Joel Silva da reportagem do jornal *Folha de São Paulo*, Caderno Mais, p. 4, de 24.08.2008: "[...] A despeito do notável progresso que ergue usinas de etanol com tecnologia assombrosa, o Brasil segue sem servir refeições quentes aos lavradores da cana-de-açúcar. A boia continua fria. A riqueza do setor sucroalcooleiro, que movimentará neste ano R$ 40 bilhões, não atingiu os lavradores. Em 1985, um cortador em São Paulo ganhava em média R$ 32,70 por dia (valor atualizado). Em 2007 recebeu R$ 28,90. A remuneração caiu, mas as exigências do trabalho aumentaram".

189 G. P. Martínez, *Lecciones de Derechos Fundamentales*, p. 188-189.)

satisfacer por sí mismos. Entre los derechos que derivan de este valor están los referidos a la educación, como básica y obligatoria, a la seguridad social, a la sanidad y a la vivienda (MARTINEZ, 2004, p. 188/189).

Percebe-se a dificuldade, na atualidade, quando a questão é assegurar a todas as pessoas, com igualdade, os direitos sociais previamente estabelecidos na Constituição. É que o próprio conceito de igualdade muda, de acordo com o momento histórico e econômico de cada cultura. Nesse contexto, Afonso Soares e Maria Angela Vilhena (2003),[190] antes de concluírem ser "o homem que pratica o mal o mesmo homem capaz de praticar o bem", lecionam que:

> ... nem sempre o que é considerado como mal em uma cultura e em um tempo, não o é obrigatoriamente em todas as culturas e todos os tempos. Esta constatação não invalida que hoje consideremos como mal tudo o que fragilize, atente, agrida, elimine, coloque em risco qualquer das dimensões constitutivas do ser humano, dos demais seres, da natureza em geral, da vida, do mundo (SOARES, 2003, p. 79/80).

Trazemos para nosso leitor, ao elencarmos os fatos históricos, políticos e sociais, a experiência do processo circular descrito por Luhmann[191] e por ele designado como *autopoiesis* (HABERMAS, 2002),[192] *partindo do trabalho prestado pelo empregado na produção dos bens de consumo,* à luta do empregador pela preservação do meio

---

[190] M. A. Soares; M. A. Vilhena, *O mal: como explicá-lo?* p. 79-80.
[191] N. Luhnmann, *Soziale Systeme (Sistema Social)*, p. 146.
[192] A teoria dos sistemas de Luhmann trata o processo de autorreferencialidade das operações dos sistemas elaboradores de sentido atribuindo-lhe o sentido prático de autoprodução. A este respeito veja Jurgen Habermas, em *O Discurso Filosófico da Modernidade*, p. 512/524: "(...) o processo circular, partindo do dispêndio da força de trabalho e retornando por meio da produção e do consumo dos bens produzidos à regeneração da força de trabalho, é representado como autoprodução reprodutiva realizada pelo gênero. A teoria dos sistemas trata esse processo como um caso especial de *autopoiesis*. (...) A autorreferencialidade das operações dos sistemas elaboradores de sentido tem, antes de tudo, o sentido prático da autoprodução (...)".

ambiente e da saúde do trabalhador.[193] Para Luhmann "um sistema autorreferencial não tem um mundo circundante em si, mas apenas contato com o mundo circundante que ele mesmo torna possível".

A organização sindical[194] decorrente de processo mundial da luta dos trabalhadores por seus direitos impõe limites à exploração do trabalho humano.[195] Trata-se, na verdade, da proteção também do direito à saúde imposta pelo Estado e da cobertura dos riscos ambientais do trabalho, consistentes em aposentadorias especiais e, ainda, os acidentários para amparo da doença, invalidez, redução de incapacidade laboral e morte, com a consequente cobertura por meio das prestações previdenciárias (OLIVEIRA, 2000)[196] que, se e quando negadas, poderão ser buscadas pelos segurados e seus dependentes por meio do Poder Judiciário.[197]

Finalmente, o Relatório de Desenvolvimento Humano 2007/2008, do Programa das Nações Unidas para o Desenvolvimento, intitulado "Combatendo a Mudança Climática: Solidariedade Humana num Mundo Dividido", aponta para um mundo com duas

---

193 O homem voltado só para a própria conservação – ser em si – é antissocial, mas quando se preocupa com a conservação do ambiente, ainda que também em seu proveito, é altruísta. O homem da modernidade está sendo egoísta, quando se preocupa com o outro está pensando em si mesmo. Para "eu estar bem o outro também deve estar bem", o pensamento base do desenvolvimento sustentável, há movimento de empresários que tem entre os itens incluídos naquela política a preservação do meio ambiente e a redução dos riscos ocupacionais.

194 O presidente do Brasil, Luiz Inácio Lula da Silva, foi torneiro mecânico e líder sindical.

195 A Consolidação das Leis do Trabalho, o Decreto-Lei nº 5.452/1943, é o marco histórico brasileiro da luta dos trabalhadores e regulamenta os direitos deles até os nossos dias.

196 A. Oliveira, *Curso de Direitos Humanos*, 2000, p. 234. "Não basta proclamar um direito, proclamá-lo, inseri-lo num corpo normativo – uma Constituição, uma Lei. É necessário dar-lhe a proteção que o torne eficaz e capaz de cumprir a sua finalidade. Se se diz – "todos são iguais perante a lei"–, proclama-se a igualdade de todas as pessoas, sem qualquer discriminação, diante de um sistema jurídico destinado a reger determinada sociedade humana". (...) "Mas é preciso haver instrumentos e mecanismos que assegurem a todos, em toda a parte, o uso e gozo dessa liberdade, e protejam todos das possíveis violações desse direito de liberdade (p.230)" (...) "O Estado omisso, o que não se empenha na realização do bem comum, é, em si mesmo, uma violação dos direitos humanos".

197 O século XX foi o século da afirmação dos direitos sociais e o XXI o da garantia desses direitos.

realidades distintas: das nações altamente poluidoras e dos países pobres. Tais fatos comprovam a pertinência do presente estudo, envolvendo a saúde individual do trabalhador e, também, a preservação do planeta e do meio ambiente, incluindo o meio ambiente do trabalho que passaremos a analisar no último tópico deste capítulo.

3.2. A saúde e os demais ramos do Direito

Vimos que as ações e os serviços de saúde são de relevância pública e se relacionam com diferentes ramos do Direito. Nesse sentido é o entendimento de Cançado Trindade (1993)[198] para quem,

> a globalização da proteção aos direitos humanos incorpora obrigações de caráter objetivo, com vistas à salvaguarda dos direitos dos seres humanos e não dos Estados, com base em um interesse público geral superior (o bem comum da humanidade), razão pela qual suas normas são de ordem pública. (CANÇADO TRINDADE, 1993)

O direito da saúde pública, por se relacionar à prestação devida pelo Estado, deve se guiar pelos princípios aplicáveis ao direito administrativo.

Arthur B. de Vasconcelos Weintraub e Juliano S. Barra (2006)[199], em obra dedicada ao direito sanitário, classificam a legislação que regulamenta a atuação estatal da proteção à saúde do trabalhador no direito sanitário trabalhista, demonstrando a existência de ligação entre os diversos ramos do Direito. Para eles:

> *o Direito do Trabalho protege a pessoa no seu âmbito laboral ativo, ou seja, enquanto trabalhador exercendo suas funções. Todos os aspectos dessa esfera laboral são relevantes, sobremaneira o ambiental. (...)*
>
> *Grosso modo, ou o trabalhador está protegido pelo direito sanitário trabalhista durante sua atuação profissional ativa, ou pelo direito pre-*

---

198 A. A. C. Trindade, *Direitos Humanos e meio ambiente: paralelo dos sistemas de proteção internacional*, p. 45.
199 A. B. V. Weintraub; J. S. Barra, *Direito Sanitário Previdenciário e Trabalhista*, p. 15/16.

videnciário quando da perda fática ou presumida da capacidade laboral. Claro que não há um pensamento binário: cessa o envolvimento do direito do trabalho e passa a relevar apenas o direito previdenciário.

As áreas jurídicas mencionadas coexistem com menor ou maior intensidade recíproca em momentos diferentes. Em alguns momentos, o direito previdenciário é mais significativo que o direito do trabalho, e vice-versa. São direitos sociais, e daí aflui o liame. Liame, inclusive, que liga o direito do trabalho ao direito da seguridade social (WEINTRAUB E BARRA, 2006, p. 15/16).

Apesar de o tema deste estudo estar relacionado com outros ramos do direito, como o ambiental e o do trabalho, pode-se afirmar que a saúde e a previdência social são programas de seguridade que, de forma ordenada, operam como um conjunto integrado de ações, em conformidade com o artigo 194, da Constituição. Tanto a saúde como a previdência social estão inseridas no sistema de seguridade social. As regras que protegem o meio ambiente do trabalho estão inseridas na Consolidação das Leis Trabalhistas, apesar de se relacionarem com o direito público.

Para Sueli Gandolfi Dallari (2003)[200] "o direito sanitário se interessa tanto pelo direito à saúde, enquanto reivindicação de um direito humano, quanto pelo direito da saúde pública: um conjunto de normas jurídicas que têm por objeto a promoção, prevenção e recuperação da saúde de todos os indivíduos que compõem o povo de determinado Estado, compreendendo, portanto, ambos os ramos tradicionais em que se convencionou dividir o direito: o público e o privado".

---

200 S. G. Dallari, *Direito Sanitário, Direito Sanitário e Saúde Pública*, p. 48 e ss. Para Sueli Dallari, "o direito sanitário representa, sem qualquer dúvida, uma evidência da mudança de paradigma no campo do direito. Com efeito, para sua definição tanto é necessária a discussão filosófica ou sociológica que permite afirmar a saúde como um direito (abarcando seus aspectos individuais, os coletivos e, igualmente, aqueles difusos, derivados do desenvolvimento social), como é indispensável que se dominem os instrumentos adjetivos que possibilitam a realização efetiva do direito à saúde. Por isso, pode-se afirmar que o direito sanitário expressa um subcampo do conhecimento científico – dotado de leis próprias, derivadas dos agentes e instituições que o caracterizam – que facilita a superação da divisão (hoje inconveniente) entre ciência pura e aplicada".

Entendemos que a saúde do trabalhador é matéria interdisciplinar por envolver não apenas o direito previdenciário, mas os vários ramos do Direito, como o direito sanitário, os direitos humanos, o direito administrativo, o direito ambiental, o direito do trabalho na parte que regulamenta a higiene do trabalho, o direito civil no que diz respeito à indenização dos danos causados ao trabalhador e aos cofres públicos.

3.2.1. A relevância pública das ações e serviços de saúde

> (...) Exceto algumas tentativas anteriores, coube sobretudo aos nossos dias reivindicar como propriedade dos homens, ao menos em teoria, os tesouros generosamente entregues ao céu; mas qual época terá a força para fazer valer esse direito e dele se apossar? (HEGEL, p. 209)

O eixo em torno do qual gravitam todos os comandos constitucionais *relacionados ao conceito de saúde* é a dignidade da pessoa humana. Trata-se, sublinha a Constituição Federal, de um dos fundamentos do Estado brasileiro, de qualquer Estado (artigo 1º, III).

O fundamento dado, na atualidade, à seguridade social e aos riscos sociais por ela garantidos, baseia-se na dignidade da pessoa humana, o que implica dizer que o estado do bem-estar social deve, acima de tudo, garantir dignidade aos cidadãos. A doutrina é unânime (MIRANDA; SILVA, 2008)[201] ao conceituar a dignidade da pessoa humana como princípio constitucional. A respeito do tema, vale citar Wagner Balera, quando aborda *a dignidade da pessoa, sob o prisma do mínimo existencial*:

> (...) o marco regulatório dos direitos econômicos, sociais e culturais quer, desse modo, incluir a todos e exige a concretização desse desiderato mediante investimento do "máximo de recursos disponíveis". Esse fundamento internacional nos permite concluir que a configuração do mínimo existencial não significa, pura e simplesmente, o reconhecimento do pobre como sujeito de direitos.

---

201 J. Miranda; M. A. M. Silva, "Capítulo 6 – A Dignidade da Pessoa e o Mínimo Existencial" *Tratado luso-brasileiro da dignidade da pessoa humana*, p. 1358.

Tal propósito não para por aí. Vai mais além, até o ponto de considerar que no conjunto de prestações asseguradas pelo Pacto dos Direitos Econômicos, Sociais e Culturais há o conteúdo mínimo. Se e somente se estiverem sendo concedidas tais prestações mínimas a todos os cidadãos, utilizando-se a sociedade o máximo dos recursos disponíveis, estará sendo observado o valor supremo da dignidade da pessoa humana (MIRANDA; SILVA, 2008, p. 1358).

Roque Antonio Carraza, em estudo intitulado "O Princípio Constitucional da Dignidade da Pessoa Humana e a Seletividade no ICMS" (MIRANDA; SILVA, 2008),[202] discorre sobre os princípios constitucionais e demonstra como as questões tributárias alimentam os demais sistemas estando inter-relacionadas, em trecho do tratado, que merece ser transcrito:

> (...) o princípio constitucional deve ser "construído" (ou se preferirmos "descoberto") pelo aplicador e pelo intérprete, a partir dos valores consagrados no ordenamento jurídico como um todo considerado. Do contrário, com o tempo, fragiliza-se a própria vontade da Constituição. O quanto escrevemos vale, como não poderia deixar de ser, para o princípio da dignidade da pessoa humana, que consagra *os valores direito à vida e à saúde*. (...) Isto exige, mais do que, meras proclamações, uma ação positiva do Estado, para garantir a todos uma existência digna, ou se preferirmos, condições de desfrutar dos progressos básicos da humanidade (MIRANDA E SILVA, 2008, p. 1101).

No mesmo raciocínio, Consuelo Yatsuda Moromizato Yoshida (2008),[203] em "Direitos Fundamentais e Meio Ambiente", quando trata do paradigma constitucional ressalta:

> ... A atual ordem constitucional não se limitou a reconhecer os direitos fundamentais individuais e coletivos de forma ampla, foi além, preocupando-se em protegê-los contra alterações e supressões, e em dar-lhes maior garantia e efetividade: elevou-os à condição de *cláusulas pétreas* (art. 60, § 4º) e atribuiu *eficácia imediata*

---

202 Ibid., p. 1101.
203 Ibid., p. 1130.

às normas definidoras de direitos e garantias fundamentais (art. 5º, § 1º) (MIRANDA; SILVA, 2008, p. 1130).

E, acrescenta a ilustre ministra do STJ, Fátima Nancy Andrighi (MIRANDA; SILVA, 2008)[204] escrevendo sobre a tutela jurídica do consumidor e o respeito à dignidade da pessoa humana e à proteção à vida:

> (...) A dignidade indica a existência de um direito geral de personalidade, que congrega a proteção à vida, à autodeterminação, à liberdade, à integridade físico-psíquica e moral, ao corpo e suas partes, ao nome, às produções intelectuais, entre outros. Está superada, portanto, a discussão em torno da existência de direitos humanos ou de personalidade *numerus clausus*. A dignidade faz com que o ser humano, em todas as suas acepções, passe a ser tutelado pelo ordenamento jurídico.
>
> (...) Nesse sentido, também se deve destacar que o art. 5º, § 2º, da Constituição Federal, assevera que os direitos e garantias ali expressos "não excluem outros decorrentes do regime e dos princípios por ela adotados, ou dos tratados internacionais em que a República Federativa do Brasil seja parte". Mas a sintética fórmula da "dignidade da pessoa humana exprime muito mais que isso. Como procuramos demonstrar, não se trata apenas de reconhecer o caráter exemplificativo dos direitos do homem, mas de assegurar-lhe proteção total, ainda que algum aspecto específico de sua vida não esteja reconhecido por outra norma positivada (MIRANDA E SILVA, 2008, p. 1144).

Entre os estudiosos portugueses, Petra Monteiro Fernandes (in: MIRANDA; SILVA, 2008)[205] abordou o tema da dignidade da pessoa humana sob a ótica do direito à segurança social ressaltando a importância do direito à vida:

> (...) o direito à segurança social enquanto princípio da dignidade da pessoa humana, caracteriza-se pelo direito adquirido a prestações mínimas ou existenciais de proteção social, que deverão ser entendidas como uma *grandeza inevitável do direito à vida*. (...)

---

204 Ibid., p. 1144.
205 Ibid., p. 1335.

Estão, naturalmente, incluídos na garantia deste direito, o mínimo de existência, o rendimento mínimo garantido, as prestações de assistência social básica e o subsídio de desemprego (MIRANDA E SILVA, 2008, p. 1335).

Por fim, Alexandre Baptista Coelho (MIRANDA; SILVA, 2008)[206] ressalta a importância do direito ao trabalho como a primeira fonte da subsistência humana e conclui:

> (...) para que a dignidade da pessoa humana não seja mera afirmação de princípio ou declaração de boas intenções, mas um valor assumido, respeitado e realizado (MIRANDA E SILVA, 2008, p. 1282).

Discorrendo sobre a Constituição Federal de 1988, Margarida Maria Lacombe Camargo (2005)[207] enfatiza a importância da solidariedade entre as pessoas, princípio que norteia a universalidade da cobertura e do atendimento às ações e serviços de saúde:

> A pura e simples busca pelo lucro leva à desigualdade social, no sentido mais elementar da teoria marxista, e as injustiças daí advindas agridem qualquer ser humano dotado de um mínimo de sensibilidade e respeito para com o próximo. Não é por menos que a Constituição Brasileira de 1988, ao tentar conciliar a iniciativa privada aos valores sociais do trabalho, num espírito de solidariedade, à semelhança de várias outras que lhe são contemporâneas, toma como fundamento primeiro da ordem jurídica a dignidade da pessoa, no melhor sentido do antigo direito natural (CAMARGO, 2005, p. 370).

A encíclica *Rerum Novarum*[208], de 15 de maio de 1891, lembrada por Arnaldo Süssekind, conclamou todos os povos à busca de condições materiais para a implementação de uma justiça social,

---

206 Ibid., p. 1282.
207 M. M. L. Camargo, *Eficácia constitucional: uma questão hermenêutica. Hermenêutica Plural Possibillidades jusfilosóficas em contextos imperfeitos,* p. 370.
208 A Igreja vive momentos críticos de sua história. As encíclicas papais visam buscar o ecumenismo na tentativa de conviver com as outras religiões. Entendemos ser importante a *Mater et Magistra* onde, em 1961, o Papa João XXIII enfatizou os problemas dos trabalhadores dando sequência à *Rerum Novarum*.

influenciando legisladores e estadistas de todo o mundo aos quais estava entregue a tarefa de elaborar as leis nacionais e os tratados que viriam mais tarde configurar o nascimento do direito internacional do trabalho" (SÜSSEKIND, 2000).[209] Nela, o Papa Leão XIII já demonstrava a preocupação na imposição de limites na exploração do trabalho humano.

Nota-se no artigo 4º, inciso II, da Constituição Federal de 1988 o marco de inclusão do Brasil na comunidade internacional por fazer prevalecer as relações internacionais os direitos humanos. O Brasil se posiciona no artigo 4º da Constituição da República como Estado disposto a promover ações de políticas externas (BOBBIO, 2003)[210], entre elas as de promoção de saúde e combate às endemias e pandemias.

3.2.2. A saúde do trabalhador e os benefícios previdenciários decorrentes dos riscos ambientais do trabalho

> (...) Tratou um homem mordido no pescoço por um burro, lancetou uns dois furúnculos, imobilizou pulsos torcidos e um dedo quebrado (...) Certa noite uma mulher assustada o chamou (...), pois seu marido estava gravemente doente. Trabalhava nos estábulos de Thorne e há três dias cortara o dedo. Naquela noite foi para cama com dor nas virilhas. (...) Não se conhecia a cura e o homem morreu antes de raiar o dia[211] (GORDON, 1995, p. 564).

---

209 A. Süssekind, *Direito Internacional do Trabalho*, p. 94.

210 Remetemos o leitor aos ensinamentos de Norberto Bobbio, *Teoria da Norma Jurídica*, p. 143, quando discorre sobre a imperatividade do direito, afirmando: "(...) O ordenamento internacional, com a sua produção normativa caracterizada em grande parte pelo costume, não se prestava a ser definido como um complexo de comandos, no momento em que o termo 'comando' é empregado para indicar a norma ou a ordem imposta por uma pessoa dotada de autoridade, e no direito internacional não há pessoas nem supremacias personificadas".

211 Trecho do romance *O físico, a epopeia de um médico medieval*, p. 564, sobre a vida de um barbeiro cirurgião, na Inglaterra de 1021, e sua gratidão por ter talento e dedicação na busca da cura da dor do próximo (no caso transcrito um acidente de trabalho). A escolha do trecho citado foi feita em homenagem póstuma ao dr. Magid Iunes, reitor da Unifesp, médico e amigo, e a todos aqueles profissionais que dedicaram ou dedicam suas vidas para salvar outras. Da Idade Média ao século XVIII – a filosofia do Iluminismo, que considera a razão o único caminho para a sabedoria passa a combater o curandeirismo, promovendo a ampla

Vimos, anteriormente, que os serviços sociais devem ser prestados como forma de garantir a *universalidade da cobertura e do atendimento dos serviços de saúde*, assegurando dignidade da pessoa humana a todos aqueles que deles necessitarem (DERZI, 2004).[212]

Para o direito previdenciário, a ausência de saúde gera doença, definida na legislação como a enfermidade capaz de afastar o trabalhador ou segurado de seu trabalho, deixando-o impossibilitado de exercer sua atividade profissional ou o trabalho que habitualmente exercia (artigos 59 a 63, da Lei nº 8.213/1991, tratam do auxílio-doença).

A esse respeito escrevemos anteriormente (GUELLER, 2008)[213] nos reportando à doutrina de Paulo de Barros Carvalho sobre a criação dos direitos subjetivos e dos deveres jurídicos em sua "Teoria da Norma Tributária" (CARVALHO, 1974).[214] Para o ilustre doutrinador "Todos os juízos hipotéticos são compostos por dois elementos, prótase (hipótese, suposto ou antecedente) e apódose (consequência), enlaçados por cópula deôntica. A norma jurídica é a proposição de estrutura hipotética que associa ao acontecimento de um fato, uma consequência que se consubstancia na previsão de um comportamento-tipo".

A legislação previdenciária brasileira garante, por meio de toda a sociedade, a substituição da renda do trabalhador acometido por doença durante o período de afastamento do trabalho necessário à sua recuperação. Para evitar que o trabalhador fique doente permite

---

aceitação da obrigação do Estado de controlar o exercício das práticas médicas-cirúrgicas e farmacêuticas.
212 Nesse sentido, Heloisa Hernandez Derzi, em *Os beneficiários da pensão por morte*, p. 90-91, ao afirmar que "com a edição da Constituição de 1988, as ações e serviços – de caráter universal – ficam a cargo do Sistema Único de Saúde, a serem prestados por órgãos e instituições públicas das três esferas: federal, estadual e municipal. Por determinação constitucional, o referido sistema único de saúde deverá, entre outras diretrizes, prover atendimento integral, com prioridade para as atividades preventivas, sem prejuízo dos serviços assistenciais".
213 M. M. Gueller, Auxílio-doença, *Revista de Direito Social* nº 31, jul/set. 2008, p. 16.
214 P. B. Carvalho. *Teoria da Norma Tributária*, p. 45/48.

aposentadorias precoces nos casos em que sua atividade laboral tenha se dado, de forma habitual e não intermitente, sob exposição a agentes biológicos, químicos ou físicos, nocivos à sua saúde.

Da mesma forma, procederá se houver invalidez ou morte e, ainda, se da doença resultar sequela capaz de reduzir a capacidade laboral do segurado, possibilitando que durante a doença e a convalescença ou, ainda, na impossibilidade de retorno ao trabalho, o trabalhador possa manter a si mesmo e à sua família com dignidade e, no caso da morte do segurado, seus dependentes fiquem protegidos.

A Constituição Federal prevê entre os direitos dos trabalhadores, a redução dos riscos inerentes ao trabalho, por meio de normas de saúde, higiene e segurança (artigo 7º, XXII[215]).

A Lei nº 8.213/1991, nos artigos 88 a 93, trata de serviços previdenciários do Regime Geral de Previdência Social, estabelecendo prioridade no atendimento do acidentado do trabalho, prevendo a cobertura de serviços sociais ao segurado e a seus dependentes. (VALENÇA, 2008).[216] Entre os serviços sociais estão a reabilitação profissional e o fornecimento de próteses e órteses, além de instrumentos de locomoção, incluindo o transporte.

A Lei nº 8.080/1990, que organiza o Sistema de Saúde no Brasil, estabelece ser devida a assistência pelo Sistema de Saúde, em caso de acidente e doença profissional e do trabalho, assistência que se expressa em medidas de promoção, proteção e recuperação, inclusive a reabilitação profissional (artigo 6º, § 3º).[217]

---

215 Art. 7º São direitos dos trabalhadores urbanos e rurais, além de outros que visem à melhoria de sua condição social:

(...) XXII – redução dos riscos inerentes ao trabalho, por meio de normas de saúde, higiene e segurança;

216 Marcelo Morelatti Valença comentando o artigo 88 da Lei 8.213/1991 menciona a necessidade de parceria com Estados e Municípios no desenvolvimento de ações sociais, além de intercâmbio com empresas. *Comentários à Lei de Benefícios* (Lei nº 8.213/1991), p. 670.

217 Art. 6º Estão incluídas ainda no campo de atuação do Sistema Único de Saúde (SUS):

(...)

§ 3º Entende-se por saúde do trabalhador, para fins desta lei, um conjunto de atividades que se destina, através das ações de vigilância epidemiológica e vigilância sanitária, à promoção

Como parte integrante do sistema, o subsistema do Sistema Único de Saúde[218] é o responsável pela proteção sanitária dos trabalhadores, enquanto as entidades privadas atuam de modo supletivo se o SUS não puder garantir atendimento integral em determinadas áreas (artigo 24 da Lei Orgânica da Saúde).

A *universalidade da cobertura e do atendimento*[219] (BALERA, 1989) visa à proteção da coletividade (artigo 194, parágrafo único, inciso I, da Constituição Federal de 1988), objetivo da seguridade social aparece entre as diretrizes da saúde que deve garantir o *atendimento integral* de que cuida o artigo 198, II do estatuto básico.

A ocorrência de contingências previstas na lei como riscos ocupacionais acarretam a obrigação por parte do poder público de pagamento de prestações previdenciárias em dinheiro, além de onerarem os serviços e as ações de saúde e, portanto, toda a coletividade com a prestação de serviços de saúde pelo poder público, prótese e reabilitação profissional.

---

e proteção da saúde dos trabalhadores, assim como visa à recuperação e reabilitação da saúde dos trabalhadores submetidos aos riscos e agravos advindos das condições de trabalho, abrangendo:

I - assistência ao trabalhador vítima de acidentes de trabalho ou portador de doença profissional e do trabalho;

218 Conforme abordamos anteriormente, o sistema único de saúde abrange um conjunto integrado de ações que abrangem todos os entes federativos.

219 W. Balera, A *seguridade social na Constituição de 1988*, p. 35/36. Wagner Balera, ao lembrar a célebre frase de Beveridge "proteção do berço ao túmulo" dá duas dimensões à diretriz da universalidade: a da cobertura e a do atendimento. A primeira "se refere às situações de necessidade. Todas as contingências da vida, que podem gerar necessidade, estão cobertas pela seguridade social. Já na segunda, está a se referir aos sujeitos protegidos. Significa que todas as pessoas, indistintamente, são credoras da produção social". (...) Consiste, pois, a universalidade do atendimento e da cobertura na especifica dimensão do princípio da isonomia (garantia estatuída no art. 5º, da Lei Maior), na ordem social. É a igual proteção para todos. Foi deliberado o intento do constituinte, ao colocar a universalidade como o primeiro dos objetivos da seguridade social. Trata-se de princípio informador, do qual derivam todos os demais objetivos insculpidos na Lei das Leis. Enquanto no sistema de previdência social somente são protegidos os que contribuem, aqui não existem barreiras à proteção. A seguridade é um programa de atuação do Estado na ordem social e a universalidade é a garantia de que esse programa se ajusta aos objetivos da justiça e do bem-estar, fins traçados para aquela mesma ordem.

A garantia do bem-estar exige que todos tenham atendimento às suas necessidades de saúde e que esse atendimento seja integral, com garantia de acesso aos serviços médicos e à substituição da renda do trabalhador durante todo o período em que perdurar a necessidade. Lembrando que o constituinte conferiu ao legislador a diretriz da seletividade das prestações, tratando, ainda, de estabelecer as fontes de custeio capazes de garantir orçamento capaz de cobrir as prestações previdenciárias e de saúde.[220]

Na previdência social, a Lei nº 10.666/2003 prevê aumento ou diminuição da carga tributária das empresas e empregadores para o financiamento de benefícios decorrentes de riscos ambientais do trabalho, permitindo aumento da carga tributária daqueles que deixam de investir na redução das ocorrências acidentárias e, por outro lado, premiando aqueles que protegem o empregado dos riscos ambientais.

O artigo 10º dessa lei reflete a equidade na forma de participação do custeio:

> Art. 10º - A alíquota de contribuição de um, dois ou três por cento, destinada ao financiamento do benefício de aposentadoria especial ou *daqueles concedidos em razão do grau de incidência de incapacidade laborativa decorrente dos riscos ambientais do trabalho,* poderá ser reduzida, em até cinquenta por cento, ou aumentada, em até cem por cento, conforme dispuser o regulamento, em razão do desempenho da empresa em relação à respectiva atividade econômica, apurado em conformidade com os resultados obtidos a partir dos índices de frequência, gravidade e custo, calculados segundo metodologia aprovada pelo Conselho Nacional de Previdência Social.

O Anexo II, do Decreto nº 3.048/1999, com a nova redação dada pelo Decreto nº 6.042/2007, que regulamenta a previdência social, estabelece os agentes patogênicos (químicos, físicos e biológicos) causadores de doenças profissionais ou do trabalho e

---

220 A obrigação de assegurar saúde a todos não é só do Estado, mas, também, de toda a sociedade.

suas relações com atividades profissionais, além de classificar as doenças, agrupando-as de acordo com a classificação internacional de doenças (CID), relacionando-as com determinadas atividades laborais de forma exemplificativa. Em seguida, o referido decreto traz a relação de atividades econômicas relacionadas com as doenças classificadas (CNAES).

Além do Anexo II, que acabamos de abordar, o Anexo VIII do referido decreto descreve as atividades profissionais em diferentes graus de risco, sendo:

a) de alto risco ambiental: a extração e tratamento de minerais; a indústria metalúrgica; de papel e celulose; indústria de couros e peles; química e de transporte; terminais, depósitos e comércio de cargas perigosas;

b) de médio risco ambiental: as atividades da indústria de produtos minerais não metálicos, mecânica, de material elétrico, eletrônico e comunicações, de material de transporte, de madeira, têxtil, de vestuário, calçados e artefatos de tecidos, do fumo de produtos alimentares e bebidas, de serviços de utilidade e de uso de recursos naturais;

c) de menor risco ambiental: as atividades da indústria da borracha, de produtos de matéria plástica, de usinas de produção de concreto e de asfalto e de turismo.

A Lei nº 11.430/2006, regulada pelo Decreto nº 6.042/2007, trouxe para o ordenamento o critério epidemiológico para a concessão de benefícios acidentários.

A presunção entre a doença apresentada pelo segurado e o ramo econômico em que sua atividade laboral é desenvolvida decorre da lei que é regulamentada por esse decreto. A concessão do benefício previdenciário – auxílio-doença, aposentadoria por invalidez, auxílio-acidente ou pensão por morte – se faz por ato administrativo vinculado, de modo que o benefício é direito do operário decorrente do infortúnio que nos casos listados pelo Decreto nº 6042/2007 é presumido.

Comprovada a morbidez incapacitante por quaisquer das doenças relacionadas no Decreto nº 6.042/2007 (incorporado ao texto do Decreto nº 3.048/1999) não haverá lugar a qualquer decisão voluntária do INSS. A Lei nº 11.430/2006 incluiu o artigo 21-A na Lei nº 8.213/1991, invertendo o ônus da prova do nexo causal entre a doença e atividade econômica, cabendo ao empregador a impugnação do benefício deferido na condição de acidentário.[221]

Em linguagem usual na infortunística, inexiste espaço à discricionariedade para a concessão do benefício acidentário. Vale dizer, portanto, que a administração pública está vinculada à lei (FAGUNDES, 1967),[222] não sendo livre para resolver sobre a existência ou não do nexo causal entre a doença e atividade econômica relacionada à atividade laboral do segurado sinistrado. Só lhe cabe constatar a ocorrência da doença e, com base nela, praticar o ato de concessão do benefício acidentário, independentemente de ter sido feita a comunicação do acidente por parte da empresa, a quem deve ser garantido o direito da impugnação do critério epidemiológico – NTEP – instituído pela Lei nº 11.430/2006.

Para a previdência social, o acidente do trabalho restará caracterizado por meio da perícia médica, nos termos do artigo 337, do Regulamento da Previdência Social, com a redação dada pelo Decreto nº 6.042/2007. A atividade da empresa é identificada pela Classifi-

---

221 Art. 21-A. A perícia médica do INSS considerará caracterizada a natureza acidentária da incapacidade quando constatar ocorrência de nexo técnico epidemiológico entre o trabalho e o agravo, decorrente da relação entre a atividade da empresa e a entidade mórbida motivadora da incapacidade elencada na Classificação Internacional de Doenças – CID, em conformidade com o que dispuser o regulamento.

§ 1º A perícia médica do INSS deixará de aplicar o disposto neste artigo quando demonstrada a inexistência do nexo de que trata o *caput* deste artigo.

§ 2º A empresa poderá requerer a não aplicação do nexo técnico epidemiológico, de cuja decisão caberá recurso com efeito suspensivo, da empresa ou do segurado, ao Conselho de Recursos da Previdência Social.

222 Neste sentido, M. S. Fagundes em *O Controle dos Atos Administrativos pelo Poder Judiciário*, p. 82.

cação Nacional de Atividade Econômica e as doenças pelo Código Internacional de Doenças. Da mesma forma, poderá a Previdência Social identificar trabalhos prestados sob condições especiais, concedendo aos segurados que tenham sido expostos a agentes nocivos à saúde o direito à aposentadoria especial ou a conversão dos períodos laborados naquelas condições para fins de contagem de tempo de contribuição, com o acréscimo legal.

Concluímos que, ao evitarmos as contingências decorrentes de riscos ambientais do trabalho, estaremos valorizando o trabalho e a dignidade de quem o promove, o trabalhador (e de seus familiares), nos aproximando dos objetivos da ordem social: o bem-estar e a justiça sociais, mantendo a higidez física do trabalhador e reduzindo as desigualdades sociais, visando sempre à erradicação da pobreza e da marginalização.

3.3. O meio ambiente e o meio ambiente do trabalho

No início deste capítulo há uma retrospectiva demonstrando a necessidade dos fatos históricos, econômicos e sociais para o entendimento dos textos legais. Do processo inicial até os dias atuais, muitas alterações ocorreram. Os processos da produção se internacionalizaram. Um único produto é feito em determinado país, com peças produzidas em outro continente. As peças que compõem o produto final, por sua vez, são confeccionadas com matéria-prima vinda de outro território.

A internacionalização da economia e as novas modalidades de prestação de trabalho seguem os princípios firmados na Constituição vigente que, em seu artigo 5º, § 2º, prevê cláusula geral extensiva, permitindo o ingresso, em nosso ordenamento jurídico, de normas internacionais com princípios compatíveis à Constituição. Os princípios, verdadeiros modelos jurídicos abertos, indicam os programas e resultados esperados pelo legislador constituinte.

O direito ambiental no Brasil é recente, assim como a preocupação dos empresários com as medidas necessárias à preservação do meio ambiente[223], termo que abrange também o meio ambiente do trabalho.

A Constituição Federal, quando cuida da ordem econômica, em seu artigo 170,[224] inciso VI, assegura a todos o livre exercício de qualquer atividade econômica e não se esquece da proteção do meio ambiente. Desde a Emenda Constitucional nº 42/2003, passou a dar garantia de tratamento diferenciado à proteção ambiental.

O Código Florestal Brasileiro, instituído pela Lei nº 4.771/1965, sofreu alterações em 1989, para alargamento do conceito de área de preservação permanente (artigo 2º), tendo atribuído competência aos municípios para fiscalização e aplicação da lei ambiental, nas áreas urbanas (artigo 22). O Código Florestal estabeleceu, ainda, os conceitos de uso nocivo da propriedade; pequena propriedade rural ou posse rural; área de preservação permanente; reserva legal; utilidade pública; interesse social; amazônica legal; limitação de exploração de terras indígenas, entre outras.

A Lei nº 6.938/1981 dispõe sobre a política nacional do meio ambiente, estabelecendo os seguintes objetivos: preservação, melhoria e recuperação da qualidade ambiental para o alcance de desenvolvimento sustentável, com a proteção da vida e da dignidade da pessoa humana. Devem ser atendidos, ainda, os princípios elencados no artigo 2º, que transcrevemos:

---

223 A preservação da Amazônia foi objeto de programa de governo do presidente dos EUA, Barack Obama.

224 Art. 170 – A ordem econômica, fundada na valorização do trabalho humano e na livre iniciativa, tem por fim assegurar a todos existência digna, conforme os ditames da justiça social, observados os seguintes princípios:

I - "...in omissis"...

VI - defesa do *meio ambiente,* inclusive mediante tratamento diferenciado conforme o impacto ambiental dos produtos e serviços e de seus processos de elaboração e prestação; (Redação dada pela Emenda Constitucional nº 42, de 19.12.2003)

Art. 2º[225] A política nacional do meio ambiente tem por objetivo a preservação, melhoria e recuperação da qualidade ambiental propícia **à vida**, visando assegurar, no País, condições ao desenvolvimento socioeconômico, aos interesses da segurança nacional e à proteção da dignidade da vida humana, atendidos os seguintes princípios:

I- ação governamental na manutenção do equilíbrio ecológico, considerando o meio ambiente como um patrimônio público a ser necessariamente assegurado e protegido, tendo em vista o uso coletivo;

II- racionalização do uso do solo, do subsolo, da água e do ar;

III- planejamento e fiscalização do uso dos recursos ambientais;

IV- proteção dos ecossistemas, com a preservação de áreas representativas;

V- controle e zoneamento das atividades potencial ou efetivamente poluidoras;

VI- incentivos ao estudo e à pesquisa de tecnologia orientadas para o uso nacional e a proteção dos recursos ambientais;

VII- acompanhamento do estudo da qualidade ambiental;

VIII- recuperação de áreas degradadas; (Regulamento)

IX- proteção de áreas ameaçadas de degradação;

X-educação ambiental a todos os níveis de ensino, inclusive a educação da comunidade, objetivando capacitá-la para participação ativa na defesa do meio ambiente.

O empresário deverá respeitar o meio ambiente, escolhendo, de forma adequada, o local onde irá instalar-se para desenvolvimento de sua atividade econômica. Por outro lado, deverá atentar para o meio ambiente do trabalho e a saúde do trabalhador, estabelecendo medidas e campanhas de prevenção de acidentes, fornecendo equipamentos individuais e coletivos de proteção a

---

225 Destacamos os incisos III, VI e X do artigo 2º que estão diretamente relaciondos com o meio ambiente do trabalho e a ele se aplicam inteiramente na prevenção dos riscos ocupacionais.

seus empregados, além de desenvolver programas de redução de impactos ambientais.[226]

Maria Helena Diniz (2007),[227] nos estudos elaborados em homenagem à professora Maria Garcia, ressalta o tratamento dado pela Constituição ao meio ambiente, lembrando da responsabilidade civil objetiva por dano ecológico introduzida pela Lei nº 6.938/1981, citando, ainda, a Lei nº 7.347/1985, que regulou a ação civil pública para tutela e defesa em juízo do meio ambiente e de outros interesses difusos e coletivos.

O direito à redução dos riscos inerentes ao trabalho, por meio de normas de saúde, higiene e segurança, prevista no artigo 7º, inciso XXII, da referida "superlei" foram estendidos aos servidores públicos civis, por força do § 3º, do artigo 39, da Constituição Federal. A extensão desse direito aos estatutários faz ressaltar a inserção deste direito social no campo dos direitos humanos (FIGUEIREDO, 2007).[228]

Sérgio Luís Mendonça Alves (2007)[229] adverte que apesar de o artigo 225, § 1º, inciso VI, da Constituição Federal estabelecer como dever do Estado a promoção da educação ambiental, somente com a

---

[226] Não é só do Estado, mas de toda a sociedade, a obrigação de garantir os direitos relativos à saúde, previdência social e assistência social. É o que se depreende do *caput* do art. 194, da Constituição Federal vigente: "A seguridade social compreende um conjunto integrado de ações de iniciativa dos Poderes Públicos e da sociedade, destinadas a assegurar os direitos relativos à saúde, à previdência e à assistência social".

[227] M. H. Diniz, *Constitucionalismo ecológico*, Estudos de direito constitucional em homenagem à profª Maria Garcia, p. 319.

[228] Nesse sentido é o entendimento de Guilherme José Purvin de Figueiredo: "Trata-se, pois, de consectário do que se encontra disposto nos artigos III (direito de todos à vida e à segurança pessoal), XXV-1 (direito de todos a um padrão de vida capaz de assegurar saúde e bem-estar), todos da Declaração Universal dos Direitos Humanos, de 1948, adotada e proclamada pela Resolução nº 217 A (III) da Assembleia Geral das Nações Unidas, em 10 de dezembro de 1948, e assinada na mesma data pelo Brasil. Mais tarde, em 1975, a reunião da UNESCO resultou na Carta de Belgrado que lançou a semente para um programa mundial de defesa do meio ambiente." *Direito Ambiental e a Saúde dos Trabalhadores*, p. 51/52.

[229] S. L. M. Alves, *Princípios, Regras e Normas para educar os filhos de Maria para a preservação da vida, do meio ambiente e das futuras gerações*. Estudos de direito constitucional em homenagem à Profª Maria Garcia, p. 478.

Lei nº 9.795/1999, foi instituída, infraconstitucionalmente, a política nacional de educação ambiental, prevista na Lei nº 6.938/1981, que trata da política nacional do meio ambiente, cujo artigo 2º transcrevemos anteriormente.

O legislador constituinte, ao estabelecer, entre os direitos dos trabalhadores, a redução dos riscos inerente ao trabalho, por meio de normas de saúde, higiene e segurança pretendeu garantir oportunidades sociais[230] em favor dos mais pobres, possibilitando participação efetiva dos menos favorecidos na economia e na política, almejando maiores índices de desenvolvimento para o país.

Celso Antonio Pacheco Fiorillo (2004)[231] descreve o ambiente de trabalho como:

> (...) o local onde as pessoas desempenham suas atividades laborais, sejam remuneradas ou não, cujo equilíbrio está baseado na salubridade do meio e na ausência de agentes que comprometam a incolumidade físico-psíquica dos trabalhadores, independentemente da condição que ostentem (homens ou mulheres, maiores ou menores de idade, celetistas, servidores públicos, autônomos etc.).

Devemos considerar que, na relação de trabalho, uma das características é a subordinação do empregado à vontade do empregador. "Na área da saúde e segurança no trabalho, a relação entre detentores do poder de comando e destinatários do dever de obediência (empre-

---

[230] Para Amartya Sen, *Desenvolvimento como liberdade,* p. 29 e 57: "oportunidades sociais são as disposições que a sociedade estabelece nas áreas de educação, saúde etc., as quais influenciam a liberdade substantiva de o indivíduo viver melhor. Essas facilidades são importantes não só para a condução da vida privada (como por exemplo levar uma vida saudável, livrando-se de morbidez evitável e da morte prematura), mas também para uma participação mais efetiva em atividades econômicas e políticas. p. 56 (...) A segurança protetora é necessária para proporcionar uma rede de segurança social, impedindo que a população afetada seja reduzida à miséria abjeta e, em alguns casos, até mesmo à fome e à morte. p. 57 (...) O desenvolvimento econômico tem de estar relacionado sobretudo com a melhora da vida que levamos e das liberdades que desfrutamos. Expandir as liberdades que temos razão para valorizar não só torna a vida mais rica e mais desimpedida, mas também permite que sejamos seres sociais mais completos, pondo em prática nossas volições, interagindo com o mundo em que vivemos e influenciando esse mundo.

[231] FIORILLO, Celso Antonio Pacheco. *Curso de Direito Ambiental Brasileiro.* 5ª ed., São Paulo: Saraiva, 2004. p. 21.

sas) é uma relação entre desiguais, isto é, uma relação de subordinação" (FIGUEIREDO, 2007),[232] sendo dever do Estado evitar que a prosperidade econômica ofenda a justiça social.[233]

Apesar da presença da necessária subordinação que acabamos de mencionar, a relação patrão/empregado vem sofrendo alterações. O patrão divide seus lucros com os empregados por meio de políticas de distribuição de lucros, regulamentadas e fiscalizadas pelos sindicatos de cada categoria,[234] preocupando-se com a produtividade e a imagem local e mundial daquilo que produz ou de seus serviços, empenhando-se por meio das entidades de classe patronais[235] com o desenvolvimento sustentável e o cumprimento dos objetivos do milênio.[236]

É justificável, portanto, a preocupação mundial dos Estados com a prevenção de doenças e proteção do meio ambiente do trabalho,

---

232 G. J. P. Figueiredo. *Direito Ambiental e a Saúde dos Trabalhadores*, LTR p. 49.

233 O Supremo Tribunal Federal, em medida cautelar na ação direta de inconstitucionalidade ADI-MC nº 3.540/DF, que teve como relator o Ministro Celso de Mello, concedeu a liminar para impedir a declaração de utilidade pública de área de reserva ambiental por entender que "(...) a incolumidade do meio ambiente não pode ser comprometida por interesses empresariais nem ficar dependente de motivações de índole meramente econômica, ainda mais se se tiver presente – tal como adverte Paulo de Bessa Antunes (*Direito ambiental*, p. 63) – que a atividade econômica, considerada a disciplina constitucional que a rege, está subordinada entre outros princípios gerais àquele que privilegia a "defesa do meio ambiente" (Constituição Federal artigo 170, VI) que traduz conceito amplo e abrangente das noções de meio ambiente natural, de meio ambiente cultural, de meio ambiente artificial (espaço urbano), de meio ambiente laboral(...)". Trecho do Acórdão relatado pelo Ministro Celso de Mello na ADI-MC/DF nº 3.540, p. 36/37. Neste sentido é, também, o entendimento de Ataliba Nogueira em *O Estado é meio e não fim*, p. 140.

234 Os valores distribuídos pelo empregador entre seus empregados como forma de participação nos lucros e resultados obtidos pela empresa, desde que conste de acordo ou convenção coletiva de trabalho, não é considerado salário de contribuição, nos termos do artigo 28, § 9º, letra "j", da Lei nº 8.212/1991.

235 Podemos citar Fiesp, Fórum de Líderes, SESC, SENAC, entre outras.

236 Em 2000, a Organização das Nações Unidas, ao analisar os maiores problemas mundiais, estabeleceu oito Objetivos do Milênio, que no Brasil são chamados de *Oito Jeitos de Mudar o Mundo*, são eles: 1. Acabar com a fome, e a miséria; 2. Educação de qualidade para todos; 3. Igualdade entre sexos e valorização da mulher; 4 Reduzir a mortalidade infantil; 5. Melhorar a saúde das gestantes; 6. Combater a Aids, a malária e outras doenças; 7. Qualidade de vida e respeito ao meio ambiente; 8. Todo mundo trabalhando pelo desenvolvimento. Fonte: http://www.objetivosdomilenio.org.br/. Acessado em 1º.fev.2009.

com aplicação de multas pesadas e responsabilização civil e criminal daqueles que poluem o meio ambiente, causando dano à coletividade.

O desenvolvimento sustentável almejado pelas empresas e o aumento da tributação resultou na criação de comissão para atender à Convenção 187, da Organização Internacional do Trabalho, que orienta os países signatários a desenvolver políticas nacionais em Saúde e Segurança no Trabalho (SST), de forma tripartite e de programas fundamentados na cultura de prevenção.

Da mesma forma, os artigos 19, 120 e 121 da Lei de Benefícios da Previdência Social, a Lei nº 8.213/1991, estabelecem de forma exemplificativa situações consideradas como acidentes do trabalho, responsabilizando civil e criminalmente o empresário ou empregador por ato ilícito, em decorrência da ausência de adoção de medidas eficazes indicadas para proteção individual e coletiva do trabalhador, sem prejuízo de se sujeitarem à ação regressiva para o ressarcimento ao erário dos danos causados com pagamentos de benefícios e serviços.

No Brasil, não é só o prejuízo aos cofres públicos que deve ser reparado pelo empregador negligente. O empregado deverá ser indenizado pelos danos que sofreu por culpa do empregador, incluindo na indenização aquilo que deixar de lucrar, em virtude da precoce interrupção de uma carreira.[237]

Adam Smith (2003),[238] em suas considerações sobre os perdulários empresários imprudentes, já demonstrava a relação direta entre a imprudência do empresário e o desperdício social, mostrando as perdas da sociedade decorrentes da busca do lucro sem as cautelas devidas:

> Os efeitos da conduta imprópria com frequência são iguais aos da prodigialidade. Todo empreendimento imprudente e malogrado na agricultura, mineração, pesca, comércio ou manufatura tende da mesma maneira a diminuir os fundos destinados à manutenção do trabalho produtivo. Em cada um desses projetos (...) sempre há de

---

237 É o que estabelece o artigo 927, do Código Civil Brasileiro. Nesse sentido, a decisão do Pleno do STF, em votação unânime, no RE nº 94429, Rel. Neri da Silveira, DJ de 15/06/1984, p. 9793, que decidiu "não caber dedução do montante da indenização do direito civil, comum, do valor da indenização concedida com base na legislação especial – infortunística".
238 A. Smith, *Riqueza das nações*, p. 425.

ocorrer alguma diminuição do que, de outro modo, teriam sido os fundos produtivos da sociedade (SMITH, 2003, p. 425).

O empregador deve respeitar os limites físicos do trabalhador, protegendo a saúde e a integridade de cada profissional à sua disposição, cuidando do meio ambiente do trabalho. O Estado, por sua vez, deve impor os limites e fiscalizar a observação da proteção individual e coletiva do trabalho e do meio ambiente. Falamos aqui da liberdade protegida definida por Alexy (2008)[239] como sendo aquela que está associada a um tal direito e/ou norma. Discorrendo sobre a estrutura básica de proteção ele afirma:

> a estrutura básica de proteção das liberdades é mais simples nas relações entre iguais (...) Liberdades que são protegidas por uma proteção substancialmente equivalente são liberdades protegidas diretamente. Tanto a proteção indireta quanto a proteção direta podem ocorrer seja por meio de normas que conferem direitos subjetivos (proteção subjetiva), seja por meio de normas que não conferem direitos subjetivos (proteção objetiva) (ALEXY, 2008, p. 233).

Com efeito, não basta elaborar e promulgar leis. É necessário fiscalizar sua aplicação. "A fiscalização do trabalho visa, adminis-

---

[239] R. Alexy, *Direitos Fundamentais como Direitos subjetivos*, p. 233. Enxergamos no trecho de Alexy a trágica diáletica sem dogma de Habermas, segundo a qual o homem contemporâneo foi feito para ser um consumidor ótimo, porém sob a concepção moderna da filosofia, abandonando a razão centrada no sujeito, substituindo-a pela tentativa objetivista de compreensão do homem e de seu mundo, com abandono da crítica do poder. Oportuno aqui o pensamento de Hannah Arendt, em *A condição humana*, em complemento ao que Habermas definiu como sendo um consumidor ótimo, sobre a derrota do *homo faber* e o princípio da felicidade: "Talvez nada indique mais claramente o irrevogável fracasso do *homo faber* em afirmar-se na era moderna que a rapidez com que o princípio da utilidade, a própria quintessência de sua concepção do mundo, foi declarado inadequado e substituído pelo princípio 'da maior felicidade do maior número' (...) Esta radical perda de valores dentro do limitado sistema de referência do *homo faber* ocorre quase automaticamente assim que ele se define, não como o fabricante de objetos e construtor do artifício humano que também inventa instrumentos, mas se considera primordialmente como fazedor de instrumentos e 'especialmente (um fazedor) de instrumentos para fazer instrumentos', que só incidentemente também produz coisas. Se é possível aplicar neste contexto o princípio da utilidade, deve referir-se basicamente não a objetos de uso, e não ao uso, mas ao processo de produção. Agora, tudo o que ajuda a estimular a produtividade e alivia a dor e o esforço torna-se útil. Em outras palavras, o critério final de avaliação não é de forma alguma a utilidade e o uso, mas a 'felicidade', isto é, a quantidade de dor e prazer experimentada na produção ou no consumo das coisas" p. 320/322.

trativamente, o cumprimento da legislação laboral (...). Os direitos do trabalhador estão protegidos em dois níveis distintos: a inspeção ou fiscalização do trabalho, de natureza administrativa, e a proteção judicial (...)" (CARRION, 2006).[240]

A Consolidação das Leis do Trabalho, além de exigir a formalização do emprego, através do registro em carteira de trabalho, dispõe sobre a obrigatoriedade da realização do exame médico admissional, dedicando os artigos 154 a 201 para a segurança e medicina do trabalho. Medida capaz de comprovar as condições de saúde no início do contrato de trabalho, durante e no momento da rescisão do contrato de trabalho.

Discorrendo sobre as atividades consideradas insalubres e perigosas, Guilherme José Purvin de Figueiredo (2007)[241] adverte que "aplicam-se multas (CLT, artigo 201) e tarifa-se a saúde do trabalhador com a concessão de adicionais de remuneração, compensando-se pecuniariamente a provável redução de sua expectativa de vida" e completa o autor: "todavia, a Constituição de 1988 consagrou o direito à vida (artigo 5º, *caput*) e estabeleceu que "a propriedade deve atender a sua função social" (artigo 5º, XXIII). A função social da propriedade e a defesa do meio ambiente constituem princípios gerais da atividade econômica (artigo 170, III e VI).

E, ainda, a Lei nº 8.213/1991 prevê aposentadorias precoces[242] para trabalhadores que tenham sido expostos, em suas jornadas de trabalho, a condições especiais que prejudiquem sua saúde ou integridade física.

Pode-se dizer, pois, que nosso ordenamento constitucional elegeu novos valores, que o direito individual do trabalho precisa com ur-

---

240 V. Carrion. *Comentários à Consolidação das Leis do Trabalho*, p. 174.
241 *Direito Ambiental e a saúde do trabalhador*, p.56. No mesmo sentido o entendimento de J. A. R. O. SILVA, *A saúde do trabalhador como um direito humano*, p. 99.
242 Art. 57. A aposentadoria especial será devida, uma vez cumprida a carência exigida nesta Lei, ao segurado que tiver trabalhado sujeito a condições especiais que prejudiquem a saúde ou a integridade física, durante 15, 20 ou 25 anos, conforme dispuser a lei. (Redação dada pela Lei nº 9.032, de 28.4.1995).

gência assimilar, dentre os quais se destaca o dever do empregador de oferecer aos trabalhadores um meio ambiente de trabalho saudável e seguro.

Para José Guilherme Purvin Figueiredo (2007), as normas regulamentadoras hoje existentes constituem um roteiro eficaz para a detecção de riscos ambientais do trabalho.

> "E mais, já são suficientes, se efetivamente implementadas, para que o disposto no inciso XXII do artigo 7º da Constituição da República (direito à redução dos riscos inerentes ao trabalho, por meio de normas de saúde, higiene e segurança") atinja eficácia plena e, consequentemente, o inciso XXIII (direito ao "adicional de remuneração para as atividades penosas, insalubres ou perigosas, na forma da lei") venha a ser aplicado somente nos raros casos em que a insalubridade, a penosidade e a periculosidade sejam inerentes à atividade profissional".[243]

O legislador tratou do tema, também, no âmbito previdenciário. Cesarino Junior e Marly Cardone demonstram a importância da aplicação de penalidades como forma de coibir a conduta negligente do empregador:

> "Quando se reflete que a falta de prevenção dos infortúnios do trabalho leva a incapacidades temporárias ou permanentes, que exigem desembolso da previdência social, compreende-se que esta tenha um grande interesse em que a higiene e segurança do trabalho sejam realmente praticadas". (...) "A Lei 8.213, de 24 de julho de 1991, atribui à empresa total responsabilidade pela implementação de medidas de higiene e segurança do trabalho, considerando contravenção penal, punível com multa, o descumprimento das normas pertinentes (art. 19, §§ 1º e 2º).
>
> Além disso, ao INSS é garantida a ação regressiva contra a empresa, em caso de negligência no que concerne às normas de proteção à saúde e integridade física do trabalhador, que gere ônus para a

---

243 G. J. P. Figueiredo, *Direito ambiental e a saúde do trabalhador*, p. 56.

previdência social, em razão de benefícios que por ela devem ser outorgados (art.120)[244] (CESARINO E CARDONE, 1993, p. 340).

Como lembra Oliveira Silva (2008),[245] ao tratar da evolução da legislação nacional e da normatização internacional pela OIT (Convenções nos 148[246], 155[247] e 161[248], revelando a crescente preocupação com o ambiente do trabalho e com a proteção à saúde do trabalhador até os dias de hoje, atribuindo-se caráter abrangente para todos os trabalhadores, de todos os setores da atividade econômica:

> (...) a preocupação com o ambiente de trabalho é antiga no direito laboral, podendo-se mesmo afirmar que a busca por melhorar as condições de trabalho nos parques fabris acompanha os primeiros passos do nascente ramo do direito, ainda no séc. XIX. Por certo que não havia a compreensão completa e genérica que hoje se tem sobre o meio ambiente em geral e, em particular, o do trabalho, o que se alcançou na década de 1970, como muitas vezes referido (...) (SILVA, 2008, p. 128).

Entretanto, apesar da rigorosa legislação, abordada no presente tópico, ainda convivemos com casos em que a negligência de normas de segurança do trabalho por dirigentes de empresas causam acidentes graves, como os ocorridos na unidade industrial de alimentos da Unilever, localizada em Goiânia, onde o lançamento de odores de esgoto e enxofre pelo ar possa ter atingido, segundo a administração municipal, 100 mil pessoas, prejudicando não apenas os seus traba-

---

244 A. F. Cesarino Jr.; M. Cardone. *Direito Social Brasileiro*, p. 55.
245 J. A. R. O. Silva, *A saúde do trabalhador como um direito humano*, p. 128.
246 Dispõe sobre as consequências danosas à saúde do trabalhador provocadas pela contaminação do ar, pelo ruído e pelas vibrações. Foi aprovada no Brasil pelo Decreto Legislativo nº 56/1981.
247 Transformou-se em marco internacional de proteção à saúde por exigir a implantação de programas de prevenção aplicáveis a todas as áreas da atividade econômica, inclusive aos servidores públicos. Foi aprovada no Brasil em 17.03.1992, pelo Decreto Legislativo nº 2 do Congresso Nacional.
248 Tornou obrigatória a criação de serviços de saúde no trabalho como medida de prevenção e adaptação do trabalho às capacidades dos trabalhadores. Foi aprovada no Brasil pelo Decreto Legislativo nº 127/1991.

lhadores como toda a comunidade local[249] e o ocorrido no município de Mauá, no Estado de São Paulo, no Condomínio Bacia do Prata, construído em terreno que entre 1972 a 1993 serviu de depósito de resíduos industriais pelas industrias Cofap, Soma, SQG, Paulicoop, todas condenadas solidariamente com o município de Mauá na indenização dos moradores do local, bem como na recuperação ambiental da área, em ação civil pública movida pelo Ministério Público do Estado de São Paulo[250].

É que a imposição de custo ao causador do dano não elimina a possibilidade de que ele ocorra. Além do princípio do poluidor-pagador, devemos ter em mente o princípio da precaução, definido por Nivaldo dos Santos e Viviane Romeiro (TARREGA, 2007)[251] como "(...) atuação "racional" dos recursos provenientes do meio ambiente, que se baseia não apenas em medidas para afastar o perigo, mas na "precaução do risco", objetivando garantir uma margem mínima de segurança da linha de perigo".

---

249 Notícia veiculada pelo jornal *Folha de São Paulo*, caderno Especial C6, Cotidiano, 18.10.2008, em matéria de Felié Bächtold que revela que a empresa pagou a multa aplicada, no valor de 10 milhões, pela agência municipal de meio ambiente e ingressou com ação judicial, tendo obtido o direito de produzir perícia judicial por técnicos designados pela justiça para apurar a responsabilidade ou não da empresa na contaminação do ar e se os gases tóxicos emitidos por ela estão dentro dos limites permitidos por lei.

250 Em 2001 foi ajuizada ação civil pública, transitada em julgado em maio de 2008. A demora na efetividade da prestação jurisdicional levou o Ministério Púbico a editar cartilha intitulada "Residencial Barão de Mauá, Ministério Público responde", elaborado por Rosangela Staurenghi, com a colaboração de Márcia Camargo Frederico Ferraz de Campos, com apoio do CAO Cível, respondendo as principais dúvidas sobre as condições das famílias afetadas pelo acúmulo de gás metano no subsolo do prédio, tranquilizando-as sobre o comprometimento de água da região. Sem indenização efetiva, as pessoas continuaram no local com a garantia dada pelo Ministério Público de que ninguém teria sua saúde comprometida, em sentido contrário ao decidido no processo judicial com base em perícia ambiental que atestou o risco à saúde das pessoas do local. A demora na prestação jurisdicional poderá acarretar a responsabilidade do Estado caso comprometimento maior à saúde das pessoas venha a ser constatado dentro de alguns anos.

251 "Inovação Tecnológica e Desenvolvimento Sustentável: o papel das empresas". *Direito Ambiental e Desenvolvimento Sustentável*, p. 134/137.

Se, por um lado, hoje a saúde e a reabilitação para todos se transformou em utopia, por outro, a preservação do meio ambiente,[252] especialmente o do trabalho, se transformou em forma de proteção da vida em sociedade. Saúde é, portanto, vida sem a qual os demais direitos sociais nada valem, daí a importância de cuidarmos da destinação dada pelo Estado aos recursos arrecadados sob a forma de contribuições sociais.[253]

---

252 De acordo com o artigo 3º, I, da Lei de Política Nacional do Meio Ambiente, esse é o conjunto de condições, leis, influências e interações de ordem física, química e biológica, que permite, abriga e rege a vida em todas as suas formas.

253 O artigo 62 da Lei nº 8.212/1991 estabelece que 2% da receita proveniente da contribuição a cargo da empresa para o financiamento das prestações por acidente do trabalho é destinado à Fundação Jorge Duprat Figueiredo de Segurança e Medicina do Trabalho (Fundacentro), criada em 1966, pela Lei nº 5.161, podendo tais recursos financiar despesas de pessoal e administrativas daquela Fundação. Partilhamos do entendimento de Marcus Orione Gonçalves Correia em sua *Legislação Previdenciária Comentada*, p.189, para quem "o dispositivo retromencionado é inconstitucional frente ao artigo 167, inciso XI, incluído na Constituição Federal de 1988 pela Emenda Constitucional nº 20/1998 que determina a vedação de utilização dos recursos provenientes das contribuições sociais de que trata o art. 195, I, a, e II, para realização de despesas distintas do pagamento de benefícios do regime geral de previdência social".

capítulo IV

A NOVA METODOLOGIA PARA O FINANCIAMENTO DOS BENEFÍCIOS DO REGIME GERAL DECORRENTES DOS RISCOS AMBIENTAIS DO TRABALHO

4.1. Nota introdutória

Vimos nos capítulos anteriores que tanto as ações de saúde[254] do trabalhador como as pertinentes ao meio ambiente do trabalho, apesar de relacionadas à política da saúde (artigo 196, *caput*, 200, II, III e VIII[255]) devem ser concatenadas com a administração dos riscos e danos causados pelas diversas atividades laborais, visando à diminuição de afastamentos precoces do trabalho, à redução de óbitos, aposentadorias especiais ou acidentárias, reinserindo no mercado de trabalho os empregados sinistrados e objetivando a manutenção de sua condição de contribuintes do processo econômico, social e político da nação.

A nova metodologia implantada pela legislação brasileira será tratada com o objetivo de financiar os benefícios previdenciários devidos em razão dos riscos ambientais do trabalho.

---

254 A desvinculação de 20% das contribuições sociais da União, nelas incluídas as contribuições para a seguridade social por meio da Emenda Constitucional nº 27/2000, vem afetando os cofres da seguridade social colocando em risco a prestação dos serviços de saúde.
255 Art. 200. Ao sistema único de saúde compete, além de outras atribuições, nos termos da lei:
... II executar as ações de vigilância sanitária e epidemiológica, bem como as de saúde do trabalhador;
III ordenar a formação de recursos humanos na área de saúde;
... VIII colaborar na proteção do meio ambiente, nele compreendido o do trabalho.

Faremos breve retrospectiva histórica apontando a evolução da legislação regulamentadora do financiamento dos benefícios decorrentes de risco ambiental do trabalho, abordando, em seguida, o conceito de risco ambiental e os princípios constitucionais que norteiam o financiamento das prestações previdenciárias dele decorrentes.

Por fim, encerraremos este capítulo levantando os problemas enfrentados pelas partes envolvidas no controle administrativo do risco acidentário, com ênfase ao devido processo legal administrativo e ao prazo decadencial para a Secretaria da Receita Federal apurar, constituir e cobrar as contribuições devidas pelos contribuintes para cobertura dos riscos ambientais do trabalho.

4.1.1. Histórico legislativo do financiamento dos benefícios previdenciários do regime geral decorrentes dos riscos ambientais do trabalho

> O jurista, diante de novas realidades, tem o mesmo papel dos geógrafos ao tempo das descobertas, ensinou Santhiago Dantas: cumpre-lhes mapeá-las (...) Dizem porém os franceses, conforme a informação de Jan Wiegerinck, que o jurista, para captá-las, isto é, para avançar para o futuro, recua no passado (...) (*reculent au passe*)[256] (FERNANDES, 1991, p. 100).

Aníbal Fernandes (1991),[257] retrocedendo à Roma Antiga, lembra que o dano tinha reparação se e quando houvesse culpa, ainda que levíssima, mas apenas quando ficasse comprovado pela vítima e, ainda, se houvesse nexo com o trabalho.

Mais tarde, o ônus da prova foi invertido, cabendo ao patrão a produção de prova capaz de afastar a culpa pelo acidente, o que era feito sob alegação de força maior, caso fortuito ou ato ou culpa exclusiva da vítima.

---

256 A. Fernandes, *Acidentes do Trabalho. Evolução e Perspectivas*, p. 100.
257 Ibid., p. 101.

A industrialização trouxe para nossa legislação a teoria do risco profissional, baseada na responsabilidade objetiva, independentemente de culpa, que passou a ser presumida. O patrão colocava o obreiro em risco. A dificuldade encontrada pelo obreiro na execução das decisões judiciais que determinavam a indenização do empregado acidentado levou o legislador a eleger o Estado como responsável pelo pagamento das indenizações. Sobre isso, Anníbal Fernandes (1991)[258] afirma:

> Do direito civil nasce um robusto ramo do direito da infortunística, partícipe da seguridade social. Garantia do pagamento e rapidez na liquidação, condições especiais na outorga de benefícios, estas são as razões e a natureza da proteção acidentária na seguridade social. Longe de favorecer, está-se hoje ante um robusto ramo conjugando prevenção e reparação do infortúnio, ligando o público e o privado na proteção social. E disto é modelo a Espanha com a seguridade participante e gerente de sistema que prevê também autosseguro e mútuas sócias, concorrentes todos na cobertura específica do acidente laboral (FERNANDES, 1991, p. 102).

Passaremos a analisar os diplomas legais brasileiros que regulamentaram a matéria no passado chegando até os dias de hoje, quando o financiamento dos riscos ambientais do trabalho passou a abranger também as aposentadorias especiais.

Consta do suplemento histórico elaborado pela previdência social[259] que a Lei nº 217/1892 instituiu a aposentadoria por invalidez e a pensão por morte para os operários do arsenal da Marinha do Rio de Janeiro. Em 1894, já havia um projeto de lei de autoria do então deputado Medeiros e Albuquerque visando instituir um seguro de acidente do trabalho. Os projetos dos deputados Gracho Cardoso e

---

258 Ibid., p. 102.
259 Disponível em: http://www.previdenciasocial.gov.br/arquivos/office/3_081014-111322-827.pdf. Acessado em 20.mar.2009.

Latino Arantes (1908), Adolfo Gordo (1915) e Prudente de Moraes Filho seguiram a mesma linha.

Quatro anos depois, finalmente foi editado o Decreto Legislativo nº 3.724/1919 (Lei de Acidentes do Trabalho), que previa indenização por acidente do trabalho, com fundamento na responsabilidade civil objetiva (FERNANDES, 1986).[260] À época, as prestações mensais capazes de substituir a renda do trabalhador não foram previstas. Era suficiente a indenização por meio de pagamento único, com prestação mensal continuada por no máximo um ano.

O Decreto Legislativo nº 24.637, de 10 de Julho de 1934, instituiu a Contribuição ao Seguro de Acidente do Trabalho. Pouco tempo depois, o Decreto-Lei nº 7.036/1944, trouxe inúmeras modificações, transformando-se na "mais completa lei de infortunística de nossa história"(FERNANDES, 1986).[261] Era a época do Estado Novo, do Presidente Getúlio Vargas. Tornou-se obrigatória a contratação de seguro contra acidentes do trabalho com seguradoras previamente autorizadas pelo Estado a operarem com aquela modalidade de seguro.

O Decreto-lei nº 293/1967, passou a permitir a contratação do seguro contra acidentes do trabalho com quaisquer seguradoras privadas, prevendo indenizações na forma de prestações mensais e complementares às aposentadorias por invalidez e pensões por morte. Polêmico, por permitir a realização dos contratos com qualquer operadora privada, o decreto logo deu lugar a novo diploma legal, restringindo ao Instituto Nacional da Previdência Social (INPS) à administração dos seguros contra acidentes do trabalho.

---

260 Segundo relato de Anníbal Fernandes, em seus *Comentários à CLPS*, p. 177, "O ano de 1919 reflete uma ação social muito intensa, mostrando a presença do assalariado na sociedade brasileira, e resulta indesligável dos acontecimentos de 1917, com a grande movimentação de assalariados e as grandes greves, particularmente em São Paulo".

261 A expressão é de Anníbal Fernandes em A*cidentes do Trabalho. Do sacrifício ao trabalho, à prevenção e à reparação*, p. 104.

Podemos afirmar, por conseguinte, que a contribuição para o seguro para acidente do trabalho assumiu maior relevância jurídica a partir da Lei nº 5.316/1967[262]. Entre as alterações legislativas ocorridas no texto original da Lei nº 5.316/1967, as de maior destaque foram aquelas promovidas pela Lei nº 6.367/1976, pelo Decreto nº 79.037/1976 e pela Lei nº 7.787/1989.

A Lei nº 6.367/1976 regulava, em seu artigo 15, o seguro de acidentes do trabalho a cargo do INPS, por meio de contribuições exclusivas do empregador, prevendo três alíquotas, de 0,4%, 1,2% e 2,5%, incidentes sobre a folha de salários, de acordo com o grau de risco da atividade, classificados em leve, médio e grave.

As prestações por acidente do trabalho passaram a ser pagas de forma continuada, em substituição à renda do trabalhador ou de forma indenizatória, quando houvesse redução da capacidade para o trabalho. O pagamento único ficou apenas para os pecúlios por invalidez ou morte. (FREUDENTHAL, 2007)[263]

Com o advento da Constituição Federal de 1988, o seguro contra acidente do trabalho, a cargo do empregador, passou a ser matéria constitucional, previsto no artigo 7º, inciso XXXIII, da Carta, que manteve seguro específico para o acidente do trabalho, custeado pelo empregador, que passou a responder, ainda, pela reparação civil quando restar configurada culpa ou o dolo de sua parte. É o que se depreende da leitura do dispositivo constitucional:

> Art. 7º São direitos dos trabalhadores urbanos e rurais, além de outros que visem à melhoria de sua condição social:
>
> XXVIII - seguro contra acidentes de trabalho, a cargo do empregador, sem excluir a indenização a que este está obrigado, quando incorrer em dolo ou culpa.

---

262 F. F. Abranches em seu *Do Seguro Mercantilista de Acidentes do Trabalho ao Seguro Social*, p. 22, considera a Lei nº 5.316/1967 como o marco do seguro social na legislação brasileira, consagrado mais tarde na Constituição Federal de 1969).

263 S. P. Freudenthal, *A Evolução da Indenização por Acidente do Trabalho*, p. 101/102.

Ao manter o seguro contra acidentes do trabalho, a Constituição recepcionou a Lei nº 6.367/1976, estabelecendo a cobertura por acidente do trabalho aos trabalhadores urbanos e, também, aos rurais por meio da previdência social.

Logo após a promulgação da Constituição de 1988, a Lei nº 7.787/1989 adequou a legislação, então em vigor, ao artigo 195, alterando a base de cálculo, substituindo a expressão "folha de salários de contribuição" pela "total das remunerações pagas ou creditadas durante o mês", unificando alíquotas (2%) e instituindo outras (0,9 a 1,8), com caráter punitivo, para as empresas, quando o índice de incidência de acidentes do trabalho fossem superiores à média do setor.

A Lei nº 8.212/1991, denominada pelo legislador Plano de Organização e Custeio da Seguridade Social, atende ao comando constitucional (artigo 7º CFRB/1988) promoveu nova alteração nas alíquotas destinadas ao custeio do seguro de acidentes do trabalho.

O artigo 22 daquele diploma legal retomou a tripartição vigente entre 1976 e 1989, com alíquotas[264] oscilando entre 1% e 3%, conforme o grau de risco da atividade preponderante da empresa empregadora, com possibilidade, ainda, de aumento ou diminuição, proporcionalmente, ao risco leve, médio e grave. A base de cálculo permaneceu sendo o total das remunerações pagas ou creditadas durante o mês, conforme redação original do artigo em análise.

---

264 Para a agroindústria, definida como o produtor rural pessoa jurídica, cuja atividade econômica seja a industrialização da produção, a alíquota correspondente ao custeio do inciso II, do artigo 22 será de 0,1%, nos termos do artigo 22-A. O artigo 1º, § 1º, da Lei nº 10.666/2001, prevê que o cooperado que trabalhe sujeito às condições especiais, que prejudiquem sua saúde ou integridade física, obriga a empresa tomadora de mão de obra em contribuição adicional de nove, sete ou cinco pontos percentuais, incidente sobre o valor bruto da nota fiscal ou fatura de prestação de serviços, conforme a atividade exercida pelo cooperado permita a concessão de aposentadoria especial após quinze, vinte ou vinte e cinco anos de contribuição, respectivamente. A mesma lei, em seu artigo 6º, estabelece alíquotas de 4%, 3% ou 2% sobre o valor bruto da nota fiscal para o tomador de mão de obra que permita aposentadoria especial.

A contribuição social passou a ser recolhida aos cofres do INSS, com base na Lei nº 8.212/1991[265] e no Decreto nº 662/1992, modificado pela Medida Provisória nº 1.523/1997.

A Lei nº 9.528/1997, proveniente do Poder Executivo, uma vez que foi originária da conversão da Medida Provisória nº 1.523-9/1997, que deu nova redação ao inciso II do artigo 22 da Lei nº 8.213/1991, alterou a redação original do artigo 22, da Lei nº 8.212/1991, substituindo a expressão "financiamento das prestações (benefícios e serviços) por acidente do trabalho" por "financiamento dos benefícios concedidos em razão do grau de incidência de incapacidade laborativa decorrente dos riscos ambientais do trabalho".

O artigo 22, inciso II, foi novamente alterado por vontade do Poder Executivo, por meio da Lei nº 9.732/1998, originária da conversão da Medida Provisória nº 1.729/1998, desta vez para adequá-lo à nova redação dada ao artigo 57, § 6º, da Lei nº 8.213/1991, também alterado pela Lei nº 9.732/1998, que discorre sobre a aposentadoria especial e o seu financiamento, estabelecendo acréscimos de 12%, 9% ou 6% às alíquotas de 1%, 2% e 3%, previstas no artigo 22, inciso II, da Lei nº 8.212/1991, apenas sobre o valor das remunerações dos empregados que trabalhem sujeitos a condições especiais, conforme o texto que transcrevemos:

Art. 57. A Aposentadoria especial[266] será devida (...)

(...)

§ 6º O benefício previsto neste artigo será financiado com os recursos provenientes da contribuição de que trata o inciso II do art. 22 da Lei nº 8.212, de 24 de julho de 1991, cujas alíquotas

---

265 A partir de 1993, as contribuições de seguro acidente do trabalho rural encontram-se incluídas nas contribuições do produtor rural, conforme balancete Analítico INSS, http://www.previdenciasocial.gov.br/arquivos/office/3_081014-111322-827.pdf, p. 130.

266 A Lei nº 9.032, de 28/04, dispôs sobre o valor do salário mínimo e alterou dispositivos das Leis nº 8.212 e 8213/1991 principalmente no tocante a acidentes do trabalho e aposentadoria especial. A Lei nº 10.666/1905, dispõe sobre a concessão da aposentadoria especial ao cooperado de cooperativa de trabalho ou de produção.

serão acrescidas de doze, nove ou seis pontos percentuais, conforme a atividade exercida pelo segurado a serviço da empresa permita a concessão de aposentadoria especial após quinze, vinte ou vinte e cinco anos de contribuição, respectivamente.

§ 7º O acréscimo de que trata o parágrafo anterior incide exclusivamente sobre a remuneração do segurado sujeito às condições especiais referidas no *caput*.

A contribuição, atualmente, prevista no inciso II, do artigo 22, da Lei nº 8.212/1991 destina-se à cobertura da aposentadoria especial (prevista nos artigos 57 e 58, da Lei nº 8.213/1991) e daqueles benefícios previdenciários decorrentes dos riscos ambientais do trabalho, a saber: auxílio-doença acidentário, auxílio-acidente, aposentadoria por invalidez acidentária, pensão por morte acidentária e os serviços de reabilitação profissional, fornecimento de próteses e órteses.

A aposentadoria especial permite o afastamento precoce do trabalhador, após 15, 20 ou 25 anos de contribuição, em razão de sua exposição a agentes nocivos à saúde, em função da atividade econômica da empresa empregadora.

O benefício continua sendo custeado pelo empregador e por seu empregado, por meio de suas contribuições incidentes sobre a folha de pagamento, além dos recursos arrecadados das demais contribuições sociais, previstas na Constituição Federal destinadas à seguridade social.

Entretanto, criou-se um aumento da carga tributária destinado ao financiamento da aposentadoria especial, a cargo exclusivo do gerador do risco ocupacional do trabalho, o empregador. Da mesma forma como ocorre com as contribuições destinadas à cobertura do risco acidentário, a cargo exclusivo do empregador, conforme o artigo 7º da Constituição Federal.

O acréscimo das contribuições do empregador incide apenas sobre a remuneração mensal dos trabalhadores que estejam sujeitos às condições especiais de trabalho, isto é, expostos a agentes físicos, químicos ou biológicos capazes de causar danos à saúde.

O número de demandas administrativas e judiciais envolvendo concessões de aposentadoria especial ou averbação de tempo, naquela condição, para conversão em tempo especial, demonstrou que as empresas não estavam emitindo formulários com base em laudos técnicos do ambiente de trabalho que retratassem as reais condições ambientais do trabalho de seus funcionários ou prestadores de serviço, o que resultou nas alterações do artigo 58 e seus parágrafos, culminando com o artigo 133, todos da Lei nº 8.213/1991, este último prevendo aplicação de multa para a empresa que negligencie a atualização do laudo técnico ou emita informações em desacordo com este.

A Lei nº 9.732/1998, que deu nova redação ao § 7º do artigo 57, veda o retorno do trabalhador à atividade ou operações que o sujeitem aos agentes considerados nocivos pelo Regulamento da Previdência Social, e passou a prever o cancelamento do pagamento da aposentadoria especial, da mesma forma como ocorre com o inválido que retorna ao trabalho.[267] Entendemos não ser do livre-arbítrio do trabalhador a continuação do labor sob condições especiais além do período que a lei estabelece para garantia de sua saúde. É que a continuidade da relação de trabalho em condições inóspitas acarre-

---

[267] Celso Barroso Leite via na aposentadoria especial uma espécie de aposentadoria por invalidez. O legislador infraconstitucional com a alteração feita no artigo 57 da Lei nº 8.213/1991 pela Lei nº 9.732/1998, ao prever a suspensão do pagamento da aposentadoria especial no caso de retorno ou permanência em atividade de risco ambiental está tratando a aposentadoria especial como subespécie de invalidez – posicionamento com o qual discordamos. A permissão ao retorno ou permanência na atividade sujeita a condições especiais não evitará os danos causados à saúde do trabalhador, o que acarreta ônus à saúde pública e privada e, ainda, viola o fundamento republicano da dignidade da pessoa humana. O Estado está permitindo que o trabalhador adoeça. Se, por um lado, a lei prevê que ele deve se afastar precocemente do trabalho, sem a incidência do fator previdenciário no cálculo de seu benefício, preservando a sua saúde e a sua integridade física, por outro, permite o livre-arbítrio de permanecer exposto a agentes considerados nocivos, e acaba doente. Há uma contradição do legislador nesses dispositivos.

tará gastos com saúde que serão arcados por toda a sociedade, daí a previsão de punir o trabalhador com o cancelamento do benefício.

O Anuário Estatístico de 2007, publicado em dezembro daquele ano pelo Ministério da Previdência Social, revelou[268] que a previdência social mantinha cerca de 25 milhões de benefícios ativos em cadastro, dos quais 84,6% eram previdenciários, 3% acidentários e 12,4% assistenciais. Mais de 69% desses benefícios pertenciam à clientela urbana e 30,7% à clientela rural. Comparado com 2006, o estoque de benefícios aumentou 2,6%, sendo que os previdenciários aumentaram 2,2%, os acidentários aumentaram 4,9% e os assistenciais cresceram 5,5%. As espécies que apresentaram maior participação na quantidade total de benefícios ativos foram todas previdenciárias: aposentadoria por idade (28,8%), pensão por morte (24,4%) e aposentadoria por tempo de contribuição (15,5%).

A alta incidência de afastamentos por incapacidade levantada pelo Ministério da Previdência Social demonstrou que a legislação não estava cumprindo o seu papel preventivo e que um quarto dos acidentes do trabalho considerados graves e incapacitantes registrados no país são decorrentes de utilização de máquinas e equipamentos obsoletos e inseguros.[269] Verifica-se, ainda, no anuário oficial retrocitado que os homens se acidentam mais que as mulheres e que as regiões onde há maior ocorrência de acidentes do trabalho são a Sudeste, com 56,2%, seguida pelo Nordeste com 18,2%, Sul com 17%, Centro-Oeste com 5,1 e Norte com 3,4, sendo que a maior incidência ocorre na área urbana.

O legislador infraconstitucional novamente tratou de obrigar o empregador a informar no laudo técnico e periódico – que ficou

---

268 Vide fls. 131/133 do Anuário disponível no site da previdência social www.previdenciasocial.gov.br.

269 As informações constam do estudo realizado pelo professor doutor René Mendes e colaboradores, publicado no Volume 13 da Coleção Previdência Social, por solicitação da Secretaria de Previdência Social SPS/ MPAS, com o apoio do Banco Mundial e do Programa das Nações Unidas para o Desenvolvimento (PNUD). Fonte: http://www.previdenciasocial.gov.br/arquivos/office/3_081014-111357-495.pdf. Acessado em: 15.mar.2009.

obrigado a elaborar por força do artigo 58 da Lei nº 8.213/1991, com as alterações introduzidas pelas Leis nos 9.528/1997 e 9.732/1998 – sobre a existência de tecnologia de proteção coletiva ou individual que diminua a intensidade do agente agressivo a limites de tolerância, bem como recomendação sobre a sua adoção pelo estabelecimento respectivo.

As informações, nos moldes acima referidos, poderão ser solicitadas pela perícia médica à qual o segurado vier a ser submetido em caso de afastamento por doença, servindo de parâmetro para a aplicação do nexo técnico epidemiológico e, por conseguinte, à flexibilização do grau de risco da atividade desenvolvida pelo empregador.

Podemos afirmar, portanto, que o fator acidentário de prevenção surgiu para combater as subnotificações dos acidentes do trabalho e reduzir a exposição do trabalhador a agentes nocivos à saúde capazes de gerar aposentadorias especiais.

Desta forma, independentemente da comunicação do acidente, da aferição das condições ambientais do trabalho do segurado e dos índices reais de acidentes e doenças, a administração, fundamentada em dados estatísticos levantados pelo Ministério da Previdência Social, criou mecanismo administrativo de presunção entre a doença ou lesão apresentada pelo segurado e a atividade empresarial de seu empregador.

O médico perito do INSS presume o nexo de causalidade e defere o benefício acidentário ou a aposentadoria especial, baseado nos prontuários médicos do segurado sinistrado, nos dados informados pelo empregador e constantes dos laudos técnicos e periódicos do ambiente de trabalho e na GFIP (guia de recolhimento de contribuições sociais), assinalando prazo para o empregador impugná-lo (PULINO, 1996).[270]

---

[270] A esse respeito, já se preocupava Daniel Pulino, na década passada, conforme retratam os artigos "Ação Regressiva contra as empresas negligentes quanto à segurança e à higiene do trabalho". *Revista de Previdência Social* nº 182, "Ação Regressiva Acidentária e Responsabilidade Empresarial", *Jornal do 10º Congresso Brasileiro de Previdência Social*, que apontava que o INSS já possuía todos os dados necessários à prova do nexo causal e no caso das ações

A maneira encontrada pelo legislador para prevenir os riscos ocupacionais do trabalho foi o aumento da carga tributária, levando-se em consideração os índices de frequência, gravidade e gastos efetuados pelo Estado com os segurados afastados em decorrência dos riscos ambientais do trabalho.

A nova metodologia prevê, ainda, a redução à metade das alíquotas destinadas ao financiamento do seguro de acidentes do trabalho, bem como para as aposentadorias especiais aos ramos da atividade econômica com menor índice de contingências para os riscos ocupacionais do trabalho e incentiva as empresas a investirem em processos que permitam a reabilitação profissional do empregado sinistrado.

A metodologia que acabamos de descrever está prevista no artigo 10º da Lei nº 10.666/2003, possibilita o aumento de até 100% ou redução pela metade das alíquotas previstas no inciso II, do artigo 22, da Lei nº 8.213/1991:

> Art. 10 – A alíquota de contribuição de um, dois ou três por cento, destinada ao financiamento do benefício de aposentadoria especial ou daqueles concedidos em razão do grau de incidência de incapacidade laborativa decorrente dos riscos ambientais do trabalho, poderá ser reduzida, em até cinquenta por cento, ou aumentada, em até cem por cento, conforme dispuser o regulamento, em razão do desempenho da empresa em relação à respectiva atividade econômica, apurado em conformidade com os resultados obtidos a partir dos índices de frequência, gravidade e custo, calculados segundo metodologia aprovada pelo Conselho Nacional de Previdência Social.

O artigo 10º da Lei nº 10.666/2003, estabeleceu a possibilidade de aumento ou diminuição da carga tributária na mesma proporção

---

regressivas da culpa da empresa. A possibilidade de aumento da carga tributária e ainda da responsabilização do empregador pelo dano à saúde do empregado poder ser resultado de negligência do empregador, este tem ingressado nos processos de concessão, na via administrativa e judicial, como veremos mais adiante.

do risco ambiental do trabalho e introduziu o Fator Acidentário de Prevenção (FAP), inicialmente denominado como Fator Acidentário Previdenciário[271] pelo Conselho Nacional de Previdência Social (Instruções Normativas nº 1.236/2004 e 1.269/2006), flexibilizador da alíquota para cobertura do Seguro de Acidente do Trabalho (SAT).

Em 2004, o Conselho Nacional de Previdência Social (CNPS) aprovou a Resolução nº 1.236/2004, como uma nova metodologia para flexibilizar as alíquotas de contribuição destinadas ao financiamento do benefício da aposentadoria especial e daqueles concedidos em razão do grau de incidência de incapacidade laborativa decorrente dos riscos ambientais do trabalho, fundamentado no artigo 22, inciso II, § 3º, que prevê:

> Art. 22. A contribuição a cargo da empresa, destinada à Seguridade Social, além do disposto no *art. 23*, é de:
>
> (...)
>
> II - para o financiamento do benefício previsto nos arts. 57 e 58 da *Lei nº 8.213, de 24 de julho de 1991*, e daqueles concedidos em razão do grau de incidência de incapacidade laborativa decorrente dos riscos ambientais do trabalho, sobre o total das remunerações pagas ou creditadas, no decorrer do mês, aos segurados empregados e trabalhadores avulsos:
>
> (...)
>
> § 3º O Ministério do Trabalho e da Previdência Social poderá alterar, com base nas estatísticas de acidentes do trabalho, apuradas em inspeção, o enquadramento de empresas para efeito da contribuição a que se refere o *inciso II* deste artigo, a fim de estimular investimentos em prevenção de acidentes.

---

271 As três variáveis, frequência, gravidade e custo apareceram na resolução MPS/CNPS nº 1.269, publicada no DOU de 21.2.06, tendo sido posteriormente inseridas na redação do artigo 202, §§ 5º, 6º e 13 do Decreto nº 3048/1999, com redação dada pelo Decreto nº 6.042/2007 que inseriu ainda o artigo 202-A no regulamento.

Como foi dito anteriormente, o novo mecanismo utilizado na tributação baseia-se em estudos estatísticos e epidemiológicos levantados pelo Ministério da Previdência Social e no cruzamento dos dados entre os códigos da Classificação Internacional de Doenças (CID-10) e os códigos da Classificação Nacional de Atividade Econômica (CNAE), permitindo a identificação de associação entre diversas lesões, doenças, distúrbios, disfunções ou a síndrome de evolução aguda, subaguda ou crônica, de natureza clínica ou subclínica, inclusive morte, independentemente do tempo de evolução do agravamento e das diversas atividades desenvolvidas pelo trabalhador.

O cruzamento dos dados permite a identificação de associações entre a evolução da doença ou "agravo"[272] e a atividade laboral do segurado. Da observação dos dados estatísticos são elaboradas planilhas com pares de associação de códigos da Classificação Nacional de Atividade Econômica (CNAE) e da Classificação Internacional de Doenças (CID), possibilitando o uso dos dados pelos médicos, peritos do Instituto Nacional do Seguro Social. Esta associação denominou-se Nexo Técnico Epidemiológico Previdenciário (NTEP).

A nova metodologia consiste, ainda, no mapeamento dos benefícios que apresentaram nexo técnico epidemiológico, independentemente da natureza do benefício concedido, para período anterior a abril de 2007. Esse mapeamento periódico possibilita a formação de uma base consistente para o cálculo do Fator Acidentário de Prevenção (FAP).

O enquadramento da empresa, de acordo com a atividade econômica, inicialmente divulgado pela Portaria MPS/SPS nº 1/2002, consta do anexo V do Decreto nº 3.048/1999, com a redação dada pelo Decreto nº 6.042/2007.

O Poder Executivo efetua o enquadramento do risco por atividade econômica, conferindo ao empregador/contribuinte o direito

---

[272] Agravo é o termo utilizado pelo INSS na Instrução Normativa citada.

de levantar a frequência e a gravidade dos benefícios previdenciários relacionados a riscos ambientais de trabalho (aposentadorias especiais, doença, invalidez, morte e sequela), concedidos a seus empregados entre 05/2004 e 12/2006, que irão balizar o Fator Acidentário de Prevenção (FAP) para janeiro de 2009, permitindo sua impugnação por meio de processo administrativo.

Os laudos das perícias realizadas por médicos ou engenheiros do trabalho em diversas empresas para elaboração do Perfil Profissiográfico Profissional de seus empregados poderão ser utilizados como prova para refutar os enquadramentos periódicos supramencionados, possibilitando a fixação de alíquota diferenciada para a atividade econômica, em seus diferentes estabelecimentos, permitindo que se mantenha a gradação do risco em leve, médio ou grave, de acordo com a atividade preponderante da empresa (BALERA, 2003).[273]

O Fator Acidentário de Prevenção pode ser impugnado anualmente pelo contribuinte, nos termos dos Decretos nº 6.042/2007 e nº 6.957/2009.[274]

A matéria tem sido regulamentada por decretos e resoluções do Ministério da Previdência Social.[275] Os critérios para redução ou aumento da alíquota do Seguro de Acidente do Trabalho (SAT)

---

[273] A questão da distorção do enquadramento da atividade econômica sem consideração da atividade preponderante de estabelecimentos diversos da mesma empresa foi levantada por Wagner Balera em trabalho intitulado "Contribuições ao Seguro de Acidentes do Trabalho – Alguns Aspectos do Exercício da Faculdade Regulamentar", *Revista Grandes Questões Atuais do Direito Tributário*, p.382/383. Analisaremos em tópico próprio o conceito legal do termo.

[274] Art. 202-A (...)

§ 7º Para cálculo anual do FAP serão utilizados os dados de janeiro a dezembro de cada ano a contar de 2004, até completar o período de cinco anos, a partir do qual os dados do ano inicial serão substituídos pelos novos dados anuais incorporados.

[275] Se entender necessária à instrumentação de sua atividade, o INSS pode expedir diversas espécies de normas: a) as resoluções do presidente da autarquia ou as instruções normativas da diretoria colegiada; b) as ordens sociais dos diretores e do procurador-geral do instituto e; c) as orientações normativas (ON) dos coordenadores-gerais da entidade, conforme a Resolução INSS nº 88/1992, que dispõe sobre a emissão de atos oficiais do INSS.

foram apontados em metodologia aprovada pelo Conselho Nacional da Previdência Social, por meio da Resolução MPS/CNPS nº 1.269/2006,[276] que resultaram no Decreto nº 6.042/2007, conferindo nova redação ao anexo II, Lista B ao anexo V, do Regulamento da Previdência Social (Decreto nº 3.048/1999).

Vimos que a possibilidade de aumento ou diminuição da carga tributária para o financiamento dos riscos ambientais do trabalho fundamenta-se em elementos estatísticos que apontam os responsáveis pela sua maior ou menor incidência, respeitada a legalidade tributária, o devido processo legal administrativo e a equidade na participação do custeio, visando à redução das contingências e a reabilitação profissional dos sinistrados.[277]

4.2. Conceito atual de risco ambiental do trabalho

Risco ambiental do trabalho ou ocupacional é o risco previsto para cobertura de contingências decorrentes de acidente do trabalho ou de exposição do segurado a agentes físicos, químicos ou biológicos, considerados nocivos à saúde.

A previdência social envolve a cobertura de contingências comuns à sociedade e que devem ser amparadas, não apenas em favor do indivíduo que experimentou a concretização do risco, mas em prol da

---

276 Publicada no DOU de 21.2.06, no item 8, Geração de Coeficientes de Frequência, Gravidade e Custo.

277 Em 2007, a quantidade de segurados encaminhados às equipes técnicas de reabilitação profissional pela perícia médica para avaliação e/ou participação no Programa de Reabilitação Profissional (PRP), registrados nos serviços de reabilitação profissional do INSS atingiu 62,4 mil pessoas, o que correspondeu a um decréscimo de 7,8% em relação ao ano anterior. Dos clientes que tiveram avaliação inicial conclusiva, 12,9% retornaram ao trabalho, 30,8% foram considerados inelegíveis e 56,3% elegíveis para participar da reabilitação. Cerca de 21,7 mil clientes foram reabilitados, o que correspondeu a um aumento de 26,2%, quando comparado ao ano anterior. A média mensal de segurados em programa aumentou 6,8% no ano e o valor dos recursos materiais ela decresceu 11,9% no período. (Dados retirados da fls. 477 do Anuário Estatístico de 2007 do Ministério da Previdência e Assistência Social. Disponível em www.previdenciasocial.gov.br).

coletividade. Esta será sempre afetada quando qualquer das partes que a compõe for ameaçada, residindo aí o conceito de risco social.

Nesta concepção, as contribuições sociais adquirem papel fundamental e atuam não apenas para o custeio da previdência, mas também como agente modificador da realidade, colaborando para a distribuição de riquezas, pautando-se na solidariedade. Com efeito, reza o artigo 3º da Constituição Federal que constituem objetivos fundamentais da República Federativa do Brasil a construção de uma sociedade livre, justa e solidária.

A solidariedade social se dá com as contribuições vertidas por cada um dos agentes do cenário social, não sendo necessariamente por eles utilizadas, mas empregadas em favor da comunidade.

Os riscos que a sociedade entendeu relevantes e de necessária cobertura pela previdência social, por meio da Assembleia Constituinte, estão previstos no artigo 201, incisos I a V, da Constituição Federal de 1988. Ao legislador infraconstitucional cabe a regulamentação de cada um dos riscos sociais, bem como de tributação, capaz de possibilitar o custeio de benefícios. Nos casos em que ocorre sinistro, o Estado poderá amparar o sinistrado e sua família, garantindo-lhes renda suficiente para despesas com a sua manutenção mensal.[278]

É tarefa do Estado a garantia do tratamento equilibrado e isonômico para o valor social do trabalho[279] e para a livre iniciativa, relacionados na Constituição Federal entre os princípios fundamentais do Estado Democrático Brasileiro.

A nova metodologia para cobertura e o financiamento dos benefícios por incapacidade é resultado da atividade do legislador. O estudo

---

278 O artigo 6º da Constituição Federal de 1988 prevê, entre os direitos sociais, a educação, a saúde, o trabalho, a moradia, o lazer, a segurança, a previdência social, a proteção à maternidade e à infância e a assistência aos desamparados, portanto, a renda mínima paga pelo Estado para segurados ou assistidos da seguridade social deveria ser capaz de cobrir os gastos com cada um dos itens relacionados no referido artigo.
279 Artigo 1º, inciso IV e art. 193 da Constituição Federal.

da frequência com que determinadas doenças começaram a aparecer em setores da atividade econômica, além do número de acidentes do trabalho monitorados pelo Sistema Único de Saúde e pela Previdência Social, mostrou a necessidade de tolher o avanço de ocorrências passíveis de ser evitadas pelo homem médio.

Em razão de os riscos decorrentes de acidente do trabalho, bem como a exposição de trabalhadores a agentes nocivos à saúde, serem previsíveis e evitáveis, o legislador, guiado pelo princípio da equidade na forma de participação no custeio, editou a Lei nº 10.666 de em 8 de maio de 2003, que em seu artigo 10º estabelece o aumento ou redução da alíquota de contribuição destinada ao financiamento de benefícios decorrentes de riscos ambientais do trabalho.

Sobre a necessidade de prever a ocorrência do risco, e em face de minimizar as perdas e compensar os danos, diz Bernstein (1997)[280] "O risco serve muitas vezes de estimulante. Sem o risco, uma sociedade poderia se tornar passiva diante do futuro".

Para Heloisa Hernandez Derzi, a cobertura de um risco social prevê uma relação jurídica entre dois sujeitos, o ativo ou credor e o passivo ou devedor da obrigação ou prestação e, ainda, o objeto, uma prestação determinada na legislação por sua relevância e necessidade de proteção social (2004).[281]

> (...) o risco, como fator de possível ocorrência, não pode ser evitado, mas as situações danosas, dele decorrentes, podem ser previstas e, por conseguinte, reparadas pelo Direito (DERZI, 2004, p. 46).

Tercio Sampaio Ferraz Junior (2003), citando Jellinek, nos ensina que o cidadão não é apenas alguém submetido à soberania do Estado, mas por força de reconhecimento, é sujeito de personalidade, dotado de direitos e deveres em face dele.[282]

---

280 P. L. Bernstein, *Desafio aos Deuses, A Fascinante história do risco*, p. 206.
281 H. H. Derzi, *Os beneficiários da pensão por morte*, p. 46.
282 T. S. Ferraz Jr., Estudos de Filosofia do Direito. Reflexões sobre o Poder, a Liberdade, a Justiça e o Direito, p. 109.

A prevenção e cura de doenças e acidentes, como instrumento de proteção social, faz parte das políticas públicas de saúde, que tem o dever de gerenciamento e controle de riscos ambientais e tecnológicos capazes de afetar a saúde do trabalhador, tendo como objetivo a melhoria da qualidade de vida das pessoas, gerando para elas o poder de exigir do Estado uma prestação (FERRAZ JR., 2003, p. 109).

Daniel Pulino (2001),[283] fazendo referência à cobertura do risco de acidente do trabalho mencionada no § 10º do artigo 201 da Constituição Federal, e dos riscos ambientais do trabalho, previstos no artigo 22, inciso II, da Lei nº 8.212/1991, demonstra a importância da causa na diferenciação entre os benefícios previdenciários e os acidentários:

> (...) a lei diferencia, ainda, em alguns casos, a proteção a determinada situação de necessidade em função da causa que leva à contingência social. Essa causa costuma aparecer, no direito positivo brasileiro, com a denominação de risco. Nesses casos, a lei considera não apenas o binômio acontecimento-consequência (contingência-situação de necessidade), mas o trinômio causa-acontecimento-consequência (risco-contingência-situação de necessidade. (PULINO, 2001, p. 43).

O valor constitucional fundamental que rege a seguridade social é a erradicação da miséria através do trabalho (RIBEIRO, 1998) [284] (artigo 1º, inc. IV CRFB/1988). O trinômio considerado

---

283 D. Pulino, *A aposentadoria por invalidez no direito positivo brasileiro*, p. 43. Sobre o tema o autor escreveu anteriormente artigo intitulado "Risco Profissional e risco comum: imposição constitucional da existência de cobertura diferenciada" publicado no *Jornal do IX Congresso Brasileiro de Previdência Social*.

284 "Que valor seria o do trabalho?" Darcy Ribeiro, em *O povo brasileiro. A formação e o sentido do Brasil*, p. 455, lembra que "Mesmo depois de abolida a escravidão (1888), permanece esse critério valorativo, que considera humilhante o trabalho com horário marcado por toque de sino dirigido por um capataz autoritário"p. 389. "[...] Nós brasileiros, nesse quadro, somos um povo em ser, impedido de sê-lo. Um povo mestiço na carne e no espírito, já que aqui a mestiçagem jamais foi crime ou pecado. Nela fomos feitos e ainda continuamos nos fazendo. Essa massa de nativos oriundos da mestiçagem viveu por séculos sem consciência de si, afundada na ninguendade. Assim foi, até se definir como uma nova identidade étnico-nacional, a de brasileiros. Um povo, até hoje, em ser,

pela lei pode ser descrito da seguinte forma: estar o segurado no trabalho ou a serviço da empresa; acidentar-se naquela condição; ficar incapacitado para o trabalho por mais de 15 dias; inválido; morrer ou apresentar após a recuperação sequelas definitivas que reduzam sua capacidade laboral; afastamento do trabalho com prejuízo da remuneração (risco-contingência-situação de necessidade), ausência de remuneração por necessidade de afastamento do trabalho.

O trabalhador surge como o sujeito merecedor de toda a atenção do legislador constituinte e do legislador infraconstitucional. O desenvolvimento de qualquer atividade laboral depende da saúde do trabalhador. Ele precisa estar saudável, devendo ser preservada a sua saúde e, ainda, o seu ambiente de trabalho. Tais riscos, relacionados ao trabalho, estão, portanto, entre os selecionados como merecedores de proteção social.

Começaremos pela definição de acidente do trabalho. Para José Martins Catharino (1968)[285] o acidente é "a lesão corporal ou psíquica resultante de ação fortuita, súbita e violenta de uma causa exterior, ou de esforço concentrado do próprio lesado". Enquanto Cesarino Júnior (1970)[286] abrange no conceito, além do acidente tipo, as doenças relacionadas ao trabalho, definindo o acidente como "o evento casual, nocivo para a capacidade laborativa e relacionado com o trabalho subordinado prestado à empresa".

---

na dura busca de seu destino. Olhando-os, ouvindo-os, é fácil perceber que são, de fato, uma nova romanidade, uma romanidade tardia, mas melhor, porque lavada em sangue índio e sangue negro. (p. 453) [...] Na verdade das coisas, o que somos é a nova Roma. Uma Roma tardia e tropical. O Brasil já é a maior das nações neolatinas, pela magnitude populacional, e começa a sê-lo também por sua criatividade artística e cultural. Estamos nos construindo na luta para florescer amanhã como uma nova civilização, mestiça e tropical, orgulhosa de si mesma. Mais alegre, porque mais sofrida. Melhor, porque incorpora em si mais humanidades. Mais generosa, porque aberta à convivência com todas as raças e todas as culturas e porque assentada na mais bela e luminosa província da Terra". p. 455.

285 J. M. Catharino, *Infortúnio do Trabalho*, p. 57.
286 A. F. Cesarino J.; M. Cardone. *Direito Social Brasileiro*, v.1 e 2.

Anníbal Fernandes (1995)[287] lembra que a legislação equipara ao infortúnio as moléstias ocupacionais, os sinistros de percurso, entre outros, fundamentando na encíclica *Rerum Novarum*, de Leão XIII, de 15 de maio de 1891, a necessidade de redução da jornada de trabalho atual,[288] incompatível com a vida saudável.

Discorrendo sobre o risco acidentário, Wladimir Novaes Martinez (2003)[289] lembra que os sinistros têm a proteção do Estado ao afirmar:

> Em relação aos acidentes naturalmente da atividade laborativa, prevalece a reparação transferida ao Estado, isto é, através da prestação previdenciária acidentária, e nada mais. Dentre estas, a culpa moderada, leve ou levíssima, está excluída dos efeitos jurídicos (...). Tais intenções incipientes escapam ao controle do empregador, de sua capacidade usual e aceitável de previsão e confundem-se com as decorrentes do trabalho. Suas sequelas não ficam sem proteção. Para cobri-las, obrigatoriamente ele financia o seguro de acidentes do trabalho, em exação fiscal distinta da deflagradora dos benefícios previdenciários comuns. (MARTINEZ, 2003, p. 597).

A Lei nº 8.213/1991 destaca mais de uma forma de acidente do trabalho, definindo-o no sentido estrito e, também, por extensão. Em sentido estrito é o acidente-tipo, definido no artigo 19 como "o que ocorre pelo exercício do trabalho, provocando lesão corporal ou perturbação funcional que cause a morte ou a perda ou redução da capacidade permanente ou temporária para o trabalho".

Dificuldade há, entretanto, para a caracterização do acidente de trabalho, por extensão, ou seja, nos casos em que o afastamento se dá por doença, com causa direta ou indireta relacionada à atividade

---

287 A. Fernandes. *Acidentes do Trabalho*, p. 27/28.
288 Em decorrência da crise econômica mundial, os sindicatos já estão dispostos a aceitar a redução da jornada de trabalho para manutenção do emprego, por meio de convenções e acordos coletivos. A redução da jornada já é realidade em algumas profissões, como operadores de telemarketing, digitadores, bancários, entre outras.
289 W. N. Martinez, *Comentários à Lei Básica da Previdência Social, 6ª edição*, p. 597.

laboral. Para restar caracterizado o acidente, se faz necessária a presença da lesividade e da causalidade. O nexo causal é a relação de causa e efeito entre o evento e o resultado.

Como vimos no primeiro capítulo deste trabalho, o acidente começa muito antes da concepção do processo de produção e da instalação de uma empresa. O projeto escolhido, as máquinas disponibilizadas e as demais escolhas prévias feitas pelo empregador têm influência no índice de probabilidade de ocorrência de acidentes de trabalho (BARROS JR., 2009).[290]

As doenças ocupacionais, definidas no artigo 20 da Lei nº 8.213/1991, se dividem entre doenças profissionais e doenças do trabalho.

As doenças profissionais típicas, também conhecidas como tecnopatias, vêm relacionadas, exemplificadamente, no Anexo II do Decreto nº 3.048/1999, definidas como as que se desencadeiam pelo exercício profissional característico à determinada atividade e, por esta razão, não precisam ser provadas.

As doenças do trabalho ou atípicas, conhecidas como mesopatias, são aquelas desencadeadas em função das condições em que o trabalho é prestado, e com ele se relacionam diretamente, e precisam ser provadas por meio de perícia no local de trabalho.

Não são consideradas doenças do trabalho as degenerativas, as inerentes a grupo etário, as que não produzam incapacidade laborativa e as doenças endêmicas, esta última desde que não relacionada à natureza da atividade laboral (artigo 20, § 1º, letras "a" a "d", da Lei nº 8.213/1991).

O artigo 21 da Lei nº 8.213/1991, enumera situações que também são caracterizadas como acidente do trabalho, por extensão, por se relacionarem apenas indiretamente com o trabalho.

---

[290] J. C. Barros Jr. *Trecho do Prefácio II da Coleção Previdência Social*. Disponível em: http://www.previdenciasocial.gov.br/arquivos/office/3_081014-111357-495.pdf, Acessado em: 15.mar.2009.

É importante para a configuração do acidente do trabalho a concausa – a junção de outros fatores que, juntos, resultam em lesão ou doença.

Há, ainda, no rol dos acidentes por extensão, situações específicas que ocasionalmente podem ocorrer no ambiente de trabalho, e que estão descritas no artigo em análise. É o caso, por exemplo, do acidente ocorrido no deslocamento entre a casa e o trabalho ou vice-versa, também conhecido como *in itinere* ou de trajeto. Por ser frequente, o acidente de trajeto foi muito debatido na jurisprudência. Discutiu-se se as pausas ou interrupções do trajeto implicavam em descaracterização do acidente, havendo quem defendesse prazo para que o percurso fosse realizado. Hoje, o debate está pacificado, resultando no entendimento de que pequenos desvios não descaracterizam o acidente, tampouco seria viável prever tempo máximo para a realização do percurso.

O risco ambiental abrange ainda a exposição do trabalhador a agentes nocivos à saúde que acarretem a aposentadoria precoce do segurado a fim de protegê-lo de doenças, preservando a sua saúde e qualidade de vida.

O artigo 57 da Lei nº 8.213/1991 define a aposentadoria especial como modalidade devida ao segurado que tiver trabalhado sujeito a condições especiais que prejudiquem a saúde ou a integridade física, durante 15, 20 ou 25 anos, conforme dispuser a lei. Insta esclarecer que o § 6º, desse artigo, com a redação dada pela Lei nº 9.732/1998, estabelece o acréscimo de doze, nove ou seis pontos percentuais, conforme a atividade exercida pelo segurado a serviço da empresa permita a concessão de aposentadoria especial após 15, 20 ou 25 anos de contribuição.

Mais tarde, para fins de fixação das alíquotas de contribuição para o Seguro de Acidente do Trabalho (SAT), o artigo 10º da Lei nº 10.666/2003 passou a prever que as alíquotas já estabelecidas no § 6º do artigo 57 da Lei nº 8.213/1991 poderão sofrer aumento de até 100% ou redução pela metade.

A concessão de aposentadorias precoces, denominadas especiais, após 15, 20 ou 25 anos de trabalho prestado, sob exposição a agentes físicos, químicos ou biológicos prejudiciais à saúde, independentemente do sexo, sem a incidência do fator previdenciário no cálculo da renda mensal inicial, nem exigência de idade mínima, é medida preventiva tomada pelo legislador para afastar o segurado do ambiente nocivo a que ficou exposto.

Não seria justa a aplicação do fator previdenciário em função da pouca idade do segurado. Justifica-se, desta forma, o aumento da tributação do empregador em razão do número de afastamentos precoces de seus empregados, decorrentes de aposentadorias especiais.

É também importante para nosso estudo o conceito de insalubridade, periculosidade e penosidade que envolvem os riscos ocupacionais do trabalho por ensejarem afastamentos por acidente do trabalho e, também, a concessão da aposentadoria especial.

Os conceitos de insalubridade e periculosidade tem relevância para o direito do trabalho, uma vez que estão atrelados à regulamentação do Ministério do Trabalho a quem compete a definição das atividades consideradas prejudiciais à saúde pela exposição a agentes físicos, químicos ou biológicos, conforme o artigo 189 e seguintes da Consolidação das Leis do Trabalho.

As condições especiais previstas na legislação previdenciária capazes de garantir ao trabalhador o direito à aposentadoria especial são as mesmas definidas na lei trabalhista e em sua regulamentação, consideradas como insalubres ou perigosas, e novas atividades podem ser incluídas entre aquelas já relacionadas pelo Ministério do Trabalho e constarem, ainda, dos Anexos I e II do Decreto nº 6.048/1999.

O trabalho perigoso dá direito ao adicional de periculosidade aos trabalhadores que tenham contato com inflamáveis, explosivos e eletricidade, nos termos estabelecidos no artigo 193 da Consolidação das Leis do Trabalho, sendo descrito na lei previdenciária como a atividade desenvolvida, sob condições especiais, pela exposição a agentes químicos e físicos. É o que se depreende da constatação de que os inflamáveis e explosivos são compostos por substâncias químicas, consideradas tóxicas e prejudiciais à saúde e, ainda, que a eletricidade e a combustão são agentes físicos.

A penosidade só é regulamentada pela legislação trabalhista brasileira com medidas preventivas "humanitárias", estabelecidas no artigo 198 da Consolidação das Leis do Trabalho que prevê ser de 60 quilos o peso individual máximo que um empregado do sexo masculino, maior de idade, pode remover individualmente. Além da obrigatoriedade de assentos que assegurem postura correta para aqueles que permanecem sentados durante a jornada de trabalho e, ainda, garantia de permissão para sentar-se nas pausas que o serviço permitir para aqueles que executem o trabalho em pé.

O formulário que comprova as condições ambientais de trabalho do segurado denomina-se, atualmente, Perfil Profissiográfico Previdenciário (PPP), conforme o § 4º do artigo 58 da Lei nº 8.213/1991, utilizado também nas perícias médicas para constatação de nexo causal entre doenças e atividades profissionais.

É importante frisar que a aposentadoria especial não é benefício decorrente de incapacidade. Enquanto na aposentadoria por invalidez o afastamento se dá por incapacidade total para o trabalho, na especial o afastamento precoce da atividade visa à proteção da saúde do trabalhador, evitando que ele venha a adoecer, apesar de não afastar totalmente a possibilidade de, mais tarde, adoecer em razão da exposição aos agentes insalubres a que tenha ficado exposto durante sua vida laboral.

4.3. Princípios constitucionais aplicáveis ao financiamento das prestações decorrentes dos riscos ambientais do trabalho

O legislador constituinte concedeu importância especial à igualdade, atribuindo a ela a condição de fundamento do Estado Democrático de Direito e colocando-a como forma de alcance dos objetivos fundamentais da República: a dignidade da pessoa humana, a construção de uma sociedade livre, justa e solidária, a erradicação da pobreza a da marginalização, a redução das desigualdades sociais e regionais e a promoção do bem de todos. A Ordem Social, por sua vez, tem como base o primado do trabalho, cujos vetores são o bem-estar e justiça sociais, na forma do artigo 193 da CRFB/1988.

A contribuição para o seguro contra acidentes do trabalho é espécie de tributo vinculado. Temos de um lado o Estado, credor da contribuição social e, de outro, o empregador, obrigado a prestá-la, de acordo com o risco inerente ao negócio econômico que sua empresa desenvolve, relacionado às atividades desenvolvidas por seus empregados, que por sua vez podem estar sujeitos a riscos ocupacionais do trabalho.

Para Geraldo Ataliba (1981),[291]

> nas contribuições, contrariamente ao que sucede com as taxas, a referibilidade indireta, implicando o contribuinte no pagamento do tributo, faz com que ele seja substituído pelo poder público no cumprimento dos deveres constitucionais de solidariedade social que, de certo modo, serão cumpridos por intermédio do sistema de seguridade social (G. ATALIBA, 1981 p.168).

No caso do financiamento dos riscos ocupacionais do trabalho, a empresa ou o empregador provoca especial despesa para a coletividade representada pelo Estado, gerando ou agravando a doença, a invalidez, as sequelas de acidentes e até mesmo aposentadorias precoces, denominadas "especiais", resultando no pagamento de benefícios aos doentes, inválidos e sequelados ou precocemente aposentados. Por conseguinte, cabe também a empresa custear os gastos da seguridade social, proporcionalmente ao maior ou menor grau de risco de sua atividade econômica.

---

[291] G. Ataliba. *Hipótese de Incidência Tributária*, p. 168. No mesmo sentido, Rubens Gomes de Sousa, quando leciona que: "(...) a vinculação existente entre a atuação do Estado e o contribuinte se estabelece indiretamente, como reflexo da especial vantagem que significa, para as empresas e para a comunidade no seu todo considerada, a institucionalização e o funcionamento eficiente dos planos de proteção social". *Compêndio de Legislação Tributária*, p. 176.

Na Constituição da República Federativa do Brasil, de 1988, no sistema tributário, estão situados os princípios gerais aplicáveis aos tributos, entre eles as contribuições sociais, a saber: normas gerais de direito tributário (artigo 146, III,); princípio da legalidade (artigo 150, I); da irretroatividade (artigo 150, inc. III, linha "a"); da anterioridade de 90 dias (artigo 195, § 6º); afetação obrigatória da arrecadação à seguridade social (artigo 195, *caput*), relação direta dos contribuintes com o tributo vinculado (referibilidade prevista no artigo 195, I e II,).[292] Discorreremos, a seguir, sobre os princípios que julgamos relevantes: o princípio da legalidade, o da referibilidade entre a atividade estatal e o sujeito passivo, e o da equidade na forma de participação do custeio.

4.3.1. Princípio da reserva da lei e a hipótese de incidência tributária

A legalidade e a igualdade exprimem o objetivo da solidariedade social vigente no sistema jurídico brasileiro como *fundamento da democracia*, expressando-se nas conquistas republicanas dos preceitos prevalentes no mundo moderno:

a) O infrator deve ser julgado por seus pares; (igualdade)

b) O governo se vincula às leis que edita; (legalidade)

É a legalidade, atrelada à isonomia, que diferencia a república das práticas cinzentas da monarquia – e de outros regimes de força – onde os interesses do monarca, ou do chefe de plantão, se sobrepunham aos do povo.

Antes de terminar sua vida no cadafalso de Montfaucon, em abril de 1315, o ex-ministro das finanças do então rei da França, Luis X,

---

292 Hamilton Dias de Souza (*Contribuições para a Seguridade Social*. Caderno de Pesquisas Tributárias. v.17. São Paulo: Resenha Tributária, 1992) inclui ainda a capacidade ativa obrigatória do órgão próprio da seguridade social para arrecadá-las que deixamos de abordar por considerarmos que a parafiscalidade é opcional, não importando que a arrecadação se fizesse diretamente pela União Federal, desde que fosse observada a afetação, ou melhor, a destinação à seguridade social. Atualmente, as contribuições são arrecadadas pela Super Receita, tendo perdido sentido o debate sobre a questão da parafiscalidade.

Enguerrand Marigny[293], pediu a palavra; "ela lhe foi recusada. Reclamara o direito de guerrear, e este fora recusado igualmente. Declaravam-no culpado sem nem mesmo lhe dar o direito de se defender, e era a mesma coisa que julgar um morto" (DRUON, 2006).[294]

Mais de 300 anos após a morte de Marigny, em 1627, o cadafalso de Montifaucon – onde ficavam expostos os corpos dos enforcados para que apodrecessem ao ar livre, sendo os restos mortais depositados em vala comum a céu aberto – foi desativado. No Brasil contemporâneo sem que houvesse exposição pública, a tortura e a morte fizeram desaparecer jornalistas e intelectuais como Vladimir Herzog e tantos outros (SEVERIANO, 2005).[295]

Heloisa Hernandez Derzi (2001)[296] lembra que o *due process of law* é produto da história, da razão, do fluxo das decisões passadas e, principalmente, do indissociável desejo de liberdade que sempre permeou a existência humana.

A ratificação das liberdades inglesas deu origem ao *due process of law* que previa:

> ninguém, fosse qual fosse a sua categoria ou condição, podia ser expulso das suas terras ou da sua morada, nem detido, preso, deserdado ou morto sem que lhe fosse dada a possibilidade de se defender em processo jurídico regular (DERZI, 2001, p. 153).

O Estado brasileiro, atualmente liberto de suseranos e da supressão de direitos instaurada com o Ato Institucional nº 5[297] do período

---

293 Marigny era o "tesoureiro" da corte. Era ele o responsável pela instituição, cobrança e arrecadação de tributos, fazendo-o ao seu livre arbítrio.
294 M. Druon, *A Rainha Estrangulada*, p. 193.
295 "A morte de Vladimir Herzog", *10 Reportagens que Abalaram a Ditadura*. p. 91, em reportagem de Mylton Severino que serviu de prefácio para o livro *A sangue quente*, de Hailton Almeida Filho.
296 H. H. Derzi, " Considerações sobre o processo administrativo previdenciário e o due process of law", In: L. V. Figueiredo, *Processo Administrativo Tributário e Previdenciário*, p. 153.
297 Assistimos, no entanto, a presença de esquadrões policiais autorizados a matar. Denominado BOPE, deu origem ao filme *Tropa de Elite*, dirigido por José Padilha, que relata a atuação oficial da polícia, narrada por um ex-integrante. E mais: diariamente a Polícia Federal anuncia operações de combate à corrupção, alardeando prisões e fazendo jul-

da ditadura, repele oficialmente a pena de morte e, com a mesma veemência, a ilegalidade, uma vez que há mecanismos processuais capazes de repelir do ordenamento jurídico leis em desacordo com os dispositivos constitucionais vigentes.

A Constituição Federal de 1988 insere em seu pórtico os dizeres de que a República constitui-se em Estado Democrático de Direito.

Ajustando-se cabalmente a esse propósito, o parágrafo único, inciso VII, do artigo 194 da Lei Fundamental impõe, dentre outros, o seguinte objetivo a ser implementado pelo sistema de seguridade social: *caráter democrático e descentralizado da gestão administrativa, com a participação da comunidade, em especial de trabalhadores, empresários e aposentados.*

O caráter solidário e democrático do sistema de proteção vem expresso enfaticamente no artigo 10º da Constituição, ao assegurar a participação de trabalhadores e empregadores nos colegiados dos órgãos públicos em que seus interesses profissionais ou previdenciários sejam objeto de discussão e deliberação.

No capítulo da ordem econômica e financeira, a legalidade é fundamento tanto para a instituição quanto para a arrecadação de tributos e as penalidades dela decorrentes.

O princípio da reserva da lei para a instituição de tributos, entre eles as contribuições sociais, e entre estas as contribuições destinadas ao financiamento dos riscos ambientais do trabalho, tem previsão constitucional no artigo 145, que abordaremos em seguida, e no artigo 150, inciso I, da Constituição Federal, a saber:

> Art. 150. Sem prejuízo de outras garantias asseguradas ao contribuinte, é vedado à União, aos Estados, ao Distrito Federal e aos Municípios:
>
> I - exigir ou aumentar tributo sem lei que o estabeleça;

---

gamento de prováveis envolvidos, divulgando suas imagens e nomes como se culpados fossem, sem sequer lhes garantir o direito de defesa e o acesso aos processos investigatórios, em evidente afronta à legalidade, conforme levantamento realizado pela Ordem dos Advogados do Brasil.

Para Hamilton Dias de Souza (1992)[298] "o contribuinte tem o direito de só contribuir na medida em que a exação pretendida esteja em conformidade com o desenho normativo traçado pela Constituição".

A Constituição Federal de 1988 estabelece, entre os direitos do trabalhador, a redução dos riscos inerentes ao trabalho, por meio de normas de saúde, higiene e segurança (artigo 7º, inc. XXII) e seguro contra acidentes de trabalho a cargo do empregador (artigo 7º, inc. XVIII).

Para cada benefício previdenciário criado, majorado ou estendido deve haver a respectiva fonte de custeio total, conforme previsão expressa no § 5º do artigo 195 da Constituição Federal. A existência de discriminação constitucional das receitas e das despesas, que serão gerenciadas pelo sistema de seguridade social, encontra fundamento na regra da contrapartida, assim denominada por Wagner Balera (1989).[299]

A Lei de Custeio da Previdência Social, Lei nº 8.212/1991, em seu artigo 22, inciso II, com a redação dada pela Lei nº 9.732/1998, institui a contribuição para o financiamento dos riscos ambientais do trabalho (aposentadoria especial, auxílio-doença acidentário, auxílio-acidente, aposentadoria por invalidez acidentária, pensão por morte acidentária e os serviços de reabilitação profissional, fornecimento de próteses e órteses), que dá origem à nova metodologia para o custeio daqueles benefícios previdenciários do regime geral de previdência social.

O referido dispositivo é complementado pela Lei nº 10.666/2003 que, em seu artigo 10º, estabelece a possibilidade de aumento ou diminuição da carga tributária, na mesma proporção do risco ambiental do trabalho, introduzindo o Fator Acidentário de Prevenção

---

298 H. D. Souza, "Contribuições para a Seguridade Social". *Caderno de Pesquisas Tributárias*, p. 453.
299 W. Balera, "Contribuições Destinadas ao Custeio da Seguridade Social". *Caderno de Direito Tributário*, p. 118.

(FAP), que por sua vez foi regulamentado pelo Conselho Nacional de Previdência Social por Instruções Normativas nº 1.236/2004 e 1.269/2006 e resoluções.[300]

Nosso ordenamento admite que os critérios de incidência da norma tributária fiquem esparsos em diversas leis, como ocorre com a hipótese de incidência tributária da contribuição. Sobre o tema escreveram Geraldo Ataliba e Aires de Sousa (1989).[301]

> (...) normalmente, os aspectos integrativos da hipótese de incidência estão esparsos na lei, ou em diversas leis, sendo que muitos são implícitos no sistema jurídico. Esta multiplicidade de aspectos, todavia, não prejudica, como visto, o caráter unitário e indivisível da hipótese de incidência (ATALIBA; SOUSA, 1989, p. 49).

Da mesma forma como a nova metodologia tem sido regulamentada, ocorreu também com o conceito de atividade preponderante e grau de risco, missão também delegada pela lei ao regulamento e que permanece em vigor (Decreto nº 6.957/2009).

Desde a edição da Lei nº 7.787/1989, a constitucionalidade da contribuição social destinada ao custeio do Seguro de Acidentes de Trabalho (SAT) já era questionada em virtude da delegação ao regulamento da tarefa de fixar a lista de graus de risco e o conceito de "atividade preponderante".

Para Wagner Balera (2003),[302] "os decretos regulamentares são normas jurídicas que têm por função explicitar o conteúdo da lei. Completam o comando legal sem alterar-lhe o conteúdo e o alcance".

Lembra o doutrinador que a questão da regulamentação da fixação da alíquota adicional destinada ao custeio dos riscos ocupacionais foi interpretada pelo Plenário do Egrégio Supremo Tribunal

---

300 Compõe a base legal do FAP: Decreto nº 3.048/1999 e 6.957/2009, Resolução MPS/CNPS nº 1.316/2010, Instrução Normativa RFB nº 971/2009, Portarias MPS/MF nº 329/2009 e 451/2010, e Ato Declaratório Executivo Codac nº 3/2010.
301 G. Ataliba; A. F. Sousa, "Substituição e Responsabilidade Tributária". *Revista de Direito Tributário*, nº 49.
302 W. Balera, "Contribuições ao Seguro de Acidentes do Trabalho – Alguns Aspectos do Exercício da Faculdade Regulamentar", *Revista Grandes Questões Atuais do Direito Tributário*, p. 374.

Federal[303], que admitiu ser possível a regulamentação da matéria por decreto e resoluções, desde que observada à estrita legalidade.

Neste sentido é, também, o entendimento de Wladimir Novaes Martinez[304](2004), quando discorre sobre os decretos regulamentadores das leis. O autor advertie que, onde a lei não restringe ou amplia, a administração não o pode fazer. A regulamentação deve sempre ser feita nos limites impostos pelo legislador ordinário.

Wagner Balera (2006),[305] ao discorrer sobre a imprescindibilidade de planejamento para um sistema de proteção confiável, sustenta a necessidade de elaboração de plano de custeio por meio de lei e não de regulamento. Afirma que "o legislador pode criar, majorar ou estender as prestações, desde que essas providências tenham previsão legal das fontes de custeio de tais novas prestações".

Celso Antonio Bandeira de Mello (1981),[306] baseado em Gordillo, ensina:

> violar um princípio é muito mais grave do que transgredir uma norma: a desatenção ao princípio implica ofensa não apenas a um específico mandamento obrigatório, mas a todo o sistema de comandos. É a mais grave forma de ilegalidade ou inconstitucionalidade, conforme o escalão do princípio violado, porque representa insurgência contra todo o sistema, subversão de seus valores fundamentais, contumácia irremissível a seu arcabouço lógico e corrosão de sua estrutura mestra. (BANDEIRA DE MELLO. 1981. p. 88)

Ainda que o interesse público prevaleça sobre o particular, nunca poderá se dar em prejuízo dos direitos individuais previstos na

---

303 Recurso Extraordinário 346.446/SC, relator Ministro Carlos Velloso, DJU 20.03.2003. O fato de a lei deixar para o regulamento a complementação dos conceitos de "atividade preponderante" e "grau de risco leve, médio e grave", não implica ofensa ao princípio da legalidade genérica. O inteiro teor do acórdão foi publicado na Revista Dialética de Direito Tributário nº 93, p. 167.
304 W. N. Martinez, *Portabilidade na Previdência Complementar*, p. 34/35.
305 W. Balera, "As Contribuições no Sistema Tributário Brasileiro". *Revista Dialética*, p. 576.
306 C. A. B. Mello, *Atos administrativos e direito dos administrados*, p. 88.

Constituição. O respeito aos direitos dos indivíduos passa a ser uma finalidade do Estado. Toda a estrutura do Estado, o constitucionalismo, a separação dos poderes e a superioridade das leis só existem para garantir os direitos individuais. Ao discorrer sobre a evolução do Estado da mera legalidade para a constitucionalidade, Gordillo (1998)[307] afirma que:

> "o indivíduo aparece protegido contra os avanços injustos dos poderes públicos numa dupla face: por um lado, que a Administração respeite a lei, e, por outro, que o legislador respeite a Constituição. O cerne da questão radica sempre, como se percebe, em que os direitos individuais não sejam transgredidos por parte dos Poderes Públicos". (GORDILLO, 1998. p. 68)

E, por estarem as contribuições para o financiamento dos benefícios decorrentes dos riscos ocupacionais do trabalho previstas em lei e regulamentadas pelo regulamento da previdência social e inúmeras instruções, resoluções e orientações emanadas pelo Poder Público, lembramos a lição de Augustin Gordillo[308] sobre a importância dos princípios como base da ordem jurídica:

> (...) não só estarão o Poder Executivo e o Poder Judiciário submetidos à lei, mas também estará o legislador à Constituição, cujos limites e princípios não poderá violar nem alterar ou desvirtuar. Desta maneira, todos os órgãos do Estado, todas as manifestações possíveis de sua atividade, inclusive as que outrora se puderam considerar como supremas, estão hoje submetidas a uma nova ordem jurídica superior. Este há de ser um passo de suma importância para o posterior desenvolvimento do Direito Público sobre a base dos princípios constitucionais e não só legais ou regulamentares (GORDILLO, 1998, p. 68).

Entre as garantias tributárias constitucionais, o princípio da reserva legal garante o contribuinte contra abusos dos Poderes Legislativo e Executivo.

---

307 A. Gordillo, *Princípios Gerais de Direito Público,* p. 68.
308 Ibid., p. 64.

A hipótese de incidência do tributo é a descrição legislativa do fato cuja ocorrência a lei atribui importância jurídica, determinando o nascimento da obrigação tributária.[309]

Porém, não basta a previsão legal do fato imponível. Para que o tributo seja devido, a lei deverá estabelecer todos os critérios (ATALIBA, 1981)[310] para sua incidência, o material, temporal, espacial e quantitativo e, também, a sua consequência (CARVALHO, 1999).[311]

4.3.1.1. Hipóteses de incidência para o financiamento dos benefícios decorrentes de riscos ambientais do trabalho

Abordaremos a definição de cada um dos critérios das hipóteses de incidência tributária (ATALIBA, 1994),[312] descrevendo-as para as diferentes situações previstas nos artigos 22 e seguintes da Lei nº 8.212/1991, quando abordarmos a nova metodologia para o financiamento dos benefícios decorrentes de riscos ambientais do trabalho.

Analisaremos, em primeiro lugar, a hipótese de incidência para o empregador que remunera empregados.

No antecedente da regra matriz, o critério material, no primeiro caso em estudo, é remunerar segurados empregados. A norma tem incidência no território nacional, portanto, é o critério espacial. A contribuição é recolhida junto com a contribuição sobre a folha de salários e deve ser paga até o dia 10 do mês seguinte ao de sua competência. O sujeito ativo da relação jurídica é a União Federal, por

---

309 Para Geraldo Ataliba em seu clássico livro *Hipótese de Incidência Tributária*, p. 41. "(...) a norma tem sua incidência condicionada ao acontecimento de um fato previsto na hipótese legal, fato este cuja verificação acarreta automaticamente a incidência do mandamento".
310 Os critérios da hipótese de incidência tributária, assim denominada por Geraldo Ataliba, são material, temporal, espacial, pessoal e quantitativo. *Hipótese de Incidência Tributária*, p. 41.
311 Neste sentido é também a lição de Paulo de Barros Carvalho, em seu *Curso de Direito Tributário*, p. 139, no qual leciona que "seja qual for a natureza do preceito jurídico sua atuação dinâmica é a mesma: opera-se a concreção do fato previsto na hipótese, propalando--se os efeitos jurídicos previstos na consequência. Mas esse enquadramento do conceito da hipótese normativa tem que ser completo, para que se dê, verdadeiramente, a subsunção".
312 Sobre o assunto, Geraldo Ataliba, *Hipótese de Incidência Tributária*, e Paulo De Barros Carvalho, *Curso de Direito Tributário*.

meio da Secretaria da Receita Federal do Brasil e o sujeito passivo é a empresa.

Na consequência da regra matriz de incidência tributária, o critério quantitativo é formado pela base de cálculo e alíquota.

A base de cálculo para o financiamento dos benefícios decorrentes de riscos ocupacionais do trabalho, a saber: aposentadoria especial, auxílio-doença, auxílio-acidente, aposentadoria por invalidez e pensão por morte é o total das remunerações[313] pagas ou creditadas durante o mês aos trabalhadores empregados (exceto os domésticos), conforme o grau de risco preponderante, quer seja leve, médio ou grave.

A alíquota será variável entre 1%, 2% e 3%, podendo sofrer aumento de até 100% ou redução de até metade, de acordo com a frequência, a gravidade e o custo dos benefícios, conforme classificação de risco da atividade econômica do empregador, baseada no setor da atividade econômica em que se enquadrar. Para aplicação da alíquota para empresas com mais de um estabelecimento, a lei manteve o critério da verificação da atividade preponderante que será tratada mais adiante.

E para o custeio das aposentadorias especiais haverá ainda o acréscimo de 12%, 9% ou 6%, dependendo da redução de tempo de contribuição que a atividade desenvolvida pelo segurado possibilite a aposentadoria precoce, respectivamente, após 15, 20 ou 25 anos de contribuição (artigo 57, § 6º, da Lei nº 8.213/1991). O acréscimo de 12%, 9% ou 6% só se aplica sobre a remuneração dos segurados sujeitos às condições especiais, nos termos do artigo 57, § 7º, da Lei nº 8.213/1991.

A Lei de Custeio da Previdência Social dá tratamento diferenciado à agroindústria. Nesse sentido é o entendimento de Wladimir Novaez Martinez (2003).[314]

---

313 O legislador ordinário, no artigo 28, § 9º, da Lei nº 8.212/1991 fez longo rol de verbas cujos pagamentos ao empregado não compõem o seu salário de contribuição.
314 W. N. Martinez, *Comentários à Lei Básica da Previdência Social*, p. 210 e 212.

(...) Depois da alternância na legislação de regência, verificada hesitação em se exigir contribuição sobre a folha de pagamento ou sobre o faturamento, o legislador, por fim, optou por exigi-la sobre a receita bruta da comercialização da produção.

O mesmo doutrinador define a agroindústria como "aquela empresa que busca transformar matéria-prima rural de sua propriedade ou de terceiros: como o próprio nome indica, situa-se entre a empresa rural e a indústria."

No antecedente da regra matriz, o critério material para o empregador produtor rural é obter receita bruta proveniente da comercialização da produção própria ou adquirida de terceiros, industrializada ou não. A norma tem incidência no território nacional, portanto, trata-se do critério espacial. O critério temporal prevê que a contribuição deve ser recolhida no mês subsequente à operação da venda.[315] O sujeito ativo da relação jurídica é a União Federal, por meio da Secretaria da Receita Federal do Brasil, e o sujeito passivo é a agroindústria. Na consequência da regra matriz de incidência tributária, o critério quantitativo é formado pela base de cálculo e alíquota.

A base de cálculo para o financiamento dos benefícios decorrentes de riscos ocupacionais do trabalho, a saber: aposentadoria especial, auxílio-doença, auxílio-acidente, aposentadoria por invalidez e pensão por morte é a receita bruta proveniente da comercialização da produção própria ou produção própria e adquirida de terceiros.

A alíquota será única, de 0,1% para cobertura de todos os benefícios decorrentes de risco ambiental do trabalho (benefícios acidentários e aposentadoria especial), nos termos do artigo 22-A, inciso II, da Lei nº 8.212/1991.

Nos casos em que a agroindústria prestar serviços a terceiros, a hipótese de incidência tributária aplicável será a mesma válida para a empresa que remunerar empregados, aplicando-se o disposto no

---

315 Artigos 200 e 216 do Decreto nº 3.048/1999, com a redação dada pelo Decreto nº 6.042/2007.

artigo 22, inciso II, da Lei nº 8.212/1991, conforme prevê o § 2º do artigo 22-A do mesmo diploma legal, evitando, dessa forma, o desvirtuamento da finalidade da agroindústria, com finalidade de diminuição da carga tributária.

Para o empregador rural pessoa física caberá também o custeio de benefícios decorrentes de riscos ocupacionais do trabalho. O artigo 12, inciso V, letra "a", da Lei nº 8.212/1991, com a redação dada pela Lei nº 11.718/2008, relaciona entre os segurados obrigatórios da previdência social, como contribuinte individual, a pessoa física, proprietária ou não, que explore atividade agropecuária, a qualquer título, em caráter permanente ou temporário, em área superior a quatro módulos fiscais; ou, quando em área igual ou inferior a quatro módulos fiscais ou atividade pesqueira, com auxílio de empregados ou por intermédio de prepostos; ou ainda nas hipóteses dos §§ 10º e 11 deste artigo.[316]

---

316 § 10. Não é segurado especial o membro de grupo familiar que possuir outra fonte de rendimento, exceto se decorrente de:

    I   benefício de pensão por morte, auxílio-acidente ou auxílio-reclusão, cujo valor não supere o do menor benefício de prestação continuada da Previdência Social;

    II   benefício previdenciário pela participação em plano de previdência complementar instituído nos termos do inciso IV do § 9º deste artigo;

    III   exercício de atividade remunerada em período de entressafra ou do defeso, não superior a 120 (cento e vinte) dias, corridos ou intercalados, no ano civil, observado o disposto no § 13 deste artigo;

    IV   exercício de mandato eletivo de dirigente sindical de organização da categoria de trabalhadores rurais;

    V   exercício de mandato de vereador do município onde desenvolve a atividade rural, ou de dirigente de cooperativa rural constituída exclusivamente por segurados especiais, observado o disposto no § 13 deste artigo;

    VI   parceria ou meação outorgada na forma e condições estabelecidas no inciso I do § 9º deste artigo;

    VII   atividade artesanal desenvolvida com matéria-prima produzida pelo respectivo grupo familiar, podendo ser utilizada matéria-prima de outra origem, desde que a renda mensal obtida na atividade não exceda ao menor benefício de prestação continuada da Previdência Social; e

    VIII   atividade artística, desde que em valor mensal inferior ao menor benefício de prestação continuada da Previdência Social.

Devem, também, contribuir para o custeio dos benefícios decorrentes de riscos ocupacionais do trabalho, definido no artigo 12, inciso VII, da Lei nº 8.212/1991, com a redação dada pela Lei nº 11.718/2008, de 23.06.2008, como segurado especial: a) a pessoa física residente no imóvel rural ou em aglomerado urbano ou rural próximo a ele que, individualmente ou em regime de economia familiar, ainda que com o auxílio eventual de terceiros a título de mútua colaboração, na condição de produtor, seja proprietário, usufrutuário, possuidor, assentado, parceiro ou meeiro outorgados, comodatário ou arrendatário rurais, que explore atividade: 1. agropecuária em área de até quatro módulos fiscais; ou 2. de seringueiro ou extrativista vegetal que exerça suas atividades nos termos do inciso XII do *caput* do artigo 2º da Lei nº 9.985/2000, e faça dessas atividades o principal meio de vida; b) pescador artesanal ou a este assemelhado, que faça da pesca profissão habitual ou principal meio de vida; e c) cônjuge ou companheiro, bem como filho maior de 16 anos de idade ou a este equiparado, do segurado de que tratam as alíneas "a" e "b" deste inciso, que, comprovadamente, trabalhem com o grupo familiar[317] respectivo.

---

§ 11. O segurado especial fica excluído dessa categoria:

I   a contar do primeiro dia do mês em que:

- a) deixar de satisfazer as condições estabelecidas no inciso VII do *caput* deste artigo, sem prejuízo do disposto no art. 15 da Lei nº 8.213, de 24 de julho de 1991, ou exceder qualquer dos limites estabelecidos no inciso I do § 9º deste artigo;
- b) se enquadrar em qualquer outra categoria de segurado obrigatório do Regime Geral de Previdência Social, ressalvado o disposto nos incisos III, V, VII e VIII do § 10 deste artigo, sem prejuízo do disposto no art. 15 da Lei nº 8.213, de 24 de julho de 1991; e
- c) se tornar segurado obrigatório de outro regime previdenciário;

II   a contar do primeiro dia do mês subsequente ao da ocorrência, quando o grupo familiar a que pertence exceder o limite de:

- a) utilização de trabalhadores nos termos do § 8º deste artigo;
- b) dias em atividade remunerada estabelecidos no inciso III do § 10 deste artigo; e
- c) dias de hospedagem a que se refere o inciso II do § 9º deste artigo.

317   § 1º Entende-se como regime de economia familiar a atividade em que o trabalho dos membros da família é indispensável à própria subsistência e ao desenvolvimento socioeconômico

O artigo 25-A da Lei nº 8.212/1991, acrescentado pela Lei nº 10.256/2001, equipara ao empregador rural pessoa física o consórcio simplificado de produtores rurais formado pela união de produtores rurais pessoas físicas, que outorgar a um deles poderes para contratar, gerir e demitir trabalhadores para prestação de serviços, exclusivamente, aos seus integrantes, mediante documento registrado em cartório de títulos e documentos.[318]

Para Wladimir Novaez Martinez (2003)[319] o dispositivo legal que acabamos de mencionar permite que "(...) pequenos empreendimentos agrícolas poderão ser organizados, à moda de cooperativas ou agrupamento de pessoas físicas, para facilitar a contratação de mão de obra aos seus membros".

---

do núcleo familiar e é exercido em condições de mútua dependência e colaboração, sem a utilização de empregados permanentes.

in omissis

§ 8º O grupo familiar poderá utilizar-se de empregados contratados por prazo determinado ou trabalhador de que trata a alínea *g* do inciso V do *caput* deste artigo, em épocas de safra, à razão de no máximo 120 (cento e vinte) pessoas/dia no ano civil, em períodos corridos ou intercalados ou, ainda, por tempo equivalente em horas de trabalho.

§ 9º Não descaracteriza a condição de segurado especial:

I   a outorga, por meio de contrato escrito de parceria, meação ou comodato, de até 50% (cinquenta por cento) de imóvel rural cuja área total não seja superior a 4 (quatro) módulos fiscais, desde que outorgante e outorgado continuem a exercer a respectiva atividade, individualmente ou em regime de economia familiar;

II a exploração da atividade turística da propriedade rural, inclusive com hospedagem, por não mais de 120 (cento e vinte) dias ao ano;

III a participação em plano de previdência complementar instituído por entidade classista a que seja associado, em razão da condição de trabalhador rural ou de produtor rural em regime de economia familiar;

318 Art. 25-A

§ 1º O documento de que trata o *caput* deverá conter a identificação de cada produtor, seu endereço pessoal e o de sua propriedade rural, bem como o respectivo registro no Instituto Nacional de Colonização e Reforma Agrária (INCRA) ou informações relativas a parceria, arrendamento ou equivalente e a matrícula no Instituto Nacional do Seguro Social (INSS) de cada um dos produtores rurais.

§ 2º O consórcio deverá ser matriculado no INSS em nome do empregador a quem hajam sido outorgados os poderes, na forma do regulamento.

§ 3º Os produtores rurais integrantes do consórcio de que trata o *caput* serão responsáveis solidários em relação às obrigações previdenciárias.

319 W. N. Martinez, *Comentários à Lei Básica da Previdência Social*, p. 215.

Marcos Orione Gonçalves Correia (2008)[320] adverte que, apesar de a lei exigir prova documental registrada para comprovação da existência do consórcio, este poderá ser provado por outros meios, pelos tribunais, em razão da realidade do homem do campo, lembrando, no entanto, que "(...) cada um dos consorciados é responsável solidariamente pelas obrigações previdenciárias do consórcio rural".

O artigo 22 B, da Lei nº 8.213/1991, com a redação dada pela Lei nº 10.256/2001, prevê nestes casos para o custeio dos benefícios decorrentes de riscos ocupacionais do trabalho a aplicação do artigo 25 da mesma lei.

Passaremos, portanto, a descrever a regra matriz de incidência tributária nos casos em que o empregador seja pessoa física, segurado especial ou consórcio simplificado de produtores rurais.

No antecedente da regra matriz, o critério material, para o empregador rural pessoa física, segurado especial ou consórcio simplificado de produtores rurais é obter receita bruta proveniente da comercialização da produção própria. A norma tem incidência no território nacional, portanto, critério espacial. A contribuição é recolhida no mês subsequente à operação da venda. O sujeito ativo da relação jurídica é a União Federal, por meio da Secretaria da Receita Federal do Brasil e o sujeito passivo é o empregador rural pessoa física, segurado especial ou consórcio simplificado de produtores rurais. Em consequência da regra matriz de incidência tributária, o critério quantitativo é formado pela base de cálculo e alíquota.

A base de cálculo para o financiamento dos benefícios decorrentes de riscos ocupacionais do trabalho, a saber: aposentadoria especial, auxílio-doença, auxílio-acidente, aposentadoria por invalidez e pensão por morte é a receita bruta proveniente da comercialização da produção própria.

A alíquota será única, de 0,1% para cobertura de todos os benefícios decorrentes de risco ambiental do trabalho (benefícios aciden-

---

320 M. G. C. Orione, *Legislação Previdenciária Comentada*, p. 104.

tários e aposentadoria especial), nos termos do artigo 25, inciso II, da Lei nº 8.212/1991, com a redação dada pela Lei nº 9.528/1997.

Os clubes de futebol contribuem para o financiamento da seguridade social, interessando para o nosso estudo mencionar que a contribuição deles financia também os benefícios acidentários e as aposentadorias especiais. É o que determina o artigo 22, § 6º, da Lei nº 8.212/1991, com redação dada pela Lei nº 9.528/1997, legitimada apenas com o advento da Emenda Constitucional nº 20/1998, que deu nova redação ao artigo 195 da CRFB/1988, ampliando as fontes de custeio da seguridade social.

No antecedente da regra matriz, o critério material para a associação desportiva que mantém equipe de futebol profissional é obter receita bruta proveniente de espetáculos desportivos de que participem em qualquer modalidade esportiva, inclusive jogos internacionais ou de qualquer forma de patrocínio, licenciamento de uso de marcas e símbolos, publicidade, propaganda e transmissão de espetáculos desportivos. A norma tem incidência no território nacional, portanto, critério espacial. A contribuição é recolhida em até dois dias úteis após a realização do evento (artigo 22, § 7º, da Lei nº 8.212/1991) ou para as demais hipóteses (patrocínio, licenciamento etc.) até o dia 10 do mês seguinte ao da competência (artigo 22, § 9º, Lei nº 8.212/1991). O sujeito ativo da relação jurídica é a União Federal, por meio da Secretaria da Receita Federal do Brasil e o sujeito passivo é o clube ou associação desportiva.[321] Em consequência da regra matriz de incidência tributária, o critério quantitativo é formado pela base de cálculo e alíquota.

A base de cálculo para o financiamento dos benefícios decorrentes de riscos ocupacionais do trabalho, a saber: aposentadoria especial, auxílio-doença, auxílio-acidente, aposentadoria por invalidez e pensão por morte é a receita bruta proveniente de espetáculos desportivos

---

321 Cabe à entidade promotora do evento esportivo a responsabilidade de efetuar o desconto de 5% da receita bruta obtida, bem como proceder o seu recolhimento, devendo a associação desportiva informar àquela todas as receitas auferidas de forma detalhada.

nos quais participem equipe de futebol profissional, em qualquer modalidade esportiva, inclusive jogos internacionais ou de qualquer forma de patrocínio, licenciamento de uso de marcas e símbolos, publicidade, propaganda e transmissão de espetáculos desportivos.

A alíquota será única, de 5% para cobertura de todos os benefícios previdenciários, entre eles os decorrentes de risco ambiental do trabalho (benefícios acidentários e aposentadoria especial), nos termos do artigo 22, § 6º, da Lei nº 8.212/1991, com a redação dada pela Lei nº 9.528/1997.[322]

O empregador que remunerar trabalhadores avulsos deve recolher contribuições para o financiamento dos riscos ambientais do trabalho. Trabalhadores avulsos são aqueles que prestam, a diversas empresas, sem vínculo empregatício, serviços de natureza urbana ou rural definidos no regulamento (artigo 12, inciso VI, da Lei nº 8.212/1991. Esse tipo de trabalhador presta serviços por intermédio de órgão gestor de mão de obra, nos termos da Lei nº 8.630/1993, ou do sindicato da categoria, conforme exemplifica o artigo 9º, inciso VI, "a" a "j"[323] do Regulamento da Previdência Social (Decreto nº 3.048/1999).

No antecedente da regra matriz, o critério material para o empregador que remunerar trabalhadores avulsos é o mesmo do trabalhador sem vínculo empregatício. A norma tem incidência no território nacional, portanto, critério espacial. A contribuição é recolhida junto com a contribuição sobre a folha de salários e deve ser paga até o dia 10 do mês seguinte ao de sua competência. O sujeito ativo da relação

---

322 O artigo em análise resultou em farto material doutrinário questionando sua constitucionalidade, resolvida apenas com o advento da Emenda Constitucional nº 20/1998, quando passou a ser exigível de acordo com a ordem constitucional.

323 a) o trabalhador que exerce atividade portuária de capatazia, estiva, conferência e conserto de carga, vigilância de embarcação e bloco; b) o trabalhador de estiva de mercadorias de qualquer natureza, inclusive carvão e minério; c) o trabalhador em alvarenga (embarcação para carga e descarga de navios) ; d) o amarrador de embarcação; e) o ensacador de café, cacau, sal e similares; f) o trabalhador na indústria de extração de sal; g) o carregador de bagagem em porto; h) o prático de barra em porto; i) o guindasteiro; e j) o classificador, o movimentador e o empacotador de mercadorias em portos.

jurídica é a União Federal, por meio da Secretaria da Receita Federal do Brasil e o sujeito passivo é a empresa ou entidade a ela equiparada, na forma da lei. Em consequência da regra matriz de incidência tributária, o critério quantitativo é formado pela base de cálculo e alíquota.

A base de cálculo para o financiamento dos benefícios decorrentes de riscos ocupacionais do trabalho, a saber: aposentadoria especial, auxílio-doença, auxílio-acidente, aposentadoria por invalidez e pensão por morte, é o valor bruto da nota fiscal ou fatura de prestação de serviços, relativamente a serviços prestados por intermédio de cooperativas de trabalho, associações ou entidades de classe[324] (artigo 22, IV, da Lei nº 8.212/1991, com redação dada pela Lei nº 9.876/1999).

A alíquota será variável entre 1%, 2% e 3%, podendo sofrer aumento de até 100% ou redução de até metade, de acordo com a frequência, a gravidade e o custo dos benefícios, conforme classificação de risco da atividade econômica do empregador, baseada no setor da atividade econômica em que se enquadrar. Para aplicação da alíquota para empresas com mais de um estabelecimento, a lei manteve o critério da verificação da atividade preponderante, abordado anteriormente.

E para o custeio das aposentadorias especiais haverá ainda o acréscimo de 12%, 9% ou 6%, dependendo da redução de tempo de contribuição que a atividade desenvolvida pelo segurado possibilite a aposentadoria precoce, respectivamente, após 15, 20 ou 25 anos de contribuição (artigo 57, § 6º, da Lei nº 8.213/1991).

O acréscimo de 12%, 9% ou 6% só se aplica sobre a remuneração dos segurados sujeitos às condições especiais, nos termos do artigo 57, § 7º, da Lei nº 8.213/1991, guardando referidas alíquotas na proporção à redução do tempo de trabalho para obtenção da aposentadoria. Quanto menor for o tempo de exposição permitida maior será a tributação necessária ao financiamento das precoces aposentadorias.

---

324 O artigo 15, § único, da Lei nº 8.212/1991 equipara à empresa a cooperativa, a associação ou entidade de qualquer natureza ou finalidade.

Analisando as diversas hipóteses de incidência tributária das contribuições para o financiamento do risco ambiental acidentário, nota-se que as alíquotas variam entre 1%, 2% e 3%, podendo ser reduzidas pela metade ou aumentadas em 100%. Os instrumentos para aferição das alíquotas são a natureza da atividade empresarial, o nexo técnico epidemiológico previdenciário e o fator acidentário de prevenção, que abordaremos no próximo tópico, após mencionarmos os demais princípios constitucionais que entendemos relevantes para nosso estudo.

4.3.2. Princípio da referibilidade entre a atividade estatal e o sujeito passivo

Não há dúvida de que a contribuição se diferencia dos demais tributos por sua finalidade social específica e que a contribuição do segurado tem relação direta com o seu interesse em obter do Estado o benefício previdenciário, ainda que de forma programada, como ocorre com as aposentadorias por tempo de contribuição e por idade. O mesmo se dá com relação à contribuição do empregador. Para Wagner Balera (1989),[325]

> o empregador acaba por se beneficiar dessa vantagem proporcionada ao trabalhador, pois é por meio dela que o obreiro adquire segurança quanto à situação física, mental e financeira de sua própria pessoa e de seus dependentes, tanto no presente como no futuro. É óbvio que essa segurança colabora numa maior performance do obreiro por força de mecanismos psicológicos que não cabe ao jurista prescrutar, mas que saltam à vista. (BALERA, 1988, p.53)

No mesmo sentido é o entendimento de Hamilton Dias de Souza (1992)[326] para quem "qualquer critério escolhido pelo legislador para o fim de determinar a deflagração de efeitos jurídicos específicos deve ter uma relação de pertinência lógica com a vantagem referida. Vale dizer, o critério escolhido pelo legislador guarda relação de pertinência com tal vantagem".

---

325 W. Balera, *A Seguridade Social na Constituição de 1988*, p. 53.
326 H. D. Souza, *Contribuições Sociais*, p. 458.

Em razão de haver pertinência entre as contribuições sociais destinadas ao financiamento dos benefícios por riscos ocupacionais do trabalho e a atividade do empregador, cabe apenas a este custear tais contribuições com alíquotas diferenciadas segundo o grau de risco de cada atividade, observada a equidade na forma de participação do custeio.

4.3.3. A equidade na forma de participação do custeio

A equidade na forma de participação do custeio (artigo 194, inciso V c/c com 195, § 9º, da CRFB/1988), "guarda certa ideia de proporcionalidade, no sentido de atribuir mais a quem mais precise e menos a quem menos precise – ou, inversamente, tirar mais de quem mais tenha e menos de quem menos tenha", conforme leciona Silva (2007).[327]

Humberto Ávila (2008)[328] sustenta que a desigualdade de tratamento deve ser justificada e demonstrada. No caso do nosso estudo demonstramos que determinadas atividades econômicas se relacionam diretamente com maior ou menor risco e possibilidade de sinistralidade. Justificada, portanto, na potencialidade de gerar riscos ambientais do trabalho em maior numero (ZELENKA, 1952)[329] a referibilidade entre o empregador e o Estado e a finalidade da maior ou menor tributação para o financiamento dos benefícios decorrentes dos riscos ocupacionais do trabalho (aposentadorias especiais e benefícios acidentários) .

Misabel Abreu Machado Derzi (1992)[330] lembra que a seguridade social é financiada por toda a sociedade, sem que isso implique "au-

---

327 J. A. Silva, *Comentário Contextual à Constituição*, p. 761.
328 H. Ávila, *Teoria da Igualdade Tributária*, p. 154.
329 A. Zelenka, em seu texto "A Organização Financeira da Seguridade Social", *Revista dos Industriários*, nº 30, p. 17, adverte que "(...) a estatística compartilha da sorte de todas as demais ciências se está bem feita e é utilizada com propriedade, torna-se evidentemente útil; caso contrário chega a ser inútil e até nociva".
330 M. A. M. Derzi, "Contribuições Sociais". *Caderno de Pesquisas Tributárias*, nº 17, p. 147.

sência dos pressupostos inerentes às contribuições e o rompimento com as bases atuariais do seguro, ainda que público. Basta considerar que a equidade é regra também imperativa na forma de participação do custeio (art 194, V), assim como a necessária cobertura do benefício ou serviço criado, por fonte de custeio própria (artigo 195, § 5º)".

Ao estabelecer tributação para o custeio dos benefícios por riscos ocupacionais do trabalho apenas daquele que gera o risco por meio de alíquotas diferenciadas objetiva-se o equilíbrio entre capital e trabalho e a igualdade entre as empresas contribuintes na forma de participação no custeio da seguridade social.

Celso Antônio Bandeira de Mello (2005)[331] nos ensina que a isonomia tem como ponto de partida a proibição do *discrimen* imotivado. E, para o reconhecimento de sua aplicação, apresenta critérios:

> (...) as discriminações são recebidas como compatíveis com a cláusula igualitária apenas e tão somente quando inexiste um vínculo de correlação lógica entre a peculiaridade diferencial acolhida por residente no objeto, e a desigualdade de tratamento em função dela conferida, desde que tal correlação não seja incompatível com interesses prestigiados na Constituição. (MELO, 1999, p. 9)

Com base nos ensinamentos de Celso Antonio Bandeira de Mello, podemos afirmar que os critérios para identificação do desrespeito à isonomia na lei são: a) o elemento tomado como fator de desigualdade; b) a correlação lógica abstrata existente entre esse elemento e o tratamento jurídico estabelecido; c) a consonância desta correlação lógica com os interesses inseridos no sistema constitucional. Em outras palavras, há que se verificar "o que se diferencia", "a razão da diferenciação" e, ao final, a correlação entre o elemento diferenciador e o seu motivo, sob o prisma constitucional.

No caso do financiamento dos riscos ocupacionais do trabalho, o legislador diferencia os riscos possíveis de serem causados aos

---

[331] C. A. B. Melo, *Conteúdo jurídico do princípio da igualdade*, São Paulo: Editora Malheiros, 4ª Edição, 2005. p. 9.

trabalhadores pelas diferentes atividades econômicas, a fim de desonerar toda sociedade, resgatando aos cofres públicos ou coibindo por meio da elevação da tributação a despesa causada com a doença, a invalidez, as sequelas de acidentes e até mesmo aposentadorias precoces, denominadas "especiais", bem como a cobertura dos sinistrados por meio de serviços como os de reabilitação profissional, prótese e órtese e, indiretamente, às demais coberturas de saúde oferecidas a todos pelo SUS.

Verificamos que o legislador constitucional, por meio da Emenda Constitucional nº 20/1998, inseriu no artigo 195[332] da Carta Magna dispositivos que permitem melhor alcance da justiça social, por meio da justa e equitativa tributação dos riscos ambientais do trabalho (acidentes do trabalho e aposentadorias, ambos assegurados no artigo 7º da CRFB/1988), permitindo a elevação da carga tributária do empregador que, em razão de explorar determinada atividade econômica, gera maior risco social e, por conseguinte, acarreta maior incidência de afastamentos do trabalho.

Podemos afirmar que a legislação infraconstitucional que instituiu a nova metodologia para o financiamento dos benefícios do regime geral decorrentes dos riscos ocupacionais do trabalho está em consonância com os princípios da legalidade e da referibilidade entre a atividade estatal e o sujeito passivo, guardando relação direta com a equidade.

---

332 Art. 195. A seguridade social será financiada por toda a sociedade, de forma direta e indireta, nos termos da lei, mediante recursos provenientes dos orçamentos da União, dos Estados, do Distrito Federal e dos municípios, e das seguintes contribuições sociais:

I - do empregador, da empresa e da entidade a ela equiparada na forma da lei, incidentes sobre: *Redação dada pela Emenda Constitucional nº 20, de 15.12.1998:*

§ 4º - A lei poderá instituir outras fontes destinadas a garantir a manutenção ou expansão da seguridade social, obedecido o disposto no art. 154, I.

§ 9º As contribuições sociais previstas no inciso I do *caput* deste artigo poderão ter alíquotas ou bases de cálculo diferenciadas, em razão da atividade econômica, da utilização intensiva de mão de obra, do porte da empresa ou da condição estrutural do mercado de trabalho. (*Modificado pela Emenda Constitucional nº 20/1998 e novamente pela Emenda Constitucional nº 47, de 5.7.2005 - DOU DE 6.5.2005*).

4.3.4. Da decadência do direito da seguridade apurar, constituir e cobrar as contribuições devidas pelos contribuintes

As contribuições para o financiamento dos benefícios decorrentes de risco ambiental do trabalho são recolhidas pelas empresas ou empregadores a ela equiparados por meio da Guia de Recolhimento (GFIP) e informações previdenciárias.

Benedicto Nestor Penteado (2006)[333] lembra que nossa legislação, por meio do Decreto nº 22.785/1933, artigo 2º; do Decreto-Lei nº 710/1938, artigo 12, §§; do Decreto-Lei nº 9.760/1946, artigo 200 e pelo artigo 102 do atual Código Civil estipula a impossibilidade de prescrição contra o Estado em todas as ações concernentes a usucapião.

A imprescritibilidade é prevista na área penal para preservação de garantias individuais e fundamentais, conforme disciplina a Constituição em seu artigo 5º, XLII e XLIV, ao tratar dos crimes de racismo e de atentado ao regime e ao Estado Democrático, e, ainda, quando se trate de ações que visem o ressarcimento devido ao erário[334] (artigo 37, § 5º, da Constituição da República).

Ao estipular que a administração poderá rever a qualquer tempo o autoenquadramento efetuado pela empresa, o Decreto nº 6.042/2007 imputa ao contribuinte ato fraudulento, único passível de nulidade, por ofender princípios básicos da ordem jurídica, garantidores dos interesses da coletividade.

---

333 B. N. Penteado "Anulabilidade no Direito Administrativo e a Lei nº 9.784/1999, que regula o processo administrativo no âmbito da administração pública federal e o prazo para a Administração rever seus Atos". *Revista da Escola Paulista de Direito* .

334 A jurisprudência não é pacifica quando o tema é a prescrição da ação de ressarcimento ao patrimônio público, conforme se depreende das seguintes ementas: 1.- 7ª Câmara de Direito Público do TJSP - AI 530.309.5/90-00- SP - Relator Moacir Peres: imprescritibilidade quanto à recomposição do patrimônio público. 2.- RE - 406545 - proc. 2002/0007123-6 - Rel. Min. Luiz Fux - 1ª T. do STJ - DJ - 09.12.2002, p. 292, negando ser imprescritível a ação para a recomposição do patrimônio público, decidindo por analogia com a norma decadencial prevista na lei que regulamenta a ação popular (art. 23, I, Lei nº 8.429/1992).

O Regulamento da Previdência Social não estipula prazo decadencial para rever o autoenquadramento efetuado pela empresa, conforme se depreende da leitura de seu artigo 202, § 5º, com redação dada pelo Decreto nº 6.042/2007. No entanto, a segurança jurídica recomenda que seja estipulado prazo decadencial para o ato administrativo de revisão, bem como prazo prescricional para a execução de qualquer tributo.

Entretanto, o autoenquadramento efetuado pelo contribuinte no ato do recolhimento é ato administrativo por homologação, assim como a declaração anual de Imposto de Renda. Não há conluio ou concílio fraudulento entre o agente público e o contribuinte, com intenção premeditada de provocar lesão ao Estado (artigo 37, § 5º, da Constituição). Nos demais casos em que o ato anulado decorra de erro da administração gerando direito subjetivo, sem participação do eventual beneficiário, não há possibilidade de desfazer o ato (artigo 54, da Lei nº 9784/1999).

Nesse sentido é o entendimento do doutrinador português Marcello Caetano (1977)[335] ao sustentar a aplicação da prescrição para segurança jurídica das pessoas, em trecho que merece transcrição:

> (...) Se dentro dos prazos legais a validade do ato não for impugnada, o vício não poderá mais ser invocado, pois a caducidade do Direito origina a conversão do ato viciado em um ato são: isto é o que se poderá chamar a tendência do ato anulável para a convalescença. Na vida social importa que não se eternize o estado de incerteza e de luta quanto aos direitos das pessoas e por isso se consolida a situação criada pelo ato nascido embora com pecado original, desde que este não tenha causado abalo sensível. (CAETANO, 1977, p.186-187)

Lembramos que o Pleno[336] do Supremo Tribunal Federal, em ação declaratória de inconstitucionalidade, suspendeu a aplicação do

---

335 *Princípios Fundamentais de Direito Administrativo*, p. 186-187.
336 *O Plenário, as Turmas e o presidente são os órgãos do Tribunal (artº 96, I, "a" e "b" e artº 3º do RISTF/2010). O presidente e o vice-presidente são eleitos pelo Plenário do Tribunal, dentre os ministros, e têm mandato de dois anos. Cada uma das duas Tur-*

caput dos artigos 45 e 46, da Lei nº 8.212/1991, que estipulavam prazo de 10 anos para a administração apurar, constituir e cobrar os créditos da seguridade social, tendo a questão sido sumulada pela Suprema Corte por meio da Súmula Vinculante nº 8.[337]

Restou consolidado o entendimento de que a matéria de prescrição e decadência tributária somente poderá ser tratada por lei complementar,[338] conforme prevê o artigo 146, inciso III, letra "b", da Constituição Federal, aplicável também às contribuições sociais previstas no artigo 196 da Carta Magna.

Afastada, portanto, a aplicação do artigo 202, § 5º, do Decreto nº 3.048/1999, é de cinco anos o prazo para a Receita Federal rever o autoenquadramento efetuado pela empresa, contados do primeiro dia do exercício seguinte àquele em que o lançamento poderia ter sido efetuado ou da data em que se tornar definitiva a decisão que houver anulado, por vício formal, o lançamento anteriormente efetuado, nos termos do artigo 173, "a" e "b", do Código Tributário Nacional.

Caso a Receita Federal não observe o prazo decadencial de 5 anos para rever o autoenquadramento, alterando sua alíquota e, ainda, notificando o contribuinte das diferenças devidas, se dará a homologação do lançamento fiscal, operando-se a decadência que consiste na extinção do direito de apurar, constituir e cobrar o seu crédito.

---

mas é constituída por cinco ministros e presidida pelo mais antigo em sua composição (art. 4º, § 1º, do RISTF/80). Desta forma, o Plenário compõe-se de onze ministros, sendo constituído pelos ministros de cada Turma mais o presidente, que não participa das turmas.

337 Súmula Vinculante nº 8: São inconstitucionais o parágrafo único do artigo 5º do Decreto-Lei nº 1.569/1977 e os artigos 45 e 46 da Lei nº 8.212/1991, que tratam de prescrição e decadência de crédito tributário. Fonte de Publicação DJe nº 112/2008, p. 1, em 20/6/2008. DO de 20/6/2008, p. 1.

338 À exemplo do que ocorre com a Lei Complementar nº 128/2008, ao tratar da Contribuição Patronal Previdenciária (CPP) para a Seguridade Social, a cargo da pessoa jurídica, de que trata o art. 22 da Lei nº 8.212/1991, exceto no caso da microempresa e da empresa de pequeno porte que se dediquem às atividades de prestação de serviços referidas nos §§ 5º-C e 5º-D do art. 18. Por outro lado, a Lei nº 11.941/2009, resultante da conversão da Medida Provisória nº 449/2008, conhecida como "conhecida como a "MP do Bem", trata do parcelamento e execução de créditos tributários, observado o Código Tributário Nacional, este considerado como se Lei Complementar fosse.

4.4. A nova metodologia para o financiamento dos riscos ambientais do trabalho: benefícios acidentários e aposentadorias especiais

4.4.1. O custeio do risco acidentário e das aposentadorias especiais

A Emenda Constitucional nº 20/1988, alterou a redação do artigo 201, § 10º, do Estatuto Supremo, permitindo tanto ao poder público, como às entidades privadas, proporcionar a cobertura do risco acidentário do trabalho, conforme o texto que transcrevemos:

> **Art. 201.** A previdência social será organizada sob a forma de regime geral, de caráter contributivo e de filiação obrigatória, observados critérios que preservem o equilíbrio financeiro e atuarial, e atenderá, nos termos da lei, a:
>
> I - cobertura dos eventos de doença, invalidez, morte e idade avançada;
>
> (...)
>
> **§ 10.** Lei disciplinará a cobertura do risco de acidente do trabalho, a ser atendida concorrentemente pelo regime geral de previdência social e pelo setor privado.

A inovação constitucional dada pela emenda constitucional não teve repercussão no Congresso Nacional, que até o presente momento continua disciplinando a matéria apenas no âmbito da previdência social.

A cobertura dos riscos decorrentes de acidente de trabalho pertenceu ao setor privado até 1967, quando foi transferido ao Estado. A doutrina se divide entre aqueles que defendem a privatização de tais riscos e os que são contrários a ela, encarando-a como retrocesso social.

A favor da privatização vale citar o posicionamento de Wagner Balera (1993), em artigo intitulado "A reprivatização do seguro de acidentes do trabalho",[339] cujo trecho transcrevemos:

---

339 W. Balera, *A Reprivatização do Seguro de Acidentes do Trabalho*, p. 18.

> (...) não me incluo entre os defensores do modelo de proteção acidentária estatal que se implantou no Brasil a partir de 1967. Bem ao contrário, não é de hoje que defendo o retorno do seguro de acidentes do trabalho ao mercado privado, o que me parece plenamente conforme com a roupagem constitucional da seguridade social. (BALERA, 1993, p. 18)

Em trabalho publicado posteriormente à Emenda Constitucional nº 20/1988, que alterou a redação do artigo 201, § 10º, Balera (2003)[340] manteve o mesmo entendimento, justificando seu posicionamento no artigo 7º, inciso XXVIII da Constituição, acrescentando:

> (...) nada justifica a sua permanência exclusiva na gestão monopolista desse risco, cujos contornos podem ser destacados daqueles que se encontram sob tutela do regime geral.
>
> (...)
>
> Evidente, dotações consignadas no Orçamento da Seguridade Social devem ser carreadas para fundo específico que custeie riscos cobertos pelas contribuições devidas pelas empresas.

Anníbal Fernandes (1995)[341] não se posicionava nem contra, nem tampouco a favor da privatização do seguro de acidentes do trabalho, sustentando, entretanto, que esta era "questão de conveniência e oportunidade" do Estado, com a ressalva de que a sociedade deveria ser ouvida a esse respeito.

Em sentido contrário, com quem pactuamos nosso entendimento, é o pensamento de Celso Barroso Leite[342] ao defender a manutenção da gestão dos riscos ocupacionais pela previdência social:

> (...) o seguro de acidentes do trabalho deve ficar embutido na previdência social, que, por sua vez, deve ser sempre pública. (LEITE, 2002, p. 544)

---

340 W. Balera, "Contribuição ao Seguro de Acidentes do Trabalho – alguns Aspectos do Exercício da Faculdade Regulamentar". *Revista Grandes Questões Atuais do Direito Tributário*. v. 7, p. 366.

341 A. Fernandes, *Acidentes do Trabalho, Do sacrifício do trabalho, à prevenção e à reparação*, p. 170.

342 LEITE, Celso Barroso, *Considerações sobre a previdência social*, Revista de Previdência Social, nº 254, janeiro de 2002. p. 544.

E, ainda, para Sérgio Pardal Freudenthal (2007)[343] haveria um retrocesso na privatização do seguro contra acidentes do trabalho:

> (...) a determinação do artigo 7º, XXVIII, da Carta Magna, exige um diferencial, e, com o complemento presente na Emenda Constitucional nº 20/1998, é grande a possibilidade da privatização do seguro contra acidentes do trabalho, talvez representando um retrocesso na matéria infortunística. (FREUDENTHAL, 2007, p. 94)

Entendemos que as companhias seguradoras terão como objetivo a obtenção de lucros,[344] diferentemente do Estado que visa à seguridade social, com base no valor social do trabalho. Portanto, enxergamos com pesar a nova redação dada ao § 10º, do artigo 201, por meio do questionável poder emendador, conferido ao Poder Legislativo. É evidente que as seguradoras ficarão com os "bons riscos", deixando os "maus riscos" para o Estado.

Discorrendo sobre as desvantagens da privatização da seguridade, Misabel Abreu Machado Derzi (2004)[345] lembra, ainda, que:

> os prêmios seriam muito altos e o que se ganhasse em economia administrativa seria perdido em certos períodos nas situações de crise. Além disso, as seguradoras privadas se sujeitam à falência, enquanto os seguros públicos devem ser garantidos pelo Estado e podem funcionar no sistema de receitas e despesas correntes e, não apenas, de capitalização. (DERZI, 2004. p. 126)

---

343 S. P. Freudenthal, *A Evolução da Indenização por Acidente do Trabalho*, p. 94.

344 Sobre o assunto, veja "Lições sobre Seguridade Social", *Manual dos Industriários*, da Divisão de Estudos do IAPI, nº 70, Lição I da Repartição Internacional do Trabalho, (tradução da "Réveu de La Securité Sociale", números 93 e 94, de agosto de 1958, p. 26, 27) onde se lê: "Mesmo que – pode ocorrer o caso – uma companhia de seguro fosse administrada de maneira tão competente, com relação a um regime de seguro social, que, permanecendo lucrativa, pudesse assegurar a proteção igual à desse regime por um prêmio menor, ainda assim hesitaríamos em utilizá-la para operações de seguridade social. As companhias de seguros disputam efetivamente a preferência do cliente, e cada uma se esforça por oferecer-lhe as condições mais vantajosas possíveis; mas tais condições vantajosas são, naturalmente, proporcionadas pelos 'bons riscos' isto é, pelas pessoas que, em razão de sua idade, saúde e situação serão as que menos provavelmente requererão pagamento de uma prestação. De fato, as companhias de seguros (...) esforçam-se por evitar os 'maus riscos' e selecionam cuidadosamente sua clientela".

345 M. A. M. Derzi, *As Contribuições Sociais*, p. 126.

O financiamento do risco acidentário do trabalho cabe, com exclusividade, à empresa, conforme determina a Constituição em seu artigo 7º, inciso XXVIII·

> Art. 7º São direitos dos trabalhadores urbanos e rurais, além de outros que visem à melhoria de sua condição social:
>
> (...)
>
> XXVIII - seguro contra acidentes de trabalho, a cargo do empregador, sem excluir a indenização a que este está obrigado, quando incorrer em dolo ou culpa;

Para Celso Barroso Leite[346] "foi infeliz o tratamento constitucional da cobertura previdenciária do acidente do trabalho, objeto de dois dispositivos meio pleonásticos, bem distantes um do outro: o artigo 7º, XXVIII, e o artigo 201, I. Este último enumera os eventos cobertos pela previdência social (doença, invalidez, morte), acrescentando desnecessariamente "incluídos os resultantes de acidente do trabalho", como se eles já não estivessem incluídos ou pudessem deixar de estar" (LEITE, 1996).

A Emenda Constitucional nº 20/1998, acertou a redação do texto original retirando a expressão que incomodava Barroso Leite.

Cabe exclusivamente à empresa o financiamento dos riscos ocupacionais do trabalho, mediante contribuição adicional incidente sobre a folha de salários, nos termos previstos no artigo 195, inciso I, letra "a".

Tratada pela Lei de Custeio entre os benefícios decorrentes de incapacidade laborativa por exposição a riscos ambientais do trabalho, no artigo 22, inciso II, da Lei nº 8.212/1991, a aposentadoria especial também ganhou mais uma fonte de custeio, a cargo exclusivamente da empresa, com o advento da Lei nº 9.732/1998.

A base constitucional do custeio da aposentadoria especial é o artigo 195, incisos I e II, com participação do empregador e do tra-

---

[346] C. B. Leite, "Conceito de Seguridade Social". In: W. Balera, *Curso de Direito Previdenciário. Homenagem a Moacyr Velloso Cardoso de Oliveira*, p. 30.

balhador, enquanto a fonte de custeio para os benefícios acidentários é exclusiva da empresa, como vimos anteriormente.

As contribuições da empresa e no caso das aposentadorias especiais, também as dos trabalhadores, são destinadas ao financiamento dos riscos ocupacionais do trabalho. No modelo brasileiro de seguridade social, no entanto, os recursos arrecadados são vinculados à seguridade social para o custeio das prestações previdenciárias e para os serviços de reabilitação profissional, próteses e órteses, além da saúde e assistência social.

Lembramos que "a contribuição é tributo necessariamente vinculado a gasto real. Portanto, as contribuições destinadas ao custeio da seguridade social são receita própria dos órgãos de seguridade, pagas em razão de serviços e benefícios, que são despesas reais, feitas em contrapartida pelo sujeito ativo" (DERZI, 1992).[347]

Tudo de acordo com o plano de custeio estabelecido previamente, que estimou as receitas e os gastos prováveis para sua cobertura, garantindo o equilíbrio financeiro e atuarial do sistema de seguridade social tal como desenhado na Constituição Federal de 1988.[348]

Analisaremos, em seguida, a nova metodologia para aferição da alíquota para o financiamento do seguro contra acidentes do trabalho, e suas variações de 1%, 2% e 3%, consistente em conhecer o grau de risco da atividade econômica do estabelecimento, de acordo com a frequência, gravidade e custo gerado (Fator Acidentário de Prevenção), conforme dados que relacionam empregados e suas moléstias e as atividades econômicas de seus empregadores (Nexo Técnico Epidemiológico).

4.4.2. Da natureza da atividade empresarial

A aferição do montante devido pela empresa como contribuição para o financiamento do seguro contra acidentes do trabalho que

---

347 M. A. M. Derzi, Contribuições Sociais), p. 140.
348 No início deste capítulo abordamos a evolução histórica do seguro para cobertura de acidentes do trabalho no Brasil.

abordamos quando discorremos sobre o princípio da legalidade tributária, é regulamentada por decretos e resoluções, sendo necessário discorrermos, inicialmente, sobre a função constitucional dos regulamentos.

Os decretos e regulamentos – atos normativos do presidente da República –,[349] só podem ser editados para a fiel execução das leis. Estão catalogados no interior do quadro normativo constitucional, mas com incumbência de apenas regulamentar a lei orientando a interpretação da autoridade administrativa.

O artigo 99 do Código Tributário Nacional, inserido entre as normas gerais do direito tributário, determina que a regulamentação da lei pelo decreto e outros atos normativos deve ser fiel nos termos da Constituição e da própria lei.

> Art. 99. O conteúdo e o alcance dos decretos restringem-se aos das leis em função das quais sejam expedidos, determinados com observância das regras de interpretação estabelecidas nesta Lei.

De nenhum modo podem os decretos regulamentares inovar na ordem jurídica, estabelecendo exigências que não foram fixadas pelo legislador ou impondo ou retirando do campo de incidência as matérias tributáveis, configuradas pelos comandos legais.

A objetividade significa o enquadramento adequado, no direito positivo, da circunstância de fato reveladora do direito social ao estatuto jurídico e ao dever da contribuição social.

Apesar de não obrigar o administrado, o ato normativo regulamentar vincula a autoridade pública que o expediu, assim como os seus subordinados hierárquicos. Por isso, é de suma importância o estudo dos atos normativos administrativos que envolvem

---

349 Art. 84. Compete privativamente ao presidente da República:
(...)
IV - sancionar, promulgar e fazer publicar as leis, bem como expedir decretos e regulamentos para sua fiel execução.

a aferição da alíquota da contribuição para o Seguro de Acidente do Trabalho.

Os sucessivos regulamentos da Lei nº 8.212/1991 não estabeleceram um único conceito de atividade preponderante.

Entre 9 de dezembro de 1991 e 21 de julho de 1992 teve vigência o conceito formulado nos parágrafos do artigo 26 do regulamento, aprovado pelo Decreto nº 356/1991, que definia como atividade econômica preponderante aquela que ocupava o maior número de segurados empregados e trabalhadores avulsos.

Entre 22 de julho de 1992 e 5 de março de 1997 aplicou-se o conceito dado pelos parágrafos do artigo 26 do regulamento aprovado pelo Decreto nº 612/1992, com modificação redacional e inclusão de dois parágrafos, o 6º e o 7º, estes relacionados a atividades exercidas no estabelecimento ou fora dele.

Com efeito, o Decreto nº 612/1992, ao regulamentar a Lei nº 8.212/1991, determinava o grau de risco de cada atividade e considerava preponderante a atividade econômica que ocupasse, em cada estabelecimento da empresa, o maior número de empregados, trabalhadores avulsos e médicos residentes, estes incluídos pela nova redação. Manteve-se a exigência, como no regulamento anterior, de CGC próprio. O referido decreto determinava, ainda, como responsabilidade da empresa, o enquadramento de seus estabelecimentos nos correspondentes graus de risco, segundo a atividade preponderante de cada um deles, ficando o INSS com a faculdade de rever essa classificação que podemos chamar de "ficção legal".

Assim, de acordo com o Decreto nº 612/1992, a empresa com várias filiais deveria buscar o enquadramento referente a cada estabelecimento, que poderia ser considerado de forma individualizada e, portanto, classificado diferenciadamente para efeitos do SAT, observada a natureza das atividades e peculiaridades de cada estabelecimento, considerado pela inscrição de cada um no Cadastro Geral de Contribuintes (CGC).

Entre 6 de março de 1997 e 6 de maio de 1999, o conceito de atividade preponderante para fixação das alíquotas para o financiamento da complementação das prestações por acidente do trabalho, incidente sobre o total das remunerações pagas ou creditadas no decorrer do mês aos segurados empregados e trabalhadores avulsos previstas no artigo 22, inciso II, "a", "b" e "c", da Lei nº 8.213/1991, era aquele determinado pelo artigo 26 e seus parágrafos, do regulamento aprovado pelo Decreto nº 2.173/1997.

A Medida Provisória nº 1.523-9/1997, que deu nova redação à Lei nº 8.212/1991, conferiu nova nomenclatura à contribuição SAT passando a chamá-la de contribuição para o financiamento dos benefícios concedidos em razão *do grau de incidência de incapacidade laborativa* decorrente dos riscos de trabalho, e não somente para *o custeio da complementação das prestações por acidente do trabalho*, conforme dispunha a redação original.

Com a entrada em vigor do regulamento aprovado pelo Decreto nº 2.173/1997, o parágrafo primeiro do artigo 26 foi alterado, passando a considerar como atividade preponderante aquela que, na empresa, ocupa o maior número de segurados empregados, trabalhadores avulsos ou médicos-residentes de acordo com a relação de atividades preponderantes e correspondentes graus de riscos fixados no anexo ao regulamento. Houve, portanto, a partir de 6 de março de 1997, expressiva alteração, passando o regulamento a trazer a relação de atividades preponderantes e graus de riscos.

O Decreto nº 2.173/1997 relaciona as atividades e os graus correspondentes de risco de cada uma delas. O enquadramento no correspondente grau de risco passou a ser feito mensalmente pela empresa, pelo critério de sua atividade econômica, conforme a Classificação Nacional de Atividades Econômicas (CNAE), previamente determinado pelo decreto, com vigência a partir de julho de 1997. O enquadramento deixou de ser feito pelo Cadastro Geral de Contribuintes (CGC) de cada estabelecimento, mantendo-se a possibilidade de o INSS revê-lo em qualquer tempo.

A Emenda Constitucional nº 20/1998 alterou a redação do § 9º do artigo 195, possibilitando a setorização das contribuições sociais previstas no inciso I do *caput* daquele artigo, permitindo a fixação de alíquotas ou bases de cálculo diferenciadas, em razão da atividade econômica.

A partir de 7 de maio de 1999 passou a valer o conceito dado pelos parágrafos do artigo 202 do regulamento aprovado pelo Decreto nº 3.048/1999, que reproduziu, integralmente, o texto do Decreto nº 2.173/1997, trazendo nova redação ao anexo V.

O artigo 202, §§ 3º, 4º e 5º, do Decreto nº 3.048/1999 estabelece a primeira etapa para fixação da alíquota do Seguro contra Acidentes do Trabalho, que consiste na definição por parte da empresa do autoenquadramento ao grau de risco de sua atividade preponderante, conforme o anexo V daquele diploma legal. O regulamento, com a redação dada pelo Decreto nº 6042/2007 ao artigo 202, define, no § 3º, a atividade preponderante como aquela que ocupa, na empresa, o maior número de segurados empregados e trabalhadores avulsos por estabelecimento.

A empresa deverá informar, mensalmente, na Guia de Recolhimento do Fundo de Garantia do Tempo de Serviço e Informações à Previdência Social (GFIP), a alíquota correspondente ao seu grau de risco, a respectiva atividade preponderante e atividade do estabelecimento, observando-se o critério acima descrito previsto nos §§ 3º e 5º para determinação da atividade preponderante.

Tem-se que o Decreto nº 3.048/1999, com a redação dada pelo Decreto nº 6.042/2007, se harmoniza com a legislação ordinária e princípios que norteiam o custeio da seguridade, uma vez que define a preponderância da atividade empresarial pelo número de empregados, sujeitos aos riscos ocupacionais do trabalho, por estabelecimento.

É o que se depreende do artigo 202, § 13, do Decreto nº 3.048/1999, que transcrevemos:

Art. 202 (...).

§ 13. A empresa informará mensalmente, por meio da Guia de Recolhimento do Fundo de Garantia do Tempo de Serviço e Informações à Previdência Social - GFIP, *a alíquota correspondente ao seu grau de risco, a respectiva atividade preponderante e a atividade do estabelecimento,* apuradas de acordo com o disposto nos §§ 3º e 5º.

A redação atual do § 13º do artigo 202 do Regulamento da Previdência Social revela posicionamento administrativo que determina a escolha de um dos três graus de risco previstos para o custeio dos benefícios acidentários, de acordo com a atividade preponderante e a atividade de cada estabelecimento da empresa.

Segundo o artigo 202, § 3º, atividade preponderante é aquela "que ocupa na empresa o maior número de segurados empregados e trabalhadores avulsos". E, ainda, que o artigo 202, § 13º, indica que a atividade do estabelecimento deve ser considerada no momento do autoenquadramento do contribuinte em um dos graus de risco, leve, médio ou grave.

A questão vem sendo debatida nas Cortes Superiores, tendo sido sumulada pela primeira seção do Superior Tribunal de Justiça por meio da Súmula nº 351, DJE de 19.6.2008, no seguinte sentido:

> A alíquota de contribuição para o Seguro de Acidente do Trabalho (SAT) é aferida pelo grau de risco desenvolvido em cada empresa, individualizada pelo seu CNPJ, ou pelo grau de risco da atividade preponderante quando houver apenas um registro.

Para o Supremo Tribunal Federal, o fato de a lei deixar para o regulamento a complementação dos conceitos de "atividade preponderante" e "graus de riscos leve, médio e grave" não implica ofensa ao princípio da legalidade genérica, artigo 5º, inc. II da Constituição Federal, e da legalidade tributária, artigo 150, incisos I e IV da Constituição Federal.[350]

---

[350] Ag.Reg. no Recurso Extraordinário, Relator(A): Min. Carlos Velloso, Julgamento: 6/09/2005. Órgão Julgador: Segunda Turma, Publicação Dj 30-09-2005 Pp-00051, Agte.

O autoenquadramento é feito por meio da GFIP que deverá ser gerada por estabelecimento. A Instrução Normativa MPS/SRP nº 3/2005 define estabelecimento, no artigo 742, como "uma unidade ou dependência integrante da estrutura organizacional da empresa, sujeita à inscrição no CNPJ ou no CEI, onde a empresa desenvolve suas atividades para os fins de direito e de fato".

Notamos que a definição de atividade preponderante vigente tem como base aquela que ocupar o maior número de empregados ou trabalhadores avulsos, na empresa, por estabelecimento (§ 13, do artigo 202, do Decreto nº 3.049/1999) sendo antigo o debate sobre a questão, resultando na recomendação constante de Parecer da Divisão de Consultoria de Arrecadação do Instituto Nacional do Seguro Social – INSS[351], de forma a garantir tratamento iso-

---

(S) Engefibra Indústria e Comércio De Plásticos Ltda, Advdo. (A/S) : Romeo Piazera Júnior E Outro (A/S;) Agdo. (A/S): Instituto Nacional Do Seguro Social – Inss; Advdo.(A/S): Sandro Monteiro De Souza.

351 Parecer PG/CCAR nº 38/97 que conclui que agora, a regra constante do § 1º do art. 26 do Decreto nº 2.173/1997 é, *in verbis*: "Considera-se preponderante a atividade que ocupa, na empresa, o maior número de segurados empregados, trabalhadores avulsos ou médicos residentes". Foi também alterada a "Relação de Atividades Preponderantes e o Correspondente Grau de Risco", que compõe o Anexo I do novo regulamento. Diante de tais alterações, o que se pretende saber é se o enquadramento da empresa passa a ser único, independentemente de explorar múltiplas atividades em estabelecimentos distintos, e, se a regra deverá ser praticada somente após junho/97, observado o art. 158 do Decreto nº 2.173/1997, ou se poderá ser facultado às empresas o imediato enquadramento, quando mais favorável. A alteração do enquadramento das empresas para efeito de contribuição para o Seguro de Acidentes do Trabalho está autorizada pela Lei nº 8.212/1991, art. 22, § 3º. A nova regulamentação exclui qualquer referência a estabelecimentos, definindo que considera-se preponderante a atividade que ocupar o maior número de segurados na empresa. De forma que, o enquadramento passou a ser por empresa e não mais por estabelecimento. A regulamentação é, pois, expressa no sentido de que a nova correlação entre atividade preponderante e grau de risco de acidentes do trabalho terá eficácia somente a partir de 01.07.97 (artigo 195, § 6º, da CRFB/1988). Parece-nos, que a regra pode ser interpretada extensivamente à nova forma de enquadramento (único por empresa), uma vez que modificou a orientação anterior e que, embora possa favorecer algumas empresas poderá também ser mais rigorosa quanto a outras, devendo ser dado tratamento igual a todos os contribuintes. Assim sendo, pode-se concluir que o novo enquadramento por empresa deverá ser praticado somente a partir da competência julho/1997".

nômico ao contribuinte, como fez a Orientação Normativa INSS/ AFAR nº 2/1997, estabelecendo procedimentos para enquadramento da empresa com mais de um estabelecimento na atividade econômica preponderante e correspondente grau de risco, conforme trecho que transcrevemos:

> (...) 2.3 A empresa com mais de 01 (um) estabelecimento e diversas atividades econômicas procederá da seguinte forma:
>
> enquadrar-se-á, inicialmente, por estabelecimento, em cada uma das atividades econômicas existentes, prevalecendo como preponderante aquela que tenha o maior número de segurados empregados e trabalhadores avulsos e, em seguida, comparará os enquadramentos dos estabelecimentos para definir o enquadramento da empresa, cuja atividade econômica preponderante será aquela que tenha o maior número de segurados empregados e trabalhadores avulsos apurada dentre todos os seus estabelecimentos (Quadro 2);
>
> na ocorrência de atividade econômica preponderante idêntica (mesma CNAE), em estabelecimentos distintos, o número de segurados empregados e trabalhadores avulsos, dessas atividades, será totalizado para definição da atividade econômica preponderante da empresa (Quadro 3)".

Entendemos que o Decreto nº 3.048/1999, com a redação dada pelo Decreto nº 6.042/2007, ao artigo 202, § 13, explicitou a abrangência que deve ser dada ao conceito de empresa, esclarecendo que, para aferição do grau de risco, cada estabelecimento com matriz e filiais, exclusivamente nos casos daquelas que possuam CNPJ distinto da empresa principal que lhe deu origem, constituindo outra pessoa jurídica, com capacidade tributária própria, podendo ocupar o polo passivo da obrigação fiscal, deverá proceder cada qual, individualmente, o seu enquadramento mensal em suas respectivas Guias de Recolhimento do Fundo de Garantia do Tempo de Serviço e Informações à Previdência Social (GFIP).

4.5. NTEP – Nexo técnico epidemiológico previdenciário: afastamentos decorrentes de doenças relacionadas ao trabalho

4.5.1. Introdução

Vimos que, anteriormente, o grau de risco para fixação da alíquota incidente sobre a folha de salários para o financiamento dos benefícios decorrentes de risco ocupacional acidentário era efetuado tão somente em função da atividade econômica preponderante, por estabelecimento da empresa/contribuinte, enquanto, com o advento da Lei nº 11.430/2006, a nova metodologia de aferição da alíquota para cobertura do risco acidentário sofre implicações do Nexo Técnico Epidemiológico[352] (NTEP) e do Fator Acidentário de Prevenção (FAP) na frequência, gravidade e custo dos benefícios previdenciários acidentários financiados pelo empregador.

Entretanto, foi a Lei nº 10.666/2003, trazendo para o ordenamento a possibilidade de redução pela metade ou aumento de 100% das alíquotas de 1, 2 ou 3% previstas no inciso II do artigo 22, da Lei nº 8.213/1991, que introduziu os índices estatísticos de sinistralidade no método de fixação das diferentes alíquotas possíveis, prevendo a possibilidade de redução ou aumento destas sempre que as empresas tivessem ocorrências relacionadas a acidente do trabalho, em níveis inferiores à média verificada na correspondente atividade econômica ou em níveis superiores à média para o setor.

---

352 O Nexo Técnico Epidemiológico Previdenciário, a partir do cruzamento das informações de código da Classificação Internacional de Doenças – CID-10 e de Código da Classificação Nacional de Atividade Econômica – CNAE, aponta a existência de relação entre a lesão ou agravo e a atividade desenvolvida pelo trabalhador. A indicação de NTEP está embasada em estudos científicos alinhados com os fundamentos da estatística e epidemiologia. A partir dessa referência a medicina pericial do INSS ganha mais uma importante ferramenta auxiliar em suas análises para conclusão sobre a natureza da incapacidade ao trabalho apresentada, se de natureza previdenciária ou acidentária. Fonte: http://www.previdenciasocial.gov.br/conteudoDinamico.php?id=463. Acessado em: 26.jan.2009.

O Conselho Nacional da Previdência Social expediu a Resolução nº 1.236/2004, traçando a metodologia prevista no artigo 10 da Lei nº 10.666/2003, possibilitando a variação da alíquota do seguro contra acidentes do trabalho, de metade até o dobro, seguida da Resolução nº 1.269/2006, que admitiu a necessidade de aperfeiçoamento da metodologia para potencializar a precisão do método.

Verificamos, no entanto, que podem ser constatadas algumas atividades que foram classificadas de risco médio no Anexo V, com previsão de alíquota de 2%, sem qualquer relação com nenhum dos quadros de doenças arroladas no Anexo II do Decreto nº 6.042/2007.

O confronto entre a Resolução nº 1269/2006 e o Decreto nº 6.042/2007[353] permitirá às empresas/contribuintes a revisão administrativa ou judicial de alíquotas para determinado setor da economia que, apesar de terem sido tributados com alíquotas para o financiamento de risco ambiental acidentário do trabalho em 2% ou 3%, não possuem doenças ocupacionais a eles relacionadas.

Em 28 de março de 2007, o artigo 2º, inciso IX, da Portaria do Ministério do Trabalho e Emprego passou a prever a necessidade de anotação na Carteira de Trabalho e Previdência Social (CTPS) do empregado (artigo 41 da CLT) de ocorrência de acidente do trabalho e doenças profissionais, quando houver.

A anotação do acidente na Carteira de Trabalho é importante para garantir ao trabalhador a estabilidade no emprego, prevista no

---

353 Há CNAEs com alíquotas de 2% ou 3%, mas não apresentam CIDS a elas vinculados, como as abaixo elencadas:

1099-6/01	Fabricação de vinagres	2%
1099-6/02	Fabricação de pós alimentícios	2%
1099-6/03	Fabricação de fermentos e leveduras	2%
1099-6/04	Fabricação de gelo comum	2%
1099-6/05	Fabricação de produtos para infusão (chá, mate etc.)	2%
1099-6/06	Fabricação de adoçantes naturais e artificiais	2%

artigo 118, da Lei nº 8.213/1991, pelo período mínimo de 12 meses, após a alta médica, por doença do trabalho, além do direito aos depósitos fundiários (FGTS) correspondentes a 8% da remuneração mensal a que teria direito, durante o período do afastamento, mesmo estando suspenso o seu contrato de trabalho.

As Portarias do Ministério da Previdência Social de n°s 269 e 457, respectivamente, de 2 de julho de 2007 e 22 de novembro de 2007, regulamentam a forma e prazo para impugnações pelo empregador de enquadramento efetuado pelo INSS, por meio do acesso de informações, pela Internet, aos dados dos empregados, pelo Número de Identificação do Trabalhador (NIT) relativo ao benefício considerado no cálculo do Fator Acidentário de Prevenção (FAP), por empresa, no período de 1º de maio de 2004 a 31 de dezembro de 2006, bem como o respectivo agrupamento da Classificação Internacional de Doenças (CID) da entidade mórbida incapacitante.

Os Decretos nº 6.042/2007 e 6957/2009, alteraram o Regulamento da Previdência Social (artigos 202 e 203, ambos do Decreto nº 3.048/1999), nele incluindo a aplicação, acompanhamento e avaliação do Fator Acidentário de Prevenção (FAP) e do Nexo Técnico Epidemiológico (NTEP), que passamos a analisar.

4.5.2. Os dados estatísticos que fundamentam o NTEP

A bandeira da prevenção vinha sendo negligenciada pelo empregador, ora pela falta de investimentos na modernização dos equipamentos de produção ou de proteção individual e coletivo do trabalhador, ora pela agilização do ritmo da produção ou de labor exigido do trabalhador.

É fato que o número de afastamentos por incapacidade decorrente de acidente do trabalho não correspondem com exatidão às comunicações de acidentes do trabalho oficialmente efetuadas pelo empregador, apesar do caráter compulsório daquela obrigação, cuja falta sujeita a empresa infratora ao pagamento de multa variável entre o piso e o teto dos salários de contribuição vigentes por acidente que tenha deixado de ser notificado até o primeiro dia útil seguinte ao da ocorrência do sinistro e, no caso de óbito, de imediato (artigos 286 combinado com 336, do Decreto nº 3.048/1999).

As subnotificações dos acidentes levaram ao cruzamento dos afastamentos por incapacidade (CID) com as atividades econômicas desenvolvidas pelas empresas (CNAE), chegando-se ao que o Regulamento da Previdência Social designou de Nexo Técnico Epidemiológico Previdenciário, inicialmente para entrar em vigor desde 1º de abril de 2007[354], e que terá reflexos diretos nos critérios que compõem o Fator Acidentário de Prevenção, como abordaremos em seguida.

Os dados estatísticos sobre acidentes e doenças do trabalho podem ser conferidos no Anuário Estatístico da Previdência Social (AEPS) 2007[355] e apontam que 45% dos acidentes se deram nas indústrias, sendo 26,3% deles nas indústrias de alimentos e bebidas.

A construção civil registrou 12,38% dos acidentes ocasionados por quedas de altura em 2007, percentual 25,51% maior do que o registrado em 2006, enquanto o setor de serviços registrou 44,59% do total dos acidentes de 2007, sofrendo aumento de 26,89% em relação ao ano anterior. O comércio varejista foi o responsável pelo registro de maior índice de acidentes: 19,1%, sendo seguido pelas atividades de saúde e serviços sociais, com 15,85%, transporte e armazenagem, com 14,91%, e serviços prestados principalmente a empresas, 13,87%. A agricultura obteve redução de 7,36% em registros de acidentes, o que representa diminuição de 4,4% do total das notificações de acidentes do trabalho com relação a 2006,[356]

---

354 Os efeitos do Decreto nº 6.042/2007, quanto ao FAP foi postergado duas vezes, primeiramente para setembro de 2008 e, em seguida, para setembro de 2009 (Decreto nº 6.755/2008), tendo sido revisto o período quadrimestral para apuração do FAP para anual, com revisão após dois anos.

355 Disponível em: http://www.previdenciasocial.gov.br/conteudoDinamico.php?id=423. Acesso em 26.01.2009.

356 Fonte: Revista Proteção – www.protecao.com.br.

apesar de continuar liderando o ranking de sinistralidade por setor da atividade econômica.[357]

Segundo dados constantes do Anuário Estatístico da Previdência Social (AEPS/2007), o número de acidentes do trabalho registrados naquele ano aumentou 27,5% em relação ao ano anterior. Verificou--se que, da mesma forma que a Lei nº 6.938/1981, que regulamenta a Política Nacional do Meio Ambiente, classificou as atividades potencialmente poluidoras como decorrentes das indústrias, o Nexo Técnico Epidemiológico apontou o mesmo setor como causador de 45% dos acidentes de trabalho ocorridos em 2007.

É evidente que os índices de sinistralidade, por setor da atividade econômica, deverão basear-se em levantamento das estatísticas da seguridade social com as estabelecidas pelos demais serviços públicos e, ao serem publicados, deverão apontar o método utilizado e as hipóteses levantadas para a conclusão dos resultados, sob pena dos mesmos não revelarem a real condição de cada setor, com violação dos princípios tributários já abordados.

Estabelecidos os levantamentos estatísticos e atuariais do custeio dos benefícios e serviços devidos aos segurados do regime geral de previdência social, com respeito em critérios transparentes, baseados em metodologia que resulte em conclusões acertadas, podemos afirmar que o § 9º do artigo 195 da Constituição Federal, com redação dada pela Emenda Constitucional nº 20/1998, é a expressão do princípio constitucional da igualdade na forma de financiamento da seguridade social, por possibilitar tributação diferenciada, em razão das desigualdades econômicas dos contribuintes, como consequência do grau de risco gerado por cada um, determinada por setores da atividade econômica à qual pertencem.

---

357 Vide no anexo I os indicadores de acidentes do trabalho. Fonte: Ministério da Previdência Social e a planilha de dados elaborada pelo economista José Gustavo Penteado Aranha, apontando a frequência e a gravidade dos indicadores de acidentes do trabalho por atividade econômica.

4.5.3. Conceito e fundamento legal

Helmut Schwazer (2007)[358] define o nexo técnico epidemiológico como "uma metodologia que serve para identificar se existe correlação entre determinado setor de atividade econômica e determinadas doenças, de acordo com levantamentos realizados durante vários anos em diversas bases de dados com registros de pagamentos de benefícios".

O artigo 22-A da Lei nº 8.213/1991, introduzido na Lei de Benefícios pela Lei nº 11.430/2006, prevê nova metodologia para concessão de benefícios acidentários, com reflexos no custeio destes, introduzindo o nexo técnico epidemiológico no ordenamento da seguinte forma:

> Art. 21-A. A perícia médica do INSS considerará caracterizada a natureza acidentária da incapacidade quando constatar ocorrência de **nexo técnico epidemiológico** entre o trabalho e o agravo, decorrente da relação entre a atividade da empresa e a entidade mórbida motivadora da incapacidade elencada na Classificação Internacional de Doenças - CID, em conformidade com o que dispuser o regulamento.
>
> § 1º A perícia médica do INSS deixará de aplicar o disposto neste artigo quando demonstrada a inexistência do nexo de que trata o *caput* deste artigo.
>
> § 2º A empresa poderá requerer a não aplicação do nexo técnico epidemiológico, de cuja decisão caberá recurso com efeito suspensivo, da empresa ou do segurado, ao Conselho de Recursos da Previdência Social.

O mesmo conceito posto na lei para o Nexo Técnico Epidemiológico Previdenciário (NTEP) aparece no artigo 202-A do Regulamento da Previdência Social, com a redação dada pelo Decreto nº 6.042/2007, decorrente da relação entre a atividade da empresa e a entidade mórbida apresentada pelo trabalhador.

---

358 H. Schwarzer, *Revista Proteção*, nº 185, p. 34.

Podemos definir o Nexo Técnico Epidemiológico Previdenciário como o nexo causal presumido, capaz de detectar doenças profissionais consideradas pela lei como acidentárias, facilitando a apuração da incidência de ocorrências, em razão da relação existente entre a atividade desenvolvida pelo empregador e a atividade do segurado, além de sua idade média, o sexo do acidentado e parte do corpo atingida ou acometida de doença ocupacional.

4.5.4. A inversão do ônus da prova

Os dados estatísticos apontados demonstram o significativo aumento nos registros de acidentes do trabalho em 2007, com a aplicação da nova metodologia aplicada para o financiamento do Seguro de Acidentes do Trabalho, atualmente denominado "risco ocupacional do trabalho acidentário". A nova sistemática instituída pelo artigo 21-A, da Lei nº 8.213/1991, com a redação dada pela Lei nº 11.430/2006 foi regulamentada pelo Decreto nº 6.042/2007, introduzindo a inversão do ônus da prova em favor do acidentado.

A caracterização do acidente do trabalho se dará por meio da perícia médica. Caberá ao médico proceder à identificação do nexo técnico entre o acidente e a lesão; a doença e o trabalho e a *causa mortis* e o acidente, no caso de óbito do segurado (artigo 337, do Decreto nº 3.048/1999).

Entre as novidades da Instrução Normativa INSS/PRES nº 31/2008[359] está a possibilidade de o médico perito, durante a perícia, requisitar o prontuário médico do segurado à empresa, bem como do Perfil Profissiográfico Profissional (PPP) para fundamentar a decisão

---

[359] No exame do tema, impõe-se, igualmente, a inovação trazida com a adoção da nova sistemática, conforme a interpreta a administração por meio de suas instruções normativas para determinar os afastamentos por doença e a integração com as ações voltadas à prevenção e recuperação da saúde do trabalhador como faz a Instrução Normativa INSS/PRES nº 31/2008, DOU de 11.9.2008.

que reconhecer a presença do nexo técnico epidemiológico nos dados neles constantes.

Ao notar ausência do nexo técnico, o médico deixará de aplicar o Nexo Técnico Epidemiológico. A avaliação médica realizada pelo perito do INSS no momento da concessão do benefício comum sempre se sujeita ao crivo de junta médica, que pode ser acompanhada pelo perito designado pelo trabalhador ou pelo seu sindicato ou, ainda, pelo perito designado pelo empregador.

Havendo recuperação do acidentado, o novo afastamento, no período da reabilitação profissional, será considerado agravamento do acidente, caso tenha sido aplicado o nexo no primeiro afastamento, conforme recomenda o regulamento da Previdência Social, no § 2º, do artigo 337.

O Anexo II do Regulamento da Previdência Social arrola as doenças classificadas pelo Código Internacional de Doenças e as atividades econômicas classificadas pelo Código de Classificação Nacional de Atividades Econômicas, e permitem ao médico perito a aplicação do nexo entre a doença de que o segurado é portador e o trabalho por ele desenvolvido para aquele determinado empregador, por meio de decisão fundamentada no laudo médico, garantindo às partes envolvidas no processo de concessão de benefícios previdenciários o devido processo legal administrativo.

4.5.4.1. O controle administrativo do risco acidentário

Vimos a possibilidade de impugnação, por parte do empregador, do nexo técnico epidemiológico entre sua atividade econômica e as doenças que acometem seus trabalhadores. Intimados pelo INSS a apresentar infomações relativas a seus empregados e as medidas de prevenção adotadas, os empregadores poderão demonstrar a ausência de nexo entre a atividade e a doença apontada pelo perito do INSS como possível evento acidentário ou, no caso de exposição a agentes insalubres, de falta de requisitos que dariam ensejo a aposentadoria especial. O empregador passa a figurar, como terceiro interessado naquela relação jurídica[360] de concessão de benefício previdenciário, em razão do ônus tributário dela decorrente e, também cível, caso venha se caracterizar sua culpa pelo evento.

Vimos que a adoção do Nexo Técnico Epidemiológico Previdenciário na sistemática de concessão de benefícios acidentários (pensão por morte, auxílio-doença e acidente e aposentadoria por invalidez) e, ainda, aposentadorias especiais implicará aumento da carga tributária dos contribuintes.

São oportunos os ensinamentos de Eduardo Domingos Bottallo (1997)[361], ao discorrer sobre a legalidade, demonstrando a conexão existente entre a legalidade e a garantia do direito à ampla defesa aplicáveis no controle do risco acidentário:

> (...) da mesma forma como não se admite que o Estado aplique sanções senão com base em lei, igualmente lhe é vedado fazê-lo, ainda que fundado em lei, se esta negar o exercício da prévia defesa. (BOTALLO, 1977, p. 27)

Não é por acaso, portanto, que o § 2º do artigo 21-A, da Lei nº 8.213/1991, com a redação dada pela Lei nº 11.430/2006, e o artigo 337 do Decreto nº 3048/1999, regulamentam a possibilidade de a empresa impugnar, casuisticamente, o nexo técnico epidemiológico no caso concreto, mediante a demonstração de inexistência de correspondente nexo causal entre o trabalho e a doença que acomete seus empregados.

---

[360] Abre-se a possibilidade da intervenção de terceiro nos processos administrativos de concessão para impugnação do nexo causal entre o risco acidentário e a atividade laboral desenvolvida pelo segurado sinistrado, como medida preventiva, a fim de evitar aumento indevido da carga tributária. A medida deverá ser tomada individualmente pelas empresas na tentativa de reduzir a frequência e a gravidade dos afastamentos por doença acidentários (auxílio-doença e acidente) e óbitos (pensões acidentárias) e, ainda, aposentadorias especiais e em consequência, o custo decorrente do aumento da carga tributária, evitando, também, o fato de ter de enfrentar as ações regressivas do INSS na condição de réus.

[361] E. D. Bottallo, *Procedimento Administrativo Tributário*, p. 27.

O prazo assinalado para impugnação, de acordo com o § 8º do artigo 337, é de 15 dias da data para a entrega, na forma do inciso IV do artigo 225 da GFIP que registre o afastametno do trabalhador, sob pena de não conhecimento da alegação em instância administrativa ou da data em que a empresa tomar ciência da decisão da perícia médica do INSS referida no § 5º.

A impugnação deverá ser acompanhada da indicação das provas capazes de refutar a presunção do nexo causal entre o trabalho e o agravo, entre elas evidências técnicas produzidas por programas de gestão de risco, a cargo da empresa, que possuam responsável técnico legalmente habilitado e que apontem as condições em que o trabalho do segurado era prestado. A prova do afastamento do nexo causal entre a atividade e a doença que acometeu o segurado caberá ao empregador, justificando-se tão somente quando puder haver dúvida razoável a respeito da causa da enfermidade.

Discorrendo sobre a contraprova do Nexo Técnico Epidemiológico, Wladimir Novaes Martinez (2008)[362] reflete sobre a dificuldade enfrentada pelo empregador para efetuar a prova negativa do nexo e recomenda:

> ... O melhor meio de contraprova do empregador, aquele que demanda maior efetividade, é a demonstração inequívoca da ausência dos agentes nocivos no estabelecimento. Na pior das hipóteses, se contíguos, que eles estejam sendo combatidos com a mais moderna tecnologia de proteção à saúde e à integridade física do trabalhador: EPC, EPI ou EPR, e outros mais, na linha da ergometria. Não haver nenhuma multa do MTE, benefício concedido pelo INSS, reclamações trabalhistas ou processos na Justiça Federal são indícios indiretos e verazes do mesmo cenário de equilíbrio nas ações preventivas internas". (MARTINEZ, 2008, p. 126)

O empregador pode alegar qualquer hipótese excludente de responsabilidade civil, tais como culpa exclusiva da vítima (empregado), autolesão, culpa de terceiro, caso fortuito ou força maior ou até mes-

---

[362] W. N. Martinez. *Prova e Contraprova do Nexo Epidemiológico*, p. 126.

mo estado de necessidade (§ único do artigo 393 do Código Civil). Os fundamentos mais comuns de exclusão do nexo são as doenças hereditárias, as degenerativas, os agravos endêmicos, doenças desencadeadas por grupo etário e, ainda, doenças pregressas.

O processo que permitir a ampla defesa do empregador não poderá, depois da realização da perícia e constatação da contingência que indique o afastamento do segurado, deixar de deferir-lhe o benefício, ainda que sua natureza fique fixada posteriormente.

Por conseguinte, o ingresso do empregador no processo administrativo de concessão de benefício previdenciário não poderá prejudicar o segurado, devendo seguir seu curso tramitando apenas para discutir, apreciar e julgar a presença ou não do nexo de causalidade entre a doença e a atividade laboral do segurado, sem prejuízo do pagamento das prestações mensais capazes de substituir a renda mensal do segurado incapacitado para o trabalho ou seus dependentes.

O § 13º do artigo 337 do Regulamento da Previdência estabelece que da decisão que apreciar a impugnação da aplicação do nexo causal cabe recurso, com efeito suspensivo, por parte da empresa ou, conforme o caso, do segurado ao Conselho de Recursos da Previdência Social, nos termos dos artigos 305 a 310 do mesmo diploma.

Interposto o recurso no prazo de 30 dias, contados da ciência da decisão, será concendido prazo para a parte vencedora apresentar contrarrazões. Em seguida, poderá o INSS modificar o seu entendimento e, neste caso, deverá encaminhar o processo à Junta de Recursos ou à Câmara de Julgamento, se por ela proferida a decisão, para revisão do acórdão, sendo facultativa a apresentação de contrarrazões pela Procuradoria Geral Federal.

Na nova metodologia instituída pela Previdência, alguns agravamentos antes registrados como não acidentários são identificados como acidentários, com fundamento na correlação entre as causas do afastamento e o setor de atividade do trabalhador, levantados por dados oficiais epidemiológicos, cuja *frequência, gravidade e custo* servirão de parâmetro para o devido enquadramento da empresa nos graus leve, médio e grave e de sua correspondente alíquota majorada ou reduzida, destinadas ao financiamento dos benefícios decorrentes de riscos ocupacionais do trabalho.

4.6. Do Fator Acidentário de Prevenção (FAP)

4.6.1. Introdução

Vimos que o financiamento dos benefícios acidentários está previsto na Constituição Federal nos artigos 7º, inciso XXXVIII e 195, inciso I, linha "a" e infraconstitucionalmente no artigo 22, inciso II, da Lei nº 8.212/1991, que estipulou a incidência de contribuições sobre o total das remunerações pagas ou creditadas durante o mês, aos trabalhadores empregados e avulsos, com alíquotas de 1%, 2% e 3% correspondentes, respectivamente, aos graus leve, médio ou grave de risco de acidente, em decorrência da atividade preponderante da empresa.

O critério de fixação da contribuição destinada ao custeio dos benefícios por incapacidade foi observado, e constatou-se que era regido pela natureza da atividade preponderante da empresa, por estabelecimento e pela estatística de gravidade das ocorrências acidentárias (§ 3º do artigo 22, da Lei nº 8.212/1991), a fim de estimular investimentos em prevenção de acidentes e possibilitar o custeio dos benefícios passíveis de serem deferidos pela autarquia previdenciária.

Esse critério se alterava apenas em relação à natureza da atividade da empresa, desconsiderando-se outros parâmetros relevantes, como a frequência de acidentes que uma determinada empresa ocasionava; as medidas tomadas para redução da sinistralidade e a proteção do empregado e, finalmente, o custo social efetuado pelos cofres públicos.

O levantamento estatístico dos cadastros do CNAE (Classificação Nacional de Atividade Econômica) demonstrava a relação de causalidade entre o ato de desenvolver determinada atividade econômica e as doenças repetidamente apresentadas pelos empregados daquela atividade. A atividade econômica do empregador mostrou-se, então, determinante na fixação da alíquota para custear a aposentadoria especial e os benefícios devidos em razão de incapacidade laborativa decorrentes de riscos ambientais do trabalho.

Na doutrina, Coelho (2007)[363] aponta a relação de causalidade entre exercer certa atividade econômica e ser capaz de gerar determinadas doenças:

> A estatística pode determinar que: quanto mais expressivos forem os benefícios deferidos a integrantes de certo segmento econômico tanto mais provável será que tal grupo fique exposto às causas que levam ao desenvolvimento de certa doença. (COELHO, 2007, p. 731)

Desta forma, a fim de adequar a relação sinistro/prêmio ao grau de risco oferecido pela empresa, a Lei nº 10.666/2003, em seu artigo 10º, introduziu mecanismos para flexibilizar a referida contribuição, segundo os critérios de frequência, gravidade e custo, passando a abranger não apenas os benefícios por incapacidade concedidos pelo INSS, como também as aposentadorias especiais (LEITÃO, 2007),[364] assim denominadas por afastarem precocemente o empregado, em razão da exposição contínua a agentes nocivos à saúde dele.

O legislador inseriu no texto legal novo dispositivo, possibilitando a redução pela metade da alíquota anteriormente definida, bem como sua majoração até o dobro, em atenção ao princípio da equidade na forma de custeio.

Entretanto, a Lei nº 10.666/2003, não especificou a forma de cálculo, fixando apenas os parâmetros a serem seguidos para a aplicação

---

363 A Contribuição para a Aposentadoria Especial e para o Seguro de Acidentes do Trabalho", In: S. C. N. Coelho. *Contribuições para Seguridade Social*, p. 731.
364 A. S. Leitão, *Aposentadoria Especial* p.98. Sobre Aposentadoria Especial, nos reportamos aos ensinamentos de André Studart Leitão: "A contingência parte da presunção absoluta de que, em decorrência da exposição a certos agentes de forma habitual e depois de certo período de tempo, o obreiro encontra-se incapaz de se manter com dignidade.

da redução ou majoração, estipulando que o Conselho Nacional da Previdência Social (CNPS) deveria fazê-lo no prazo de seis meses.

A nova metodologia foi introduzida pela Resolução nº 1.236/2004, criando-se o Fator Acidentário Previdenciário (FAP), que consiste num multiplicador que deverá flutuar num intervalo contínuo de 0,5 a 2,0, considerando-se a gravidade, frequência e custo dos benefícios acidentários.

4.6.2. Frequência, gravidade e custo dos benefícios previdenciários relacionados a riscos ambientais do trabalho (doença, sequela definitiva, invalidez e morte)

É importante ressaltar que, para aferição da frequência, não são utilizadas as comunicações de acidentes do trabalho passíveis de subnotificações, o que beneficiaria os sonegadores. Por esse motivo, o registro de diagnóstico efetuado pelo médico, perito oficial, do problema de saúde que motivou o afastamento do trabalho é utilizado como elemento primário de embasamento da metodologia.

Os diagnósticos médicos são padronizados e catalogados pela Organização Mundial de Saúde, com denominação na Classificação Internacional de Doenças, evitando as subnotificações do mau empregador que deixava de fazer a comunicação do acidente para livrar-se da elevação da tributação ou, nos casos em que tenha agido com culpa, da responsabilidade civil decorrente dos danos causados à saúde de seus empregados.

Os benefícios considerados no quesito frequência são os comuns e os acidentários, a saber: auxílio-doença e auxílio-doença acidentário (B31 e B91); a aposentadoria por invalidez e a aposentadoria por invalidez acidentária (B32 e B92); e a pensão por morte acidentária (B93) e o auxilio-acidente (B94). O cômputo dos benefícios nas modalidades previdenciária e acidentária evita que benefícios acidentários não notificados pelo empregador ou empregado fiquem de fora da tributação específica.

De acordo com os parâmetros traçados pelo legislador ordinário, três critérios integram a composição do Fator Acidentário de Prevenção: a) coeficiente de frequência; b) coeficiente de gravidade e c) coeficiente de custo.

O coeficiente de frequência estabelece a razão entre os benefícios mencionados e o número médio de vínculos empregatícios do mesmo período.

O coeficiente de gravidade determina a razão entre a soma do tempo de duração dos benefícios anteriormente referidos e os dias potencialmente trabalhados no período de um ano, levando-se em conta a média de vínculos empregatícios. A gravidade é medida, portanto, pela relação entre o número de dias não trabalhados em razão de incapacidades para o trabalho e aqueles efetivamente laborados.

O coeficiente de custo representa a razão entre os valores gastos pelo INSS para o pagamento dos benefícios em questão e o valor arrecadado por meio do seguro contra acidentes do trabalho, conforme declaração feita nas guias de recolhimento do Fundo de Garantia por Tempo de Serviço e Informações à Previdência Social (GFIP). De tal sorte, quanto maior o custo com os benefícios em relação à arrecadação, maior deverá ser a alíquota da contribuição social destinada a esse fim.

É do cruzamento desses três coeficientes que será determinada a redução de até 50% ou a ampliação de até 100% das alíquotas de 1%, 2% ou 3%. Assim, para a atribuição do Fator Acidentário de Prevenção é necessário que seja feita revisão periódica do grau de risco, levando-se em consideração o número de benefícios deferidos com nexo causal comunicado ou presumido com a atividade empresarial de cada empregador; o tempo de duração dos afastamentos e a expectativa de vida dos segurados e, ainda, o valor dos salários de benefícios diários desembolsados multiplicados pelo grau de risco.

É o que se depreende do artigo 202-A do Decreto nº 3.048/1999:

> As alíquotas constantes nos incisos I a III do art. 202 serão reduzidas em até cinquenta por cento ou aumentadas em até cem por cento, em razão do desempenho da empresa em relação à sua respectiva atividade, aferido pelo Fator Acidentário de Prevenção – FAP. (...)
>
> § 4º – Os índices de frequência, gravidade e custo serão calculados segundo metodologia aprovada pelo Conselho Nacional de Previdência Social, levando-se em conta:
>
> I – para o índice de frequência, os registros de acidentes e doenças do trabalho informados ao INSS por meio de Comunicação de Acidente do Trabalho (CAT) e de benefícios acidentários estabelecidos por nexos técnicos pela perícia médica do INSS, ainda que sem CAT a eles vinculados; (Redação dada pelo Decreto nº 6.957, de 2009)
>
> II – para o índice de gravidade, todos os casos de auxílio-doença, auxílio-acidente, aposentadoria por invalidez e pensão por morte, todos de natureza acidentária, aos quais são atribuídos pesos diferentes em razão da gravidade da ocorrência, como segue: (Redação dada pelo Decreto nº 6.957, de 2009)
>
> a) pensão por morte: peso de cinquenta por cento; (Incluído pelo Decreto nº 6.957, de 2009)
>
> b) aposentadoria por invalidez: peso de trinta por cento; e (Incluído pelo Decreto nº 6.957, de 2009)
>
> c) auxílio-doença e auxílio-acidente: peso de dez por cento para cada um; e (Incluído pelo Decreto nº 6.957, de 2009)
>
> III - para o índice de custo, os valores dos benefícios de natureza acidentária pagos ou devidos pela Previdência Social, apurados da seguinte forma: (Redação dada pelo Decreto nº 6.957, de 2009)
>
> a) nos casos de auxílio-doença, com base no tempo de afastamento do trabalhador, em meses e fração de mês; e (Incluído pelo Decreto nº 6.957, de 2009)

b) nos casos de morte ou de invalidez, parcial ou total, mediante projeção da expectativa de sobrevida do segurado, na data de início do benefício, a partir da tábua de mortalidade construída pela Fundação Instituto Brasileiro de Geografia e Estatística - IBGE para toda a população brasileira, considerando-se a média nacional única para ambos os sexos. (Incluído pelo Decreto nº 6.957, de 2009)

4.6.3. Os objetivos e o marco inicial da nova metodologia

A nova metodologia para o financiamento dos riscos ambientais do trabalho para cobertura de benefícios do Regime Geral da Previdência Social objetiva não só o investimento em tecnologia capaz de, em primeiro momento, aumentar a carga tributária para, em segundo momento, reduzi-la, se houver, por parte do empregador, investimentos em tecnologia capazes de diminuir o risco a que estão sujeitos seus trabalhadores e de reduzir a concessão de aposentadorias especiais por medidas que afastem a exposição do trabalhador a agentes físicos, químicos ou biológicos nocivos à sua saúde.

A empresa/contribuinte fará o seu autoenquadramento no grau de risco (leve, médio e grave), em razão do maior número de trabalhadores empregados na atividade considerada preponderante, por estabelecimento, e em seguida verificará, para efeito de majoração ou redução da alíquota para o financiamento dos benefícios decorrentes de riscos ocupacionais do trabalho, qual o Fator Acidentário de Prevenção apurado, indiretamente, pelo Ministério da Previdência Social e por ele publicado, anualmente, no Diário Oficial da União.

Conhecido o Fator Acidentário de Prevenção e as informações que basearam o índice a que chegou o Ministério da Previdência, a empresa/contribuinte poderá verificar a correção dos dados utilizados na apuração individual do seu desempenho, impugnada a aferição indireta no prazo de trinta dias (artigo 4º, § 3º, do Decreto nº 6.042/2007), contados da publicação do ato de divulgação na imprensa oficial, apontando os erros, a metodologia utilizada para análise dos dados estatísticos de frequencia, gravidade e custo para aquele ramo da atividade econômica, podendo produzir as provas que entender necessárias[365].

O Ministério da Previdência Social fixou, inicialmente, o ano de 2004 como marco inicial para o levantamento estatístico dos dados que compõem o primeiro Fator Acidentário de Prevenção, conforme se depreende do artigo 202-A, §§ 7º e 8º do Decreto nº 3.048/1999, com a redação dada pelo Decreto nº 6.042/2007, estipulando o período de cinco anos a partir daquela data para divulgação dos novos dados estatisticos que serão substituídos pelos novos dados anuais incorporados ao FAP.

A periodicidade dos dados estatisticos para fixação do FAP, no entanto, foi reduzida de cinco para dois anos, com a nova redação dada pelo Decreto 6.957/2009 ao artigo 202-A, §§ 7º e 8º do Decreto nº 3.048/1999 e para o primeiro processamento dos dados estatisticos foi fixado, excepcionalmente, o periodo entre abril de 2007 a dezembro de 2008.

O FAP, introduzido pelo artigo 10, da Lei nº 10.666/2003 só foi regulamentado em 2007, produzindo efeitos tributários a partir do primeiro dia do quarto mês subsequente ao de sua divulgação pelo Diário Oficial.

---

[365] Art. 202-B. O FAP atribuído às empresas pelo Ministério da Previdência Social poderá ser contestado perante o Departamento de Políticas de Saúde e Segurança Ocupacional da Secretaria Políticas de Previdência Social do Ministério da Previdência Social, no prazo de trinta dias da sua divulgação oficial. (Incluído pelo Decreto Nº 7.126, de 3 de março de 2010 – DOU de 4/3/2010)

§ 1º A contestação de que trata o *caput* deverá versar, exclusivamente, sobre razões relativas a divergências quanto aos elementos previdenciários que compõem o cálculo do FAP. (Incluído pelo Decreto nº 7.126, de 3 de março de 2010 – DOU de 4/3/2010)

§ 2º Da decisão proferida pelo Departamento de Políticas de Saúde e Segurança Ocupacional, caberá recurso, no prazo de trinta dias da intimação da decisão, para a Secretaria de Políticas de Previdência Social, que examinará a matéria em caráter terminativo. (Incluído pelo Decreto nº 7.126, de 3 de março de 2010 – DOU de 4/3/2010)

§ 3º O processo administrativo de que trata este artigo tem efeito suspensivo. (Incluído pelo Decreto nº 7.126, de 3 de março de 2010 – DOU de 4/3/2010)

A aplicação do artigo 202-A do Regulamento da Previdência Social, que estipula a metodologia e a forma de impugnação do índice que fixa o Fator Acidentário de Prevenção para cada empresa ou ramo de atividade econômica, conforme determinou o Decreto nº 6.577/2008, foi postergada, mantendo, entretanto, vigentes os incisos I e II do artigo 5º do Decreto nº 6.042/2007, que introduziram no ordenamento o artigo 337 e a Lista B do Anexo II e o Anexo V, ambos do Regulamento da Previdência Social, com a redação dada pelo Decreto nº 6.042/2007.

A partir de 1º de fevereiro de 2010 teve início a aplicabilidade do Fator Acidentário de Prevenção, sendo exigíveis as contribuições flexibilizadas[366] previstas para o financiamento dos benefícios decorrentes dos riscos ocupacionais do trabalho.

Temendo a impugnação em massa e o ajuizamento de inúmeras ações judiciais, o INSS optou pelo adiamento das medidas para implantação do FAP, e o Decreto nº 6.577/2008 definiu sua entrada em vigor a partir de janeiro de 2010. A imprensa noticiou a medida do executivo como uma vitória da Federação das Indústrias, informando que ela havia conseguido suspender o prazo para implantação das novas alíquotas por atividade econômica.[367]

A análise até aqui desenvolvida mostra o liame existente entre a carga tributária incidente sobre determinadas atividades econômicas e o investimento na prevenção de doenças a elas relacionadas.

Não se olvida, portanto, que os empregadores acabarão efetuando investimentos em planejamento, orientação, treinamentos e equipamentos individuais e coletivos voltados à prevenção dos

---

366 Flexibilização, para Wladimir Novaes Martinez, é um sistema em que os cuidados especiais adotados por uma empresa ou sua inexistência são afetados pelos mesmos cuidados especiais das demais empresas nacionais. (*Prova e Contraprova do Nexo Epidemiológico*, p. 97.)

367 *Fator Acidentário. Previdência adia vigência para 2010.* O mecanismo, que elevará ou reduzirá as alíquotas das empresas por conta do grau de risco à saúde do trabalhador, estava previsto para vigorar em 2009. A Febraban e a CNI resistem à aplicação do mecanismo. Jornal *Folha de São Paulo*, 25.09.2008, caderno dinheiro, pag. B11.

acidentes e à redução das doenças relacionadas às suas atividades. Todas as atividades empresariais deverão contar com os indicadores do FAP.[368]

Lembramos, também, que o FAP visa a atender as diretrizes traçadas para a saúde, integrando a Política Nacional de Saúde do Trabalhador. O relatório final da 13ª Conferência Nacional de Saúde (CNS), realizada em Brasília, em novembro de 2007, no item 178,[369] reforça os comandos constitucionais definidos para a área da saúde, como se depreende de sua leitura:

> 178. Inserir as ações de saúde do trabalhador nos planos Municipais, Estaduais e Nacional de Saúde, garantindo seu **financiamento**, com a implantação de política intersetorial de **prevenção, promoção e proteção para acidentes e doenças relacionados ao trabalho**, além de promover discussões entre gestores, empregados e empresas, com orientações sobre qualidade de vida e saúde do trabalhador (grifos nossos).

---

368 O FAP tem como base a dicotomia *bonus-malus* e seu valor variará entre 0,5 e 2 conforme o maior ou menor grau de investimentos em programas de prevenção de acidentes e doenças do trabalho e proteção contra os riscos ambientais do trabalho, respectivamente. Ainda que, a princípio, pareça tratar-se de mecanismo meramente fiscal-tributário, o FAP trará reflexos imediatos na organização empresarial relativas à segurança e saúde do trabalhador, pois o investimento nessa área implicará maior ou menor alíquota de contribuição das empresas. O FAP será calculado considerando os eventos (benefícios) que trazem indicação estatístico-epidemiológica de nexo-técnico. Fonte: http://www.previdenciasocial.gov.br/conteudoDinamico.php?id=464, acesso realizado em 26.jan.2009.

369 O relatório da 13ª Conferência pode ser acessado, pela internet, por meio do endereço: http://conselho.saude.gov.br/biblioteca/Relatorios/13cns_M.pdf. Acesso em: 11.03.2009. Entre as propostas constantes do Relatório geral da 3ª Conferência Nacional de Saúde do Trabalhador (CNST) apontamos as seguintes reivindicações da classe operária: a responsabilização das empresas (rurais e urbanas) pelo custeio decorrente da resolução dos problemas de saúde do trabalhador, resultante das condições do ambiente de trabalho; a penalização, com multas de 10% do orçamento das empresas que notificadas por condições insalubres não as tenham eliminado dentro dos prazos a serem estipulados por lei; penalização das empresas através de cobrança de prêmios de seguro-acidente crescente e proporcional à frequência de acidentes e doenças provocadas pelo trabalho, devendo os recursos, daí recorrentes, serem destinados ao orçamento vinculado à questão da saúde do trabalhador. Fonte: http://www.fundacentro.gov.br/dominios/CTN/anexos/relatorio_final.pdf.

E a equidade permanece presente para reduzir as alíquotas daquelas empresas que comprovarem investimentos em programas e equipamentos de proteção, gerenciando o risco de forma efetiva, demonstrando redução dos agravos à saúde do trabalhador. Lembrando que o artigo 203, do Decreto nº 3.048/1999, em seu § 1º, veda a possibilidade de redução das alíquotas para o financiamento do seguro contra acidentes do trabalho, em até 50%, para os contribuintes que não estejam quites com as contribuições sociais, ainda que diligentes com as normas de proteção à saúde de seus trabalhadores.[370]

---

370 Entendemos não serem devedores os contribuintes que estiverem discutindo lançamentos tributários administrativamente ou em juízo, nem tampouco aqueles que fizeram acordos e parcelamentos de débitos fiscais.

capítulo V

A RESPONSABILIDADE CIVIL DO EMPREGADOR E AS AÇÕES REGRESSIVAS

5.1. Da obrigação de fazer que antecede a responsabilidade civil do empregador

A Lei nº 9.528/1997 incluiu no artigo 58 da Lei nº 8.213/1991, o § 4º, passando a obrigar o empregador a fornecer cópia autenticada do Perfil Profissiográfico Profissional por ocasião da rescisão do contrato de trabalho de seus empregados. O documento deverá conter o histórico profissional do empregado. Nele deve constar, entre outras informações, os registros ambientais, apontando, de forma detalhada, os agentes a que o trabalhador ficou exposto e as condições da exposição durante a jornada de trabalho, bem como a existência de laudo técnico que embase as informações.

O Decreto nº 4.032/2001 deu nova redação ao artigo 68 do Regulamento da Previdência Social (Decreto nº 3.048/1999), tornando obrigatória a apresentação do Perfil Profissiográfico Previdenciário para a prova da exposição do trabalhador a agentes nocivos à saúde. A Instrução Normativa INSS/DC nº 99/2004 passou a exigir o documento em caráter obrigatório, indeferindo de plano quaisquer requerimentos administrativos de segurados com objetivo de prova de tempo do trabalho sob condições especiais.

Entendemos que qualquer documento capaz de provar a exposição aos agentes nocivos à saúde do trabalhador poderá ser utilizado pelo segurado no momento do requerimento administrativo de seu benefício, ocasião em que poderá produzir as provas necessárias para comprovação das condições previstas na lei como determinantes à sua concessão ou tão somente a conversão de determinados períodos comprovadamente laborados naquelas condições.

A exigência de apresentação de Perfil Profissional Profissiográfico feita pela lei, de forma exemplificativa ou pelo regulamento, vinha sendo aplicada pelo INSS como fator determinante para concessão do benefício que era indeferido de plano quando apresentado no momento do requerimento administrativo.

Nenhuma lei ou regulamento pode restringir o direito ao devido processo legal, com a produção de todas as provas em direito admitidas e garantidas pela Constituição Federal, nem tampouco as decisões administrativas podem ser fundamentadas em exigências que restringem a possibilidade de produção de provas.

Por outro lado, no caso da exigência administrativa de apresentação do Perfil Profissiográfico Profissional, o documento precisa ser fornecido pelo empregador, que nem sempre está disposto a fazê-lo. Com esse agravante, a própria administração alterou sua forma de interpretação, permitindo que possa a ser solicitado ao empregador pelo próprio INSS, tirando da parte mais fraca, o empregado, a incumbência de obtê-lo, nos termos do artigo 178, § 8º, inciso III, da Instrução Normativa INSS/PRES nº 20/2007, com a alteração feita no referido artigo pela Instrução Normativa INSS/PRES nº 29/2008. Por não se tratar de dispositivo legal, mas de instrução normativa, o diploma não tem o poder de obrigar a empresa a atender a solicitação do INSS.

Podemos afirmar que a comprovação do tempo especial de trabalho poderá ser feita por meio dos dados constantes do Cadastro Nacional de Informações Sociais, onde estará registrado o fato gerador do adicional previsto no artigo 57, § 6º, da Lei nº 8.213/1991, permitindo ao INSS, inclusive, a dispensa da exigência de qualquer outro documento (PPP ou laudo técnico), que nesse caso deve, de ofício, conceder o benefício.[371]

---

371 Ao contrário, quando o empregador apresentar documento que seja capaz de conferir aposentadoria especial sem que constem do CNIS as contribuições e os acréscimos devidos a

O Perfil Profissiográfico Profissional e o laudo técnico ambiental produzidos pela empresa em desacordo com a realidade, visando a manutenção ou redução tributária, acarretarão implicações cíveis e criminais para a empresa,[372] que abordaremos a seguir.

5.2. A responsabilidade solidária dos sócios da empresa

A responsabilidade civil e tributária decorre do não pagamento da contribuição previdenciária no montante devido e no prazo estabelecido pela lei.

Não apenas os sócios, mas também os administradores respondem pelos atos de gestão da empresa, que tem personalidade jurídica distinta daqueles (artigos 134 e 135 do CTN). Caso a empresa venha a ser autuada por ter omitido na GFIP ou feito inserir nela informações em desacordo com a realidade, a fiscalização poderá autuá-la, aplicando-lhe multas por infração cometida.[373]

---

partir da Lei nº 9.732/1998 deverá o INSS executar as contribuições, referentes ao período não prescrito, sem prejuízo de responsabilização criminal do empregador e/ou dos administradores da empresa, no caso de pessoa jurídica.

372 No caso de recusa do empregador na entrega do PPP ou laudo técnico ambiental do local de trabalho ou de entrega do documento em desacordo com a realidade do ambiente, o empregado poderá ajuizar ação de reparação de danos contra aquele pleiteando indenização material e moral em razão da não consideração do período laborado como especial por ocasião da concessão de seu benefício.

373 A Receita Federal costuma incluir no relatório da autuação fiscal os dados pessoais dos sócios e administradores da empresa, a fim de garantir que, em caso de insolvência, aqueles respondam pela dívida fiscal, ordenando que sejam remetidas cópias das autuações à Deleprev e ao Ministério Público Federal para responsabilização criminal, como forma de intimidar o contribuinte e desestimular as defesas administrativas. Entendemos que a desconsideração da personalidade jurídica por ato administrativo da fiscalização, caso admitida, colocaria em risco as transações efetuadas pelos sócios e diretores das empresas, atingindo terceiros de boa-fé que não teriam como conhecer a dívida tributária administrativa em trâmite apenas naquela esfera, onde ainda pende decisão do órgão colegiado a respeito de sua exigibilidade. A Portaria PGFN nºˢ 642 e 644, publicada no DOU de 03.04.2009, autoriza a Receita a divulgar a lista dos devedores, criando um cadastro nacional que permitirá o conhecimento por terceiros da capacidade econômica daquelas pessoas. A portaria tem suporte na Lei nº 11.457, de 16.03.2007, que criou a super receita.

A empresa responde com seus bens e, subsidiariamente, de forma solidária,[374] os sócios e administradores com os bens pessoais, operando-se a desconsideração da personalidade jurídica da empresa (CAVALCANTE, 1998)[375] para satisfação do crédito tributário ou, em decorrência de aplicação de penalidade administrativa, por determinação judicial. Apenas com a ordem judicial, e desde que comprovados os requisitos necessários à sua concessão (suspeita de crime fiscal, insuficiência de recursos do principal devedor ou terem se esgotado as tentativas de execução da pessoa jurídica, desde que os terceiros responsáveis tenham sido responsáveis pela administração da empresa), poderá a administração desconsiderar a personalidade jurídica com a finalidade de garantir a execução fiscal dos valores dos quais entende ser credora.

Pactuamos com o entendimento de Eduardo Domingos Bottallo (2000),[376] para quem é necessária a constatação de três premissas que autorizem o juiz a conceder a ordem de desconsideração da personalidade jurídica da empresa para atingir os bens de seus administradores e/ou sócios. São elas:

a) o benefício de ordem, isto é, o terceiro somente responder com o seu patrimônio se o contribuinte não tiver bens suficientes para arcar com o débito;

b) somente a obrigação principal pode ser exigida dos terceiros, excluindo-se, assim, o cumprimento dos deveres acessórios e

---

374 O artigo 134 do Código Tributário Nacional prevê a responsabilidade de terceiros pelas obrigações principais do contribuinte. O artigo 50 do Código Civil prevê o devido processo legal como forma de obtenção da ordem judicial.

375 O indivíduo que se utiliza de uma pessoa jurídica, ao deixar de cumprir a legislação de proteção à saúde e higiene no trabalho e, em consequência omitir a exposição de existência de riscos ambientais para obter vantagem tributária, poderá, sob a ótica da desconsideração da personalidade jurídica, responder diretamente pelos danos causados ao erário. Sobre a desconsideração da personalidade jurídica, veja-se o trabalho de Suzy Elizabeth Cavalcante intitulado *A Desconsideração da Personalidade Jurídica (disregard doctrine) e os Grupos de Empresas*, p. 197.

376 E. D. Bottallo, "A responsabilidade dos sócios por dívida fiscais nas sociedades por quotas de responsabilidade limitada". *Revista do Advogado*, n. 57.

as penalidades, excetuadas as de caráter moratório (§ único do artigo 134 do CTN);

c) somente responde com os bens pessoais aquele que tenha intervido diretamente nos atos de gestão da empresa ou se restar comprovada infração à lei praticada pelo dirigente na forma dolosa, que não se confunde com o simples inadimplemento.

Os sócios da empresa ficam desonerados da multa aplicada por descumprimento de deveres acessórios por serem estes de responsabilidade pessoal de quem os tenha praticado com excesso de poderes ou infração à lei, contrato social ou estatutos (artigo 135), não desonerando, no entanto, os sócios da empresa do pagamento dos tributos não recolhidos. Nesse sentido, expõe Antonio Alexandre Ferrassini (2002)[377]

> (...) o fato da responsabilidade ser pessoal, neste caso, não desonera o contribuinte do dever de pagar o tributo solidariamente, apenas, no que tange às sanções pela infração à lei estaria ele desonerado. (FERRASSINI, 2002, p. 403)

5.3. A responsabilidade administrativa do empregador decorrente do autoenquadramento tributário, efetuado em desacordo com a lei

A questão da responsabilidade administrativa do empregador surge quando ocorre a recusa na entrega a seus empregados do Perfil Profissiográfico Profissional e laudo técnico, assinado por médico ou engenheiro do trabalho, ou pela entrega do documento em desacordo com a realidade vivida no ambiente de trabalho, sujeitando a empresa infratora à multa[378] prevista no artigo 133 da Lei

---

377 A. A. Ferrassini, *Código Tributário Nacional Comentado e Anotado*, p. 403.
378 O valor da multa variável foi fixado no artigo 13 da Portaria MPS nº 727/2003: "O responsável por infração a qualquer dispositivo do Regulamento da Previdência Social – RPS, para

nº 8.213/1991, por cada laudo que não for emitido, ou seja, cada recusa ou emissão em desacordo com a realidade do local de trabalho configura uma infração.

Sobre a penalidade prevista no artigo 133 da Lei nº 8.213/1991, Marcos Orione Gonçalves Correia (2008)[379] frisa a importância do respeito aos "princípios da motivação e da razoabilidade, bem como de todas as outras garantias do administrado previstas na Lei nº 9.784/1999, que regulamenta o processo administrativo no âmbito da administração federal, não devendo ficar sem punição as condutas que o legislador entendeu indesejáveis".

O cruzamento das informações do Cadastro Nacional de Informações Sociais com as concessões das aposentadorias especiais, além da aplicação da multa prevista no artigo 133 da Lei nº 8.213/91, poderá acarretar, caso não tenham sido efetuados os recolhimentos dos adicionais previstos no artigo 58, § 6º, da Lei de Benefícios, a instauração pela administração de procedimento fiscal para apuração dos valores devidos pelo empregador, sem prejuízo, por parte do INSS, do ajuizamento das ações regressivas contra o empregador por culpa ou dolo pelos danos resultantes na saúde dos segurados.

5.4. Responsabilidade criminal do empregador

Para que um fato seja considerado crime é necessário que tenha lei anterior à sua prática tipificando-o como tal (artigo 5º, XXXIX, da Constituição Federal).

O ato do empregador consistente na omissão do fornecimento do PPP ou na emissão em desacordo com a realidade do local de trabalho

---

a qual não haja penalidade expressamente cominada, está sujeito, a partir de 1º de junho de 2003, conforme a gravidade da infração, a multa variável de R$ 991,03 (novecentos e noventa e um reais e três centavos) a R$ 99.102,12 (noventa e nove mil cento e dois reais e doze centavos) ".

379 M. G. O. Correia, *Legislação Previdenciária Comentada*, p. 465.

de seus funcionários, assim como a falta de emissão de comunicação de acidente do trabalho por si só não configuram a conduta típica criminal descrita no tipo penal previdenciário.

No entanto, a conduta omissiva do empregador deixando de informar adequadamente o fato gerador tributário é considerada crime, e a consequência dessa omissão acarretará na sonegação do tributo.

Há dois tipos penais prevendo tais condutas: a falsificação de documento público e a sonegação de contribuição previdenciária, previstos, respectivamente, nos artigos 297[380] e 337-A do Código Penal Brasileiro, com a redação dada pela Lei nº 9.983/2000.

O crime de falsificação de documento público previsto no artigo 337-A[381] do Código Penal só se configura se houver dolo do agente. Nesse sentido é o entendimento de Pedro Lazarini (2010), ao afirmar que, para configuração da conduta típica, deverá restar caracterizado "o *animus* específico de fraudar a previdência".[382]

Havendo dolo e restando configurada a prática do crime de *sonegação de contribuição previdenciária* previsto no artigo 337, ficará extinta a punição se os empregadores confessarem a dívida, antes do

---

380 Art. 297 - Falsificar, no todo ou em parte, documento público, ou alterar documento público verdadeiro:

Pena - reclusão, de dois a seis anos, e multa.

§ 3º Nas mesmas penas incorre quem insere ou faz inserir:

III - em documento contábil ou em qualquer outro documento relacionado com as obrigações da empresa perante a previdência social, declaração falsa ou diversa da que deveria ter constado. (Incluído pela Lei nº 9.983/2000)

381 Art. 337-A. Suprimir ou reduzir contribuição social previdenciária e qualquer acessório, mediante as seguintes condutas:

III - omitir, total ou parcialmente, receitas ou lucros auferidos, remunerações pagas ou creditadas e *demais fatos geradores de contribuições sociais previdenciárias*:

Pena - reclusão, de 2 (dois) a 5 (cinco) anos, e multa.

382 LAZARINI, Pedro. *Código Penal Comentado e Leis Penais Especiais Comentadas*. 6. ed. São Paulo : Editora Primeira Impressão, 2010. p. 1255.

início da ação fiscal, retificando as GFIPs e procedendo o pagamento dos valores devidos, ainda que de forma parcelada (§ 1º, art. 337-A, com redação dada pela Lei nº 9.983/2000).

A pena de reclusão de dois a cinco anos poderá deixar de ser aplicada pelo juiz se o empregador for primário e tiver bons antecedentes, desde que o valor devido à Previdência Social seja inferior ao valor que ela própria considera de pequena monta, dispensando ajuizamento de execuções fiscais.

Poderá haver redução da pena de um terço até a metade se o empregador for pessoa física e sua folha mensal não ultrapassar valor determinado por portaria, considerado de baixa repercussão econômica.

Por outro lado, poderá o empregador ser responsabilizado pelos crimes de falsificação e sonegação, enquadrando-se suas condutas de omissão e sonegação, no crime continuado previsto no artigo 71[383] do Código Penal, quando o juiz poderá aplicar a pena do crime mais grave, no caso de falsificação, aumentando-a de um sexto a dois terços.

Podemos afirmar que a falta do fornecimento do PPP ou sua emissão em desacordo com as condições do ambiente de trabalho, e a falta de emissão de comunicação de acidente do trabalho, acarretam o não pagamento da alíquota apropriada, respectivamente, do adicional de 12%, 9% ou 6%, de acordo com o grau de risco da atividade previsto no artigo 57, § 6º, da Lei nº 8.213/1991 e 1%, 2% ou 3%, desde que com intenção de sonegar tributo, acarretará a configuração das condutas típicas dos sócios ou administradores da empresa nos crimes de falsificação de documento público e a sonegação de contribuição previdenciária.

---

383 Art. 71 - Quando o agente, mediante mais de uma ação ou omissão, pratica dois ou mais crimes da mesma espécie e, pelas condições de tempo, lugar, maneira de execução e outras semelhantes, devem os subsequentes ser havidos como continuação do primeiro, aplica-se-lhe a pena de um só dos crimes, se idênticas, ou a mais grave, se diversas, aumentada, em qualquer caso, de um sexto a dois terços.

5.5. Responsabilidade civil por ato ilícito do empregador: as ações regressivas de titularidade do INSS

A ação regressiva tem a finalidade de reaver a indenização por dano causado por outrem. É o que dispõe o artigo 934 do Código Civil vigente:

> Aquele que ressarcir o dano causado por outrem pode reaver o que houver pago daquele por quem pagou, salvo se o causador do dano for descendente seu, absoluta ou relativamente incapaz.

Aquele que cria o risco tem o dever de evitar que o dano aconteça.[384] Segundo Nery (2002)[385], são dois os sistemas de responsabilidade que foram adotados pelo novo Código Civil:

> O sistema geral do CC é o da responsabilidade civil subjetiva (CC 186), que se funda na teoria da culpa: para que haja o dever de indenizar é necessária a existência do dano, do nexo de causalidade entre o fato e o dano e a culpa *lato sensu* (culpa – imprudência, negligência ou imperícia; ou dolo) do agente. O sistema subsidiário do Código Civil é o da responsabilidade civil objetiva (CC 927, parágrafo único) que se funda na teoria do risco: para que haja o dever de indenizar é irrelevante a conduta (dolo ou culpa) do agente, pois basta a existência do dano e do nexo de causalidade entre o fato e o dano. Haverá responsabilidade civil objetiva quando a lei assim o determinar (v. g., CC 933) ou quando a atividade habitual do agente, por sua natureza, implicar risco para o direito de outrem (v. g., atividades perigosas). Há outros subsistemas derivados dos demais sistemas que se encontram tanto no Código Civil quanto em leis extravagantes (NERY, 2002).

---

384 Neste sentido é a decisão do TJSP em ação de responsabilidade civil que condenou a SABESP por não ter fiscalizado seus empregados e, ainda, por desrespeito à norma regulamentadora urbana NR nº 4, da Portaria nº 3.214/1978, cap V da CLT, Embargos Infringentes nº 176.298-1, 3ª Câmara Cível por maioria de votos, Revista LEX, v. 149, p. 168/170.
385 N. Nery Jr., R. M. A. Nery, *Novo Código Civil e Legislação Extravagante Anotados*, p. 91.

A responsabilidade civil prevista no artigo 120 da Lei nº 8.213/1991 é subjetiva, devendo, portanto, ser comprovada a conduta culposa (por negligência, imprudência ou imperícia) do empregador por negligência às normas de segurança e higiene do trabalho.

A ação regressiva que abordamos neste tópico visa ao ressarcimento dos gastos efetuados pelo INSS decorrentes de acidentes do trabalho e ainda funciona como medida de prevenção de acidentes.[386]

Parte legítima para propositura da ação é o Instituto Nacional do Seguro Social, devendo demonstrar a negligência do empregador, nos termos do artigo 333, inciso I, do Código de Processo Civil, provando os fatos constitutivos do seu direito, explicitando a ação ou omissão negligente do empregador, bem como quais as normas de segurança do trabalho desrespeitadas pelo empregador.

O artigo 159 do Código Civil de 1916, atual artigo 186, pressupunha a existência da culpa *lato sensu*, abrangendo o dolo e a culpa *stricto sensu* ou aquiliana. Nesse sentido é o entendimento de Rogério Marrone de Castro Sampaio (2000)[387] ao afirmar:

> (...) o pressuposto da responsabilidade subjetiva é a culpa, ou seja, o elemento essencial a gerar o dever de indenizar é o fator culpa entendido em sentido amplo (dolo ou culpa em sentido estrito) . Na ausência de tal elemento, não há que se falar em responsabilidade civil. (SAMPAIO, 2000, p. 26)

Para Daniel Pulino, a simples ocorrência do infortúnio seria indício de negligência:

> A consumação do acidente é condição necessária – embora não suficiente, já que, mais que isso, também será preciso demonstrar a ocorrência de negligência quanto à segurança e higiene do trabalho – para o exercício do direito de regresso contra as

---

386 A este respeito, Daniel Pulino coloca a ação regressiva "entre outras medidas previstas em lei como mecanismo para reforçar o cumprimento da legislação trabalhista". Veja-se, nesse mesmo contexto, os arts. 22, § 3º, da Lei nº 8.212/1991, e 19, § 4º, da Lei nº 8.213/1991. *Ação Regressiva contra as empresas negligentes quanto à segurança e à higiene no trabalho*, p. 8.
387 R. C. Sampaio, *Direito Civil Responsabilidade Civil*, p. 26.

empresas, pois a negligência, ensejadora dessa responsabilidade, evidencia-se apenas com a ocorrência do infortúnio. (PULINO, 1996, p. 10)

A necessidade de constatação e prova da culpa do empregador nos permite afirmar não ser aplicável, no caso das ações regressivas, a teoria do risco integral ou risco do trabalho, segundo a qual "só o fato de exercer uma atividade que cause um dano já é condição para se acionar a justiça e não admite qualquer exclusão da responsabilidade civil" (SOUZA, 2000).[388]

Outrossim, a constatação de ocorrência do acidente de trabalho com a presunção do nexo causal entre a natureza da atividade exercida pelo empregador do segurado sinistrado e o evento danoso poderão ser interpretados como suficientes para prova da culpa do empregador, no evento danoso, quando este tiver sido intimado pelo INSS para impugnar o nexo epidemiológico, deixando transcorrer, *in albis*, o prazo da impugnação. Se não impugnou o nexo foi porque não tinha como afastá-lo, restando constatada sua intenção em subnotificar o acidente.

É necessário que o INSS descreva de que forma a função do segurado era exercida e quais seriam as medidas de prevenção que teriam evitado o infortúnio, não sendo suficiente a simples indicação de afronta a dispositivos da Consolidação das Lei do Trabalho (arts. 157 e 158), a Lei de Benefícios (Lei nº 8.213/1991, artigo 19 e seus parágrafos), além de portarias e normas regulamentares.

Quando o nexo epidemiológico tiver sido afastado por meio do devido processo legal administrativo ou judicial não caberá ação regressiva, pois restará afastado o próprio nexo causal.

---

388 M. C. M. Souza, *Responsabilidade civil decorrente de acidente do trabalho*, p. 174. "O fundamento jurídico da teoria do risco do trabalho está na atividade empresarial, a qual denota vantagens obtidas com o trabalho humano, bastando apenas o risco do trabalho para que se indenize os danos decorrentes do labor, porque a atividade envolve risco de dano, que lhe é inerente, ficando assegurada a proteção indispensável dos trabalhadores em contrapartida às vantagens patrimoniais".

A alegação de sobrejornada, por exemplo, como o desrespeito aos intervalos para descanso previstos para algumas atividades (telefonistas, caixas etc.) é passível de presunção de culpa do empregador nos casos de lesão por esforços repetitivos entre outras lesões psicológicas comuns nessas funções. Nesses casos, o homem médio aceita as lesões como decorrentes daquela atividade.

Para a prova da culpa do empregador, recomenda-se que o INSS reúna elementos de convicção que possam configurá-la, inclusive uma eventual prova já produzida[389] contra o empregador em ações movidas pelo segurado ou seus familiares, ainda que passíveis de impugnação, tais como:

    a) Cópia do(s) processo(s) administrativo(s) de benefício(s) à disposição do INSS nas Agências da Previdência Social;

    b) Informações fornecidas pelo Ministério Público Estadual e Delegacias de Polícia sobre eventuais ações penais ou inquéritos policiais decorrentes de acidentes de trabalho;

    c) Informações fornecidas pelo Ministério Público do Trabalho sobre procedimentos investigatórios, Termos de Ajustamento de Conduta e possível Ação Civil Pública aforada contra a empresa empregadora, em razão do acidente a que se refere ou outros acidentes fatais de natureza similar, com o objetivo de carrear elementos de convicção e/ou extrair eventual prova emprestada;

    d) Informações aos cartórios e secretarias da Justiça Estadual e Justiça do Trabalho, sobre eventuais ações de indenização movidas pelos segurados ou seus dependentes;

É evidente que, se o empregador vem sendo responsabilizado objetivamente pelos danos causados aos seus empregados em ações de

---

[389] Vale ressaltar que o empregador não participa do processo de concessão do benefício acidentário, sendo aquela decisão judicial *res inter alios* para ele, surtindo efeito apenas entre o INSS e o segurado, podendo ser impugnada a prova emprestada daquele com a finalidade de provar a culpa na ação regressiva movida contra o empregador. Nesse sentido é o artigo 472 do CPC, que determina que "a sentença faz coisa julgada às partes entre as quais é dada, não beneficiando nem prejudicando terceiros".

indenização por responsabilidade civil, conforme verificamos pelas ementas trazidas do Superior Tribunal do Trabalho,[390] a aplicação do nexo epidemiológico poderá levar à perigosa presunção da conduta culposa por parte do empregador. A presença tão somente do nexo de causalidade entre a doença e a atividade exercida pelo segurado já significaria ter havido culpa do empregador no resultado danoso (OLIVEIRA, 2008).[391]

Lembramos que o artigo 120 da Lei nº 8.213/1991, prevê a responsabilidade civil subjetiva. Caso admitíssemos a responsabilização do empregador pelas sequelas acidentárias de empregado seu, em função da natureza da atividade laboral, verificaríamos a aplicação da responsabilidade civil objetiva, não prevista no ordenamento para esse tipo de situação (artigo 7, inciso XXVIII, da Constituição Federal de 1988). É evidente que, se o empregador teve oportunidade de impugnar administrativamente o nexo técnico e não o fez, presume-se que admitiu a relação entre a atividade laboral e a doença, mas não que tenha admitido a culpa no resultado danoso.[392]

A configuração da culpa está apoiada na falta de observância do dever geral de cautela ou no dever de agir, de modo a não lesar ninguém. Nesse sentido, Carlos Alberto Menezes Direito e Sergio Cavalieri (2004)[393] dissertam:

> A culpa, como elemento fundamental do presente litígio, tem sido definida como a conduta contrária à diligência ordinária e comumente usada. Por diligência entende-se o zelo, a cautela, o cuidado

---

390 Vide teor das decisões do TST na nota de rodapé de numero 402.
391 Neste sentido, Sebastião Geraldo de Oliveira em *Indenizações por acidentes do trabalho ou doença ocupacional*, p. 126 "(...) é possível concluir que a implementação da responsabilidade civil objetiva ou teoria o risco, na questão do acidente do trabalho, é mera questão de tempo".
392 "A exigência do nexo causal como requisito para obter a eventual indenização encontra-se expressa no art. 186 do Código Civil quando menciona 'aquele que causar dano a outrem'". Havendo previsão expressa na lei, pode até ocorrer a indenização sem que haja culpa, como previsto no art. 927, parágrafo único do Código Civil, mas é incabível o ressarcimento quando não ficar comprovado o nexo que liga o dano ao seu causador.
393 C. A. M. Direito, S. Cavalieri, *Comentários ao novo Código Civil*, p. 65.

para cumprir o dever; o esforço da vontade exigível para determinar e executar a conduta necessária ao cumprimento de determinado dever. (DIREITO; CAVALIERI, 2004, p. 65)

O empregador tem obrigação de adotar a diligência necessária para evitar os acidentes e as doenças relacionadas com o trabalho, devendo considerar todas as hipóteses razoavelmente previsíveis de danos e ofensas à saúde do trabalhador.[394] Consigna, com acerto, Cavalieri Filho, que "só há o dever de evitar o dano que for razoável prever. E previsível é aquilo que tem certo grau de probabilidade de ocorrer" (CAVALIERI, 2003).[395]

Quanto à questão da segurança e saúde ocupacional, o empregador deverá proporcionar condições adequadas de trabalho por meio de adequação do local às atividades desenvolvidas por seus empregados, tais como promover alterações do mobiliário, adquirir, fornecer e fiscalizar equipamentos individuais e coletivos de proteção, em função dos estudos dos diversos ambientes da empresa.

Mas apenas medidas de segurança não são suficientes para proteção da saúde dos empregados, nem tampouco para afastar a culpa *in vigilando* do empregador (GONÇALVES, 2003).[396] Deverá o

---

[394] Nesse sentido, o Acórdão da 4ª Turma do TRF da 3ª Região: Apelação Cível. Acidente Do Trabalho. Ação Regressiva do Inss Contra Os Empregadores. Art. 120 da Lei nº 8.213/1991. Inocorrência De Culpa. - Não podendo o acidente ser evitado pelos EPIs usados, que eram os necessários aos trabalhos que executavam, é de ser considerado como caso fortuito, inexistindo relação de causalidade entre o comportamento das Rés e o fato, não podendo então lhes ser atribuída responsabilidade (Apelação Cível nº 592.808 da Quarta Turma, TRF, 3ª Região).

[395] S. Cavalieri Filho, Programa de responsabilidade civil, p. 56.

[396] Para Carlos Roberto Gonçalves, *Responsabilidade Civil de acordo com o novo código civil*, p. 130, "(...) a ideia de risco é a que mais se aproxima da realidade. Se o pai põe filhos no mundo, se o patrão se utiliza do empregado, ambos correm o risco de que, da atividade daqueles, surja dano para terceiro". No caso das ações regressivas, o terceiro lesado em decorrência da constatação da culpa *in vigilando* do empregador é toda a sociedade, por meio do INSS e do SUS, que arcam com a cobertura das prestações previdenciárias e com os serviços de saúde. Nem se poderia alegar a culpa da vítima se aquela não foi orientada adequadamente para evitar o acidente, se nem sequer o uso dos equipamentos de proteção foi fiscalizado pelo empregador. Daí a importância da organização interna com caráter educacional e preventivo, capaz de garantir eficácia aos programas de prevenção de acidentes.

empregador promover cursos e palestras periódicas, distribuir informações sobre saúde em cartilhas e manuais, oferecendo e alertando os empregados com dicas de prevenção. A educação ambiental no ambiente de trabalho levará a resultados cada vez melhores dos empregados de determinada empresa. Eles participam diretamente do processo de prevenção de acidentes organizando-se internamente na empresa, promovendo medidas de proteção por meio da Divisão de Saúde Ocupacional (DSO), da Comissão Interna de Prevenção de Acidentes (CIPA) e do Departamento de Recursos Humanos (DERHU).

O INSS figurando como réu nas ações acidentárias não deverá contestá-las, negando o nexo causal ou interpondo todos os recursos cabíveis contra o segurado para, em seguida, interpor ação regressiva contra o empregador, imputando-lhe culpa, por negligência, de fato que ele próprio não admitia como passível de ser caracterizado como acidente do trabalho.

Acreditamos que o nexo epidemiológico resultará em diminuição do número de demandas judiciais acidentárias e, por não ter impugnado o nexo causal entre a doença e a atividade do empregador naqueles feitos, poderá o INSS, tendo concedido benefício previdenciário acidentário, ingressar com ação regressiva contra o empregador.

A fixação da indenização a ser paga pelo empregador negligente como ressarcimento aos cofres públicos e à sociedade, nos termos do artigo 120, da Lei nº 8.213/1991,[397] é outra questão polêmica.

Quando houve a edição da Lei nº 8.213/1991, as alíquotas para o financiamento do seguro contra acidentes do trabalho eram fixas. Hoje, com a nova metodologia para o financiamento do SAT para

---

397 A Resolução CNPS nº 1291/2007 recomenda ao INSS ampliação de medidas para propositura de ações regressivas contra os empregadores considerados responsáveis por acidente de trabalho, visando o ressarcimento aos cofres públicos dos valores pagos como benefícios previdenciários de auxílio-doença, aposentadoria por invalidez, pensão por morte e auxílio-acidente.

fixação do critério quantitativo do tributo, são considerados o custo, a frequência e a gravidade do afastamento, o que implicaria afirmar que os cofres públicos já estariam sendo ressarcidos pela nova metodologia tributária que flexibiliza a alíquota.

5.5.1. Natureza jurídica da ação regressiva de autoria do INSS

Entre os riscos que devem ser repartidos entre a sociedade não se incluem aqueles decorrentes de ato ilícito, devendo o causador do dano ao erário ressarcir as despesas com pagamento de benefícios.

A nova metodologia para o financiamento dos riscos acidentários leva em consideração a frequência, a gravidade e o custo dos benefícios decorrentes de risco ocupacional acidentário. Portanto, verificamos que entre aqueles critérios o custo foi calculado antecipadamente, não havendo possibilidade de reaver os valores gastos pela autarquia previdenciária com pagamentos de benefícios ou serviços.

Sublinhe-se que a própria constituição exige o equilíbrio financeiro da Previdência Social, nos termos do artigo 201, *caput*, de modo que os gastos não superem as arrecadações. O financiamento é, pois, calculado com base em dados estatísticos e os benefícios mantidos pela Previdência estão incertos no orçamento da União, que disponibiliza as arrecadações com base nas previsões do plano plurianual desdobrado anualmente pela Lei de Diretrizes Orçamentárias.

O custeio da Previdência e a previsão de recursos destinados exclusivamente para os benefícios por incapacidade (seguro contra acidentes do trabalho) demonstram que o objetivo do legislador, ao inserir na Lei nº 8.213/1991 o artigo 120, era o ressarcimento dos danos causados ao erário que, atualmente, com a nova metodologia são previstos, calculados e custeados pelos empregadores, mensalmente, com alíquota variável sobre a folha de salários.

Entendemos, portanto, que a natureza jurídica da ação regressiva, após o advento do Fator Acidentário de Prevenção e do Nexo Técnico Epidemiológico, passou a ser punitiva e educativa, cabendo o pedido de indenização capaz de coibir a negligência, a imprudência, a imperícia ou o dolo do empregador.

As pesadas indenizações servem de estímulo à mudança de comportamento do empregador,[398] reforçando a prevenção dos riscos ocupacionais do trabalho decorrentes das diferentes atividades econômicas, diminuindo as estatísticas de sinistralidade, protegendo o bem maior, que é a saúde do trabalhador. Verificamos, portanto, ser necessária a alteração do texto do artigo 120 da Lei nº 8.213/1991, para adaptá-lo ao novo financiamento dos benefícios decorrentes de risco ocupacional do trabalho, atualmente de caráter punitivo e educativo e não mais visando apenas o ressarcimento aos cofres públicos dos valores gastos com o pagamento de benefícios previdenciários e com os serviços de reabilitação, prótese e órtese.

Sebastião Geraldo de Oliveira (2008)[399] alerta sobre a migração do risco ergonômico para o risco econômico, em decorrência do aperfeiçoamento da legislação sobre a saúde do trabalhador, "que passou a interessar ao planejamento estratégico das empresas, porquanto os riscos envolvidos em razão dos acidentes do trabalho ou doenças ocupacionais, como visto, podem gerar expressivas indenizações, além de comprometer a imagem institucional do empregador".

O trabalhador passa a merecer maior proteção por parte do empregador. Esta é a finalidade das leis de proteção do ambiental e da saúde do trabalhador, e também das ações regressivas. Este é o entendimento de Sebastião Geraldo Oliveira,

> Enquanto a norma praticamente se limitava a conclamar o sentimento humanitário dos empresários, pouco resultado foi obtido; agora, quando o peso das indenizações assusta e até intimida, mui-

---

398 Tanto que a Portaria AGU nº 6 permite que a Advocacia Geral da União proponha descontos de até 20% sobre o valor da causa. Os acordos só podem ser propostos em causas de até R$ 1 milhão.
399 OLIVEIRA, Sebastião Geraldo de. *Indenizações por acidente do trabalho ou doença ocupacional.* 2. ed. São Paulo: LTr, 2008. p. 222.

tos estão procurando cumprir a lei, adotando políticas preventivas, nem sempre por convicção, mas até mesmo por conveniência estratégica. (OLIVEIRA, 2008, p. 222)

É preocupante, ainda, a destinação que será dada aos recursos restituídos aos cofres públicos por meio das ações regressivas.[400] Recomenda-se a criação de Centro de Reabilitação Profissional próprio para recuperação e reintegração dos acidentados ao mercado de trabalho.

5.5.2. Prazo prescricional para o INSS ajuizar a ação regressiva

Daniel Pulino (1996)[401] entende que o prazo de prescrição para que o INSS ajuíze a ação regressiva contra o empregador que tenha negligenciado as normas de higiene e segurança de trabalho é o mesmo da lei civil. Referida ação tinha prescrição vintenária, sob a égide de o Código Civil de 1916. No entanto, com a entrada em vigor do Código Civil, a partir de 11.01.2003, o prazo prescricional para esse tipo de demanda passou a ser de três anos, conforme o artigo 206, § 3º, V, observada a regra de transição prevista no artigo 2.028,[402] ao estabelecer que, se em 11 de janeiro de 2003 já tivesse transcorrido mais de dez anos do fato, o prazo prescricional aplicável será o do Código anterior.

A questão do prazo prescricional, com o advento da Emenda Constitucional nº 45/2004, que deu nova redação ao artigo 114, inciso IV, da Constituição Federal, passou a ser controvertida. Tanto a Justiça comum como a Justiça do Trabalho passaram a entender-se competentes para o julgamento das ações de indenização decorrentes

---

400 Caberá ao aplicador do direito, ao julgar referidas ações, verificar quais são as concepções éticas efetivamente vigentes, adaptando "o preceito legal à evolução da realidade social", como lembra Alípio da Silveira. Após discorrer sobre o conceito de "indenização justa" inserto na Constituição da República, ratado sobre "hermenêutica no direito brasileiro" (RT, vol. II, p. 442/443) .
401 D. Pulino, "Ação Regressiva contra as empresas negligentes quanto à segurança e à higiene do trabalho". *Revista de Previdência Social*, nº 182, p. 10.
402 Art. 2.028. Serão os da lei anterior os prazos, quando reduzidos por este Código, e se, na data de sua entrada em vigor, já houver transcorrido mais da metade do tempo estabelecido na lei revogada.

de acidentes do trabalho. O Supremo Tribunal Federal, ao julgar o conflito de competência nº 7.204/MG, adotou, por unanimidade, o entendimento de que a indenização por acidente de trabalho possui natureza trabalhista, tendo se pacificado, dessa forma, o entendimento nas diversas cortes do país.

A mudança da competência para a justiça do trabalho fez com que as normas de prescrição do Código Civil deixassem de ser aplicadas, posto que há, no âmbito do direito do trabalho, regra especial sobre prescrição, o artigo 7º, inciso XXIX, da Constituição Federal que estabelece dois prazos: a) decadencial de dois anos, que deve ser contado da data da rescisão do contrato de trabalho para a perda do direito de ação e b) de prescrição que é de cinco anos para conservar o direito à indenização devida, interrompido pela citação válida certificada no processo judicial.

5.5.3. Competência para o julgamento da ação regressiva

As ações regressivas se fundam na responsabilidade civil por ato ilícito, não se relacionando com a ação de concessão de benéfico previdenciário (artigo 129, II, da Lei nº 8.213/1991), nem tampouco com a ação acidentária (artigo 109, I, da Constituição Federal).

Podemos afirmar, portanto, que o foro competente para o ajuizamento da ação regressiva de titularidade do INSS é a Justiça Federal comum.

5.6. Responsabilidade civil do empregador decorrente de ato ilícito: o dever de indenizar o empregado e seus familiares

O segurado poderá postular indenização por dano material e moral[403] contra o empregador, com fundamento no artigo 7º, XXVIII,

---

[403] Súmula nº 37 do STJ: "São cumuláveis as indenizações por dano material e dano moral oriundos do mesmo fato".

da Constituição Federal e no artigo 186 do Código Civil, em razão de sua omissão nos procedimentos de segurança relacionados às atividades habituais de seus empregados, implicando na perda da capacidade laboral da vítima e no consequente padecimento moral e econômico dela e de seus entes familiares; portanto, passíveis de reparo pela via judicial.

O dano material se configura, portanto, pela perda do poder aquisitivo por parte do empregado, decorrente da impossibilidade de exercer atividade remunerada por ter se aposentado por invalidez ou por não conseguir ingressar no mercado de trabalho nas mesmas condições de higidez física que possuía antes de trabalhar para o empregador negligente ou, ainda, pelo óbito do (a) provedor (a) da família, resultante na perda da possibilidade de progresso econômico para aquela entidade familiar.

Os danos materiais consistem na condenação de pensão mensal complementar ao benefício previdenciário, a ser estabelecida por meio do prudente arbítrio de um juiz do trabalho, junto com a condenação do dano moral causado ao sinistrado e à sua família. No balizamento da quantia indenizatória, há que se avaliar a situação econômica do *agente delituoso* e o peso intimidativo da condenação, que "tem o duplo caráter esposado pelos doutos ao entenderem que, na quantificação do valor a indenizar, se terá em mente não apenas a compensação da dor causada à vítima, mas também a punição do ofensor com o fito de desencorajá-lo à prática de atos da mesma natureza". (CARMIGNANI, 1996)[404]

O critério utilizado pela Justiça do Trabalho para fixação do tempo que a indenização mensal deverá ser paga pelo empregador é o da expectativa de sobrevida do trabalhador sinistrado ou de seus dependentes, aplicada a estatística divulgada pelo IBGE vigente na data do acidente. Os artigos 949 e 950 do Código Civil fundamentam o pedido de indenização por estabelecerem, nos casos em que

---

404 CARMIGNANI, Maria Cristina da Silva. A Evolução Histórica do Dano Moral. Revista do Advogado (São Paulo), v. 49, p. 32-46, 1996.

a lesão ou ofensa à saúde resultem em doença que afaste a vítima do seu trabalho ou diminua a sua capacidade laborativa, o direito à indenização consistente na prestação de alimentos à vitima, desde a data de sua saída da empresa.

Os danos materiais podem incluir, ainda, a responsabilização e condenação que obrigue o empregador a manter cobertura de seguro--saúde para o trabalhador vitimado, pelo período em que ele permanecer incapaz, ou de forma vitalícia, ficando assegurada a cobertura de todos os gastos com medicamentos e tratamentos necessários, conforme prescrevem os artigos 949 e 950 do Código Civil vigente:

> Art. 949. No caso de lesão ou outra ofensa à saúde, o ofensor indenizará o ofendido *das despesas do tratamento* e dos lucros cessantes até ao fim da convalescença, além de algum outro prejuízo que o ofendido prove haver sofrido.
>
> Art. 950. Se da ofensa resultar defeito pelo qual o ofendido *não possa exercer o seu ofício ou profissão, ou se lhe diminua a capacidade de trabalho, a indenização, além das despesas do tratamento* e lucros cessantes até ao fim da convalescença, incluirá pensão correspondente à importância do trabalho para que se inabilitou, ou da depreciação que ele sofreu.

Caberá ao segurado demonstrar a culpa do empregador e o nexo de causalidade entre a doença de que é portador e a atividade desenvolvida. Entretanto, com o advento do Decreto nº 6042/2007 que regulamentou o Nexo Técnico Epidemiológico,[405] desde que a

---

405 Bancário. Movimentos Repetitivos. LER/DORT. Nexo Técnico Epidemiológico. Dano Moral. Os serviços bancários envolvem digitação e outros movimentos repetitivos, e portanto, são propícios às doenças do tipo LER/DORT. Esta circunstância foi reconhecida como nexo técnico epidemiológico, nos termos do Decreto nº 6.042/2007, que relacionou as doenças identificadas no CID (Código Internacional de Doenças) como de M60 a M70 (Doenças do Sistema Osteomuscular e do Tecido Conjuntivo) com a Classificação Nacional de Atividades Econômicas - CNAE, correspondentes aos Bancos Comerciais e Bancos Múltiplos com carteiras comerciais (CNAE 6422 e 6423) , dentre os quais se enquadra o reclamado, e onde a reclamante se ativou por cerca de uma década. Trata-se, pois, o serviço bancário, de atividade com acentuado grau de risco à saúde, como se constou *in casu*, com resultado danoso em face da presença da doença (LER) incapacitante para o trabalho, que implicou notório sofrimento físico, emocional e psicológico, além de problemas sociais,

doença possa ser identificada pela perícia médica em um dos códigos internacionais relacionados com a atividade econômica para a qual o empregado vitimado tiver prestado serviço, a presunção do acidente deverá ser refutada pelo empregador, invertendo-se o ônus da prova.

Prova emprestada é aquela utilizada em processo administrativo ou judicial anterior àquele, onde nova prova deverá ser produzida. O trabalhador poderá utilizar como prova emprestada a perícia oficial realizada perante o INSS por ocasião do afastamento do trabalho, evitado ônus ao sistema público de saúde com a reiteração da prova pericial, conferindo maior celeridade ao processo.[406] Provada a culpa do empregador e o dano em sua saúde, é certa a indenização pelos danos materiais e morais.

Podemos afirmar que, caso tenha sido aplicado o nexo epidemiológico na concessão do benefício previdenciário, a culpa do empregador parecerá evidente. Cabível aqui os ensinamentos de Arnaldo Rizzardo (2001)[407], quando aborda situações baseadas em princípios éticos que por si só fazem presumir a culpa do agente causador do dano:

> Revelado o dano, como quando o veículo sai da estrada e atropela uma pessoa, não se questiona a respeito da culpa. É a chamada culpa *in re ipsa*, pela qual alguns fatos trazem em si o estigma da imprudência, ou da negligência, ou da imperícia. Uma vez demons-

---

decorrentes da limitação para o desempenho de atividades manuais que, consequentemente, vieram a afetar de modo permanente a vida diária da reclamante, acometida daquele mal, reduzindo sobremaneira suas condições de empregabilidade. Daí porque é de se prestigiar a decisão de origem que deferiu à bancária uma indenização por dano moral, que não se compensa com a garantia estabilitária de que trata o art. 118 da Lei nº 8.213/1991. Recurso patronal improvido. (R.O. Processo nº 01457-2005-070-02-00-4. 4ª Turma. Rel. Ricardo Artur Costa e Trigueiros. DJ 15/04/2008).

406 Verificado o *eventus damni* surge a necessidade da reparação, não havendo que se cogitar da prova do prejuízo, desde que presente o nexo de causalidade a ligar o dano ao comportamento comissivo, ou omissivo, do agente (Cf. STJ, Resp nº 86.271/SP, Rel Min. Carlos Alberto Menezes Direito, DJ 1 de 09.12.1997; REsp nº 23.5575/DF, Rel. Min. César Asfor Rocha, DJ1 de 01.09.1997; REsp. nº 121.757/RJ, Rel. Min Sálvio de Figueiredo Teixeira, DJ 1 de 08.03.2000).

407 RIZZARDO, Arnaldo. *A reparação nos acidentes de trânsito*. 9. ed. rev., atual. e ampl. São Paulo: Revista dos Tribunais, 2001. p. 95.

trados, surge a presunção do elemento subjetivo, obrigando o autor do mal à reparação. (RIZZARDO, 2001, p. 95)

Dessa forma, existindo o nexo causal entre a doença e a atividade econômica desenvolvida pelo empregador que deixou de impugnar casuisticamente o nexo causal, resta presumida a culpa do empregador, resultante tão somente daquela atividade, obrigando-o à reparação dos danos causados ao empregado.

Sebastião Geraldo de Oliveira conclui que, antes da entrada em vigor do atual Código Civil, a responsabilidade civil adotava como regra a responsabilidade subjetiva, exigindo a comprovação da culpa. Entretanto, com o artigo 927 do Código Civil em vigor a regra passou a ser a responsabilidade objetiva:

> Art. 927. Aquele que, por ato ilícito (arts. 186 e 187), causar dano a outrem, fica obrigado a repará-lo. Parágrafo único. Haverá obrigação de reparar o dano, independentemente de culpa, nos casos especificados em lei, ou quando a atividade normalmente desenvolvida pelo autor do dano implicar, por sua natureza, risco para os direitos de outrem.

Entende-se que o nexo epidemiológico facilitará a prova do nexo causal entre a doença que acomete o trabalhador e a atividade do empregador nas ações de indenização por ato ilícito, sendo necessária a prova da culpa do empregador para que seja cabível a indenização dos danos materiais e morais causados ao trabalhador.[408]

---

408 Processual Civil. Civil. Agravo Previsto no Art. 557, *caput*, Cpc. Ação Regressiva. Acidente De Trabalho. Seguro-Acidente e Pensão por Morte. INSS. Interesse de Agir. Empregador. Legitimidade Passiva. Culpa Concorrente. 1. "...in omissis..."A). Não é inconstitucional o dispositivo legal. De toda sorte, com a interposição do presente recurso, ocorre a submissão da matéria ao órgão colegiado, razão pela qual perde objeto a insurgência em questão. 2. O art. 121 da Lei nº 8.213/1991 autoriza o ajuizamento de ação regressiva contra a empresa causadora do acidente do trabalho ou de outrem. A finalidade desse tipo de ação é o ressarcimento, ao INSS, dos valores que foram gastos com o acidente de trabalho que poderiam ter sido evitados se os causadores do acidente e do dano não tivessem agido com culpa. 3. Cumpre ao empregador comprovar não apenas que fornecia os equipamentos de segurança, mas também que exigia o seu uso e fiscalizava o cumprimento das normas de segurança pelos seus funcionários, e não ao empregado ou ao INSS provar o contrário. 4. Ausente essa prova, sequer caberia dilação probatória quanto às circunstâncias do acidente

Há quem sustente a possibilidade de responsabilização objetiva do empregador quando existir nexo causal entre a doença e a atividade do empregador, no entanto, entendemos ser necessária uma modificação no artigo 7º, inciso XXVIII, da Constituição Federal, suprimindo de seu texto a expressão "quando incorrer em dolo ou culpa" para que se possa responsabilizar o empregador independentemente da prova da culpa ou dolo na produção do resultado danoso à saúde do trabalhador.

Há controvérsia quanto à aplicabilidade do artigo em análise nas ações de indenização por responsabilidade civil, com algumas decisões favoráveis à responsabilidade objetiva do empregador e, também, contrárias.[409]

---

em si: presume-se a culpa do empregador, ainda mais quando as testemunhas e os especialistas corroboraram a falha no treinamento e nas condições de segurança do equipamento, o excesso de horas trabalhadas e a ausência de dispositivo de segurança na máquina. 5. Também houve culpa da parte do segurado, já que não procedeu com o cuidado regular, deixando de executar duas operações de trabalho, conforme relatado pelo Engenheiro de Segurança do Trabalho. 6. A concorrência de culpas é perfeito fundamento para que o empregador não seja condenado ao pagamento integral das despesas suportadas pelo INSS, sendo recomendável parti-las pela metade, porquanto nenhuma das contribuições culposas, do empregador e do empregado, foi de menor importância: qualquer dos dois poderia ter evitado o sinistro com a sua própria conduta cuidadosa. 7. Contudo, tal fundamento não limita as despesas que devem ser rateadas entre o INSS e o empregador àquelas já desembolsadas: também aquelas futuras, mas estas devem ser objeto da condenação. O pedido é improcedente apenas em relação às prestações incertas, já que não pode haver condenação condicional. 8. A natureza da indenização paga pelo INSS aos dependentes do segurado falecido é alimentar, mas a do empregador, não. Assim, não é o caso de se determinar automaticamente a constituição de capital suficiente para garantir o pagamento de prestações vincendas: tal providência seria possível somente como provimento de natureza cautelar, demonstrando-se o risco de insolvência, não sendo este o fundamento do pedido (fl. 14, item 3, parte final) . 9. Negado provimento ao agravo de TIBACOMEL. Agravo do INSS parcialmente provido. Pedido de número 3 (fl. 14) parcialmente procedente, condenando-se a demandada a pagar também a metade das prestações vincendas da pensão por morte, todavia sem, por ora, determinar a constituição de capital (AC - Apelação Cível – 1123005/SP, Proc 2006.03.99.021962-8 Segunda Turma, TRF 3ª Região, Julgado em 04/05/2010 DJF3 CJ1 DATA:13/05/2010 p. 146, Rel DESEMBARGADOR FEDERAL HENRIQUE HERKENHOFF) no mesmo sentido decisão da turma suplementar do TRF da 1ª Região no AC 0017202-32.2004.4.01.3800/MG; Apelação Cível E-DJF1 P.303 De 04/05/2011, Rel. Juiz Federal Rodrigo Navarro de Oliveira.

409 "Se existe nexo de causalidade entre a atividade de risco e o efetivo dano, o empregador deve responder pelos prejuízos causados à saúde do empregado, tendo em vista que a sua

Entendendo possível a responsabilização objetiva do empregador e gerando controvérsias na doutrina, da mesma forma como vem ocorrendo no Tribunal Superior do Trabalho, Sebastião Geraldo de Oliveira (2008) entende:[410]

> Como o seguro de acidente do trabalho da Previdência Social, no sentido técnico, não indeniza os prejuízos da vitima, restou um amplo espaço para acolhimento da responsabilidade civil de natureza objetiva. Basta mencionar que a reparação dos danos materiais, morais ou estéticos nem são cogitados na legislação previdenciária, o que torna o acidentado vitima de real prejuízo. O benefício de natureza alimentar, concedido pelo INSS, garante apenas um mínimo de subsistência, porém distante de atender ao princípio milenar da *restitutio in integrum*, ou mesmo assegurar a manutenção do padrão de vida que o acidentado desfrutava antes do evento danoso. (OLIVEIRA, 2008, p. 118)

---

própria atividade econômica já implica situação de risco para o trabalhador" (TST, 6ª Turma, RR 1239/2005-099-03-40, Rel. Min. Aloysio Correa da Veiga, DJU 30.11.2007). No mesmo sentido: TST, 1ª Turma, RR 01468/2005-008-08-40.6, Rel. Juíza Convocada Maria do Perpetuo W. Castro, DJ. 10.08.2007 e STJ, 3ª Turma, REsp nº 185.659/SP. Rel. Min. Nilson Naves, julgado em 26.07.2000). Em sentido contrário exigindo a prova da culpa do empregador: TST, 2ª Turma, RR 3.467/2002-037-12-00.2, Rel. Ministro Renato de Lacerda Paiva, DJ 10.08.2007 e TST, 4ª Turma, RR 727/2005-254-02-00, Rel. Min. Antonio Barros Levenhagen, DJ 03.08.2007.

410 OLIVEIRA, Sebastião Geraldo de. *Indenizações por acidente do trabalho ou doença ocupacional*. 6. ed., rev., ampl. e atual. São Paulo: LTr, 2011. p. 118.

Conclusões

Os benefícios do regime geral decorrentes dos riscos ambientais abrangem os afastamentos do trabalho acidentários ou previdenciários e a aposentadoria especial, substituindo o critério anterior de alíquota para o financiamento do seguro contra acidentes de trabalho, antes variável apenas conforme a atividade preponderante da empresa e o seu grau de risco, com aplicação de três alíquotas distintas.

Foi alterada a forma de custeio dos benefícios do regime geral decorrentes de riscos ambientais do trabalho para que outros parâmetros de extrema relevância, como a gravidade das lesões, o custo e a frequência dos afastamentos decorrentes de acidentes do trabalho fossem considerados para fixação das alíquotas incidentes sobre a folha de salários do empregador.

À nova modalidade de financiamento deu-se o nome de flexibilizador do FAP, permitindo o aumento das alíquotas de 1%, 2% ou 3%, incidente sobre a folha de salários, até o dobro ou sua redução pela metade, para a cobertura dos riscos ambientais do trabalho, a cargo exclusivo do empregador.

Foi criada, ainda, nova fonte de custeio, acrescendo às alíquotas de 1%, 2% e 3% outras de 12%, 9% e 6%, estas destinadas apenas ao financiamento das aposentadorias especiais, incidindo apenas sobre a remuneração dos trabalhadores que tenham se sujeitado a agentes físicos, químicos ou biológicos, dando ensejo a aposentadorias precoces, respectivamente, após 15, 20 ou 25 anos de trabalho naquelas condições insalubres.

A nova metodologia se fez acompanhar de mecanismo criado para deduzir os afastamentos que eram subnotificados pelo mau empregador, evitando que os sonegadores sejam beneficiados pela falta de comunicação do acidente, respeitados os princípios tributários da legalidade, da referibilidade entre o contribuinte e o causador do risco, e o da equidade na forma de participação do custeio.

O novo mecanismo contra a subnotificação estabelece nexo causal presumido entre a atividade econômica do empregador e a doença que acomete o empregado sinistrado, tendo recebido o nome de Nexo Técnico Epidemiológico Previdenciário (NTEP).

Os médicos peritos oficiais do INSS são os aplicadores do nexo causal presumido, fazendo-o por meio de registro de diagnóstico do problema de saúde do segurado e desde que tenha ficado configurada a relação existente entre a doença do segurado e a atividade econômica de seu empregador. O diagnóstico feito pelo perito passou a ser padronizado e fundamentado em catálogo divulgado pela Organização Mundial de Saúde, denominado Classificação Internacional de Doenças (CID).

A perícia médica oficial representa o Instituto Nacional do Seguro Social nas Comissões Intersetoriais de Saúde do Trabalhador (CIST), para garantia da devida articulação entre a política nacional de saúde do trabalhador e a sua execução, no tocante à concessão de benefícios por incapacidade e à reabilitação profissional, nos termos dos arts. 12 e 13 da Lei nº 8.080/1990.

A nova metodologia trouxe o empregador para a relação jurídica de concessão do benefício previdenciário, possibilitando a impugnação da utilização do nexo técnico pela perícia oficial, o que formou considerações sobre o controle administrativo e judicial do risco acidentário. Concluindo, a medida beneficiará o trabalhador, reduzindo a incidência das ações acidentárias contra o INSS.

O valor arrecadado por meio do seguro contra acidente do trabalho e das demais alíquotas previstas para o custeio das aposentadorias especiais devem constar da declaração mensal, por autolançamento, nas guias de recolhimento do Fundo de Garantia por Tempo de Serviço e Guia Fiscal de Informações Previdenciárias, sujeitos ao prazo de cinco anos para sua homologação pela Secretaria da Receita Federal do Brasil.

Quanto maiores forem os índices de frequência, gravidade e custo que compõem o Fator Acidentário de Prevenção, maior deverá ser a alíquota da contribuição social destinada à cobertura dos riscos ocupacionais do trabalho, restando ressarcidos os cofres públicos quanto ao custo dos benefícios e serviços, sem que isso implique autorização ao mau empregador para causar danos à saúde de seus empregados.

As ações regressivas[411] precisam sofrer alteração legislativa para melhor se compatibilizarem com a nova metodologia para o financiamento dos riscos ocupacionais do trabalho, deixando de visar o ressarcimento, por ter entre os três critérios que a compõem, o custo dos benefícios e serviços, decorrentes dos riscos ocupacionais do trabalho. Com o novo método, as ações regressivas passam a ter natureza punitiva e educativa, visando coibir a reincidência na negligência, imprudência, imperícia ou até mesmo no dolo do empregador, responsabilizando-o com pesada indenização pelo ato ilícito, consistente na negligência das normas de prevenção de danos possíveis de serem causados à saúde de seus empregados.

A responsabilidade individual na preservação do meio ambiente e do meio ambiente do trabalho é tarefa árdua que depende do trabalho conjunto de toda a sociedade: do empregador, na adoção de todas as medidas preventivas possíveis e fiscalizando de sua aplicação; do empregado, na observação de toda orientação dada nas campanhas

---

411 A ação regressiva acidentária é o instrumento pelo qual o Instituto Nacional do Seguro Social busca o ressarcimento dos valores despendidos com prestações sociais acidentárias, nos casos de culpa das empresas quanto ao cumprimento das normas de segurança e saúde do trabalho.

de prevenção de riscos ocupacionais e, ainda, da Previdência Social, por meio do Instituto Nacional do Seguro Social, ao proporcionar prótese, órtese e reabilitação ao trabalhador. No caso de ocorrência do sinistro, a Previdência Social paga-lhe o benefício previdenciário devido e o Sistema Único de Saúde tem o dever de garantir saúde a todos, inclusive ao trabalhador em qualquer fase de sua vida, especialmente na recuperação do acidente do trabalho, possibilitando a cobertura de internações para realização de exames e procedimentos cirúrgicos, bem como toda a medicação necessária para obtenção da cura.

Os fundamentos e objetivos da República estabelecidos na Constituição Federal favorecem a inclusão social (FÁVERO, 2007)[412] do acidentado e daquele que tenha ficado com deficiência (GUELLER, 2009),[413] resultante de sequela acidentária.

Diariamente, inúmeros trabalhadores se afastam do trabalho, em razão de doenças ocupacionais e de acidentes que acarretam sequelas. Os afastamentos do trabalho devem ocorrer pelo menor período de tempo possível, de maneira a permitir o retorno à atividade laboral e a inclusão social, por meio do processo de reabilitação do acidentado.

O Brasil deve seguir o modelo canadense, segundo o qual "não se deve reabilitar pessoas com a finalidade de fazê-las retornar ao trabalho, mas fazê-las voltar ao trabalho para reabilitá-las" (SCHUBERT, 2009).[414] É evidente que, quanto maior o tempo que o trabalhador acidentado, ainda que portador de deficiência, permanecer

---

412 E. A. G. Fávero. *Direitos das Pessoas com Deficiência. Garantia da Igualdade na Diversidade*, p. 39/40: "... INCLUIR, significa, antes de tudo, "deixar de excluir" (...) a inclusão exige que o Poder Público e a sociedade em geral ofereçam as condições necessárias para todos" (...) " a esta mudança da sociedade para envolver grupos que estariam excluídos por falta de condições adequadas é que se chama de INCLUSÃO".

413 M. M. R. Gueller, "Os direitos da pessoa com deficiência". *Jornal do 28º Congresso de Previdência Social*, junho de 2009.

414 B. Schubert, *Oficina de Reabilitação. Órteses e Próteses. Importância do Trabalho Inter e Multidisciplinar*, Fundacentro, maio de 2009.

afastado de sua atividade laboral, menores serão as suas chances de readaptação profissional.[415]

O acesso a próteses e órteses e aos programas de reabilitação profissional podem garantir estilo de vida independente, fundamental no processo de inclusão; "com ele as pessoas com deficiência terão maior participação de qualidade na sociedade, tanto na condição de beneficiários dos bens e serviços que ela oferece como também na de contribuintes ativos no desenvolvimento social, econômico, cultural e político da nação" (SASSAKI, 2006).[416]

A prevenção é a melhor forma de combate às doenças e acidentes "tipo" do trabalho. Por outro lado, nos casos em que o sinistro venha a ocorrer, os programas de reabilitação profissional e os serviços de prótese e órtese permitem a inclusão social do trabalhador, reduzindo sua dependência dos programas de previdência e assistência social proporcionados pelo Estado (muitos segurados perdem a qualidade de segurado por falta de reabilitação profissional), garantindo-lhe, ainda, a dignidade da vida independente.

Segundo dados do IBGE de 2000,[417] 9 milhões de pessoas com deficiência estão trabalhando. Ainda é muito pouco. Dados preliminares do Censo demográfico de 2010 divulgados pelo IBGE[418] revelam, em relação ao Censo de 2000, aumento de 8,4% de pessoas portadoras de algum tipo de deficiência. Evidente que o número só não é maior em decorrência da dificuldade *de acesso aos logradouros,*

---

415 Atualmente, segundo dados do Censo 2000, do IBGE, 9 milhões de pessoas com deficiência estão trabalhando.
416 R. K. Sassaki, *Inclusão. Construindo uma sociedade para todos.* p. 51.
417 O Censo 2000 revelou que há aproximadamente 24,6 milhões de pessoas com algum tipo de deficiência, o que corresponde a 14,5% da população brasileira – 169,8 milhões, em 2000. Apenas 9 milhões estão empregados. http://www.ibge.gov.br/censo/.
418 Notas Técnicas e Resultados Preliminares da Amostra, (IBGE, 2011) demonstram que 23,9 % (45.623.910) da População total de 190.755.799, é portadora de pelo menos uma das deficiências investigadas (auditiva, motora, visual, mental ou intelectual.Fonte: http://www.ibge.gov.br/home/presidencia/noticias/imprensa/ppts/00000000646051114201105141 6506447.pdf.

aos edifícios de uso público e aos transportes coletivos, que devem ser adaptados (artigo 244 da Constituição Federal de 88) e em número suficiente de forma a garantir plenamente a acessibilidade e a eficácia dos programas de reabilitação profissional (de que adiantaria a prótese sem a acessibilidade aos meios de transporte, calçadas especiais, portas e banheiros adaptados aos portadores de deficiência, muitas delas causadas por doenças e acidentes do trabalho) .

A nova metodologia imposta ao custeio dos benefícios decorrentes de risco ocupacional pretende incentivar investimentos capazes de garantir o crescimento econômico com sustentabilidade, prevenindo os afastamentos por incapacidade e em consequência reduzindo as estimativas futuras, caminhando dessa forma, como foi exposto no primeiro capítulo, na direção traçada pelo plano de ação global em saúde do trabalhador, da Organização Mundial de Saúde (OMS) .[419]

Os números apontados no anuário 2007 justificam o fato de os empresários brasileiros terem ocupado seus assentos na Organização Mundial de Saúde, representados pelas confederações nacionais do comércio, indústria, agricultura e pecuária, transporte e instituições financeiras, enquanto os trabalhadores participam com representações da Central Única dos Trabalhadores, da Força Sindical, da Central Geral dos Trabalhadores do Brasil, da União Geral dos Trabalhadores e da nova Central Sindical dos Trabalhadores.

O Nexo Técnico Epidemiológico está em pleno vigor, com estatísticas oficiais alarmantes. O Ministério Público tem ampliado sua atuação na fiscalização e penalização do empregador infrator que sofre ainda as consequências da desconsideração da personalidade jurídica de sua empresa, respondendo solidariamente com seus bens pessoais pelos danos causados ao erário e aos empregados, nos casos

---

419 Em sua 60ª Assembleia Mundial, a OMS concluiu que é necessário elaborar e aplicar instrumentos normativos sobre saúde do trabalhador, com atenção ao local de trabalho e integrar a saúde do trabalhador com outras políticas governamentais.

em que for provada a culpa ou dolo no resultado danoso à saúde de seus empregados.

Ao deixar de demonstrar interesse pela descaracterização do nexo de causalidade aplicado, pela perícia oficial, por ocasião da concessão do benefício acidentário de seu empregado, demonstrando que adotou todas as medidas de segurança pertinentes à capacidade usual e aceitável de previsão do homem médio, poderá a empresa estar sujeita não apenas à pesada tributação, como também demonstrando-se negligente com sua defesa, em futura e provável ação regressiva, que vier a sofrer.

As empresas, além de desenvolverem política preventiva, deverão estar atentas às Divisões de Saúde Organizacional (DSO) e às Comissões Internas de Prevenção a Acidente (CIPA), compostas por membros indicados por elas e eleitos pelos trabalhadores, cuja função principal é conscientizar os trabalhadores para os aspectos coletivos do acidente do trabalho e da prevenção, além do enfoque individual, fiscalizando suas próprias condições de trabalho, promovendo desta forma a prevenção eficaz.

Referências

ABRANCHES, F. F. *Do Seguro Mercantilista de Acidentes do Trabalho ao Seguro Social.* São Paulo: Sugestões Literárias, 1974.

ALEXY, R. *Teoria dos Direitos Fundamentais.* São Paulo: Malheiros, 2008. (Tradução de Virgilio Afonso da Silva da 5ª edição alemã de 2006 de *Theorie der Grundrechte, ed* Suhrkamp Verlag).

ALMANSA, P. *Derecho de La Seguridad Social.* v. 1. 2ª ed. Madrid: Tecnos, 1977.

ALVES, S. L. M. *Princípios, Regras e Normas para educar os filhos de Maria para a preservação da vida, do meio ambiente e das futuras gerações.* Estudos de direito constitucional em homenagem à Profª Maria Garcia. São Paulo: IOB Thomson, 2007.

ANDRIGHI, F. N. *A tutela jurídica do consumidor e o respeito à dignidade da pessoa humana.* In: MIRANDA, J.; SILVA, M. A. M. (org.) *Tratado luso-brasileiro da dignidade da pessoa humana.* São Paulo: Quartier Latin, 2008. p.1144.

ANTUNES, P. B. *Direito ambiental*, 7ª ed. Rio de Janeiro, Lumen Juris, 2004.

ARENDT, H. *Entre o passado e o futuro.* 5ª ed. (Tradução de Mauro W. Barbosa) São Paulo: Perspectiva, 2005.

_____. *A Condição Humana.* 10ª ed. (Tradução de Roberto Raposo, posfácio de Celso Lafer) Rio de Janeiro: Forense Universitária, 2004.

_____. *A Promessa da Política.* (Traduzido por Pedro Jorgensen Jr., organizado e com introdução de Jerome Kohn) Rio de Janeiro: Bertrand Brasil Ltda. (Difel) , 2008.

ARRUDA, J. J. *A História Moderna e Contemporânea*. 16ª ed. São Paulo: Ática, 1983.

ASSIS, A. O. *Compêndio de Seguro Social.* Teoria Geral da Legislação Brasileira. São Paulo: Fundação Getúlio Vargas, 1963.

ATALIBA, G. *Hipótese de Incidência Tributária.* 5ª ed. São Paulo: Malheiros, 1994.

ÁVILA, H. *Teoria da Igualdade Tributária*. São Paulo: Malheiros, 2008.

BALERA, W.; MUSSI, C. *Direito Previdenciário para Concursos Públicos*. 4ª ed., São Paulo: Quartier Latin, 2007. p. 182.

BALERA, W. *Sistema de Seguridade Social*. 4ª ed. São Paulo: LTr, 2006.

_____. *A Seguridade Social na Constituição de 1988*. Revista dos Tribunais, 1ª ed. São Paulo, 1989.

_____. Contribuições Destinadas ao Custeio da Seguridade Social. *Caderno de Direito Tributário*. v. 49 1989.

_____. *Preliminares de Direito Previdenciário*. São Paulo: Quartier Latin, 2004.

_____. A dignidade da pessoa e o mínimo existencial. In: MIRANDA, J.; SILVA, M. A. M. (org.) *Tratado luso-brasileiro da dignidade da pessoa humana*. São Paulo: Quartier Latin, 2008.

_____. *O Direito dos Pobres*. Coleção Pesquisa e Projeto. São Paulo: Paulinas, 1982.

_____. *A Reprivatização do Seguro de Acidentes do Trabalho*. Revista Síntese Trabalhista, nº 45. Porto Alegre: Síntese, 1993.

_____. *A Contribuição para a Aposentadoria Especial e para o Seguro de Acidentes do Trabalho*. In: COELHO, S. C. N. Contribuições para Seguridade Social. São Paulo: Quartier Latin, 2007.

_____. *Contribuição ao Seguro de Acidentes do Trabalho – alguns Aspectos do Exercício da Faculdade Regulamentar*. Revista Grandes Questões Atuais do Direito Tributário. v. 7. São Paulo: Dialética. 2003.

_____. *As Contribuições no Sistema Tributário Brasileiro*. Revista Dialética, São Paulo, 2003.

BARRETO, A. F. *Substituição e Responsabilidade Tributária*. Revista de Direito Tributário. nº 49, 1989.

BENECKE, D.; NASCIMENTO, R. (org.); ARAÚJO, O. S. *Política Social Preventiva: desafio para o Brasil*. Rio de Janeiro: Fundação Konrad-Adenauer-Stiftung, 2003.

BERNSTEIN, P. L. *Desafio aos Deuses. A fascinante história do risco*. 22ª ed. Rio de Janeiro: Capus, 1997.

BEVERIDGE. W. *O Plano Beveridge*. (Tradução de Almir de Andrade) Rio de Janeiro: José Olímpio, 1943;

BLUMENBERG, H. *Legitimität der Neuzeit*. Frankfurt: Main, 1966.

BOBBIO, N. *O positivismo jurídico. Lições de Filosofia do Direito*. São Paulo: Ícone, 1999.

_____. *Teoria da Norma Jurídica*. 2ª ed. (Tradução de Fernando Pavan Baptista e Ariani Bueno Sudatti) . Edipro, São Paulo: Edipro, 2003.

BONAVIDES, P. *Curso de Direito Constitucional*. 8ª ed. São Paulo: Malheiros, 1999.

_____. *Democracia Direta, a democracia do terceiro milênio. Texto publicado nos estudos de direitos constitucional em homenagem à profª Maria Garcia*, 2007.

BOTTALLO, E. D. *Procedimento Administrativo Tributário*. São Paulo: RT, 1977.

_____. *A responsabilidade dos sócios por dívida fiscais nas sociedades por quotas de responsabilidade limitada*. Revista do Advogado. n. 57, São Paulo, 2000. p. 36-42.

CAETANO, M. *Princípios Fundamentais de Direito Administrativo*. Rio de Janeiro: Forense, 1977.

CALDEIRA, J.; CARVALHO, F.; MARCONDES, C.; PAULA, S. G. *Viagem pela História do Brasil*. São Paulo: Companhia das Letras, 1997.

CAMARGO, M. M. L. Eficácia constitucional: uma questão hermenêutica. In: BOUCAULT, C. E. A.; RODRIGUEZ, J. R. *Hermenêutica Plural Possibillidades jusfilosóficas em contextos imperfeitos*. 2ª ed. São Paulo: Martins Fontes, 2005.

CANARIS, C. *Pensamento sistemático e conceito de sistema na ciência do direito.* Lisboa: Calouste Gulbenkian, 1989.

CARMIGNANI, M. C. S. *A Evolução Histórica do Dano Moral.* Revista do Advogado, nº 49.

CARRAZA, R. A. O princípio constitucional da dignidade da pessoa humana e a seletividade no ICMS. In: MIRANDA, J.; SILVA, M. A. M. *Tratado luso-brasileiro da dignidade da pessoa humana,* São Paulo: Quartier Latin, 2008.

CARRION, V. *Comentários à Consolidação das Leis do Trabalho.* 22ª ed. São Paulo: Saraiva, 1997.

CARVALHO, G. O Financiamento público da saúde no bloco de constitucionalidade. *Ética Sanitária, Direito Sanitário, Direito Sanitário e Saúde Pública.* v. 1. Distrito Federal: Ministério da Saúde, 2003.

CARVALHO, P. B. *Curso de Direito Tributário.* 8ª ed. São Paulo: Saraiva, 1999.

CARVALHO. P. B. *Teoria da Norma Tributária.* São Paulo: Lael, 1974.

CATHARINO, J. M. *Infortúnio do Trabalho.* Rio de Janeiro: Edições Trabalhistas S/A, 1968.

CAVALCANTE, S. E. *A Desconsideração da Personalidade Jurídica (disregard doctrine) e os Grupos de Empresas.* Rio de Janeiro: Forense, 1998.

CAVALIERI FILHO, S. *Programa de responsabilidade civil.* 4ª ed. São Paulo: Malheiros, 2003.

CESARINO JR., A.F.; CARDONE, M. *Direito Social Brasileiro.* v.1. 2ª ed. São Paulo: Ltr, 1993.

COELHO, A. B. A importância do direito ao trabalho como a primeira fonte da subsistência humana. In: MIRANDA, J.; SILVA, M. A. M. *Tratado luso-brasileiro da dignidade da pessoa humana.* São Paulo: Quartier Latin, 2008.

CONH, A. *Previdência Social e Processo Político no Brasil.* São Paulo: Moderna, 1981. p. 206/207.

CORREIA, M. G. O. *Legislação Previdenciária Comentada.* São Paulo: Perfil, 2008.

COSTA, E. A. *Vigilância Sanitária e Proteção da Saúde*. Direito Sanitário e Saúde Pública. v. 1. Distrito Federal: Ministério da Saúde, 2003.

COSTA, J. M. *A Boa-Fé no Direito Privado. Sistema e Tópica no Sistema Obrigacional.* São Paulo: RT, 2000.

DALLARI, D. A. *Ética Sanitária, Direito Sanitário, Direito Sanitário e Saúde Pública.* v. 1. Distrito Federal: Ministério da Saúde, 2003.

DERZI, H. H. *Os beneficiários da pensão por morte.* São Paulo: Lex, 2004.

_____. Considerações sobre o processo administrativo previdenciário e o due process of law. In: FIGUEIREDO, L. V. *Processo Administrativo Tributário e Previdenciário.* São Paulo: Max Limonad, 2001.

DERZI, M. A. M. Contribuições Sociais. *Caderno de Pesquisas Tributárias.* nº 17. São Paulo: Resenha Tributária, 1992.

DINIZ, M. H. *Constitucionalismo ecológico.* Estudos de direito constitucional em homenagem à profª Maria Garcia. São Paulo, ed IOB Thomson, 2007.

DIREITO, C. A. M.; CAVALIERI, S. *Comentários ao novo Código Civil.* v. XIII, 2004.

DRUON, M. *A Rainha Estrangulada.* 4ª ed. Coleção Os Reis Malditos. v. 2. Rio de Janeiro: Bertrand Brasil, 2006.

DURAND, P. *La Politica Contemporanea de Seguridad Social.* Coleccion Seguridad Social. Num 4, Madrid, España: Ed Ministerio de Trabajo Y Seguridad Social, 1991.

ENCARNAÇÃO, B. *Dez reportagens que abalaram a ditadura.* In: ENCARNAÇÃO, B. Associação Brasileira de Jornalismo Investigativo. Arquivo de familiares de jornalistas torturados e mortos pelo regime militar do Jornal O Estado de São Paulo e Editora Abril. Rio de Janeiro: Record, 2005.

FAGUNDES. M. S. *O Controle dos Atos Administrativos pelo Poder Judiciário.* 4ª ed. Rio de Janeiro: Forense, 1967.

FÁVERO, E. A. G. *Direitos das Pessoas com Deficiência.* Garantia da Igualdade na Diversidade. Rio de Janeiro: WVA, 2007.

FERNANDES, A. *Acidentes do Trabalho*. Do sacrifício do trabalho, à prevenção e à reparação. São Paulo: LTR, 1995.

_____. *Acidentes do Trabalho*. Evolução e Perspectivas. São Paulo: LTr, 1991. p. 100.

_____. *Comentários à Consolidação das Leis da Previdência Social*. São Paulo: Atlas, 1986.

FERNANDES, P. M. A dignidade da pessoa humana sob a ótica do direito à segurança social. In: MIRANDA, J.; SILVA, M. A. M. *Tratado luso-brasileiro da dignidade da pessoa humana*. São Paulo, Quartier Latin, 2008. p.1335.

FERNANDES. T. D. M. *Conceito de Seguridade Social*. Dissertação de Mestrado em Direito da Pontifícia Universidade Católica de São Paulo, 2003.

FERRASSINI, Antônio Alexandre; SILVA, Volney Zamenhof de Oliveira (Coord.). *Código Tributário Nacional comentado e anotado*. 2. ed. Campinas: CS Edições, 2002

FERRAZ JR, T. S. *A Ciência do Direito*. 2ª ed. São Paulo: Atlas, 1980.

_____. *Estudos de Filosofia do Direito. Reflexões sobre o Poder, a Liberdade, a Justiça e o Direito*. 2ª ed. São Paulo: Atlas, 2003.

FERREIRA, L. C. M. *Seguridade Social e Direitos Humanos*. São Paulo: LTR, 2007.

FIGUEIREDO, G. J. P. *Direito Ambiental e a Saúde dos Trabalhadores*. 2ª ed. São Paulo: LTR, 2007.

FIORILLO, C. A. P. *Curso de direito ambiental brasileiro*. São Paulo: Saraiva, 2000.

FLEISCHACKER, S. *Uma breve história da justiça distributiva*. (Tradução de Álvaro de Vita) São Paulo: Martins Fontes, 2006.

FOUCAULT, M. *A Verdade e as Formas Jurídicas*. 3ª ed. Rio de Janeiro, PUC-RJ/NAU/Trarepa, 2008.

FREITAS, J. *A Interpretação Sistemática do Direito*. 4ª ed. São Paulo: Malheiros, 2004.

FREUDENTHAL, S. P. *A evolução da indenização por acidente do trabalho.* São Paulo: LTR, 2007.

GIDDENS, A. *Política, Sociologia e Teoria Social, Encontros com o pensamento social, clássico e contemporâneo.* (Tradução de Cibele Saliba Rizek) . São Paulo: Unesp, 1998.

GONÇALVES. C. R. *Responsabilidade Civil de acordo com o novo código civil.* São Paulo: Saraiva, 2003.

GORDILLO, A. *Princípios Gerais de Direito Público.* Buenos Aires: Fundacion de derecho administrativo, 1998.

GORDON, N. *O Físico, a epopeia de um médico medieval.* Rio de Janeiro: Rocco, 1995.

GOUVÊA, M. M. *O direito ao fornecimento estatal de medicamentos. Revista Forense.* v. 37. São Paulo, 2003.

GUELLER, M. M. R. P.; LÖW, D. *Comentários à declaração universal dos direitos do homem,* Distrito Federal: Fortium, 2008.

_____. Conflitos armados na Colômbia atual e perspectivas para a paz. *Revista de Direito Social.* jan./mar., nº 21, Porto Alegre, 2006.

_____. Auxílio-doença, *Revista de Direito Social.* Porto Alegre, jul./set., nº 31, 2008.

_____. Os direitos da pessoa com deficiência. *Jornal do 28º Congresso de Previdência Social,* jun., 2009.

HABERMAS J. *Discurso filosófico da modernidade.* (Tradução de Luiz Sérgio Repa e Rodnei Nascimento) . São Paulo: Martins Fontes, 2002.

HEGEL, G. W. F. *Die Philosophie des Rechts,* Suhrkamp-Werkausgabe ed Elke Hawk, Frankfurt am Main: Suhrkamp, 2005. Wintersemester pag.1821/22.

HESSE, Hermann. *Demian.* 37. ed. Rio de Janeiro: Record, 2006.

HOVARTH JR., M. *Direito Previdenciário.* 7ª ed. São Paulo: Quartier Latin, 2008.

HUXLEY, A. *Admirável Mundo Novo,* (Tradução de Lino Vallandro e Vidal Serrano) São Paulo: Globo, 2005.

IHERING, R. *A luta pelo direito*. (Tradução Mauro de Méroe). São Paulo: Centauro, 2002.

KWITKO, A. SAT, FAP E NTEP. Balanço do primeiro ano ou SAT, FAP E NTEP: decifra-me ou devoro-te! Revista de Previdência Social, 327/132 a138 e RDS 329/277 a 282, 2008.

LAFER, C. *A Constituição de 1988 e as Relações Internacionais*: reflexões sobre o art. 4º. Direito e Poder nas Instituições e nos Valores do Público e do Privado Contemporâneos. In: TORRES, H. T. Estudos em Homenagem a Nelson Saldanha. São Paulo: Manole, 2005.

LAZARINI, P. *Código Penal Comentado e Leis Penais Especiais Comentadas*. São Paulo: Primeira Edição, 2007.

LEIRIA, M. L. L. *Direito Previdenciário e Estado Democrático de Direito* – uma (re) discussão à luz da hermenêutica. Curitiba: Livraria do Advogado, 2001.

LEITE, C. B. Conceito de Seguridade Social. In: BALERA, W. *Curso de Direito Previdenciário*. 3ª ed. Homenagem a Moacyr Velloso Cardoso de Oliveira. São Paulo, Editora LTR, 1996.

_____. Seguro de acidentes do trabalho. *Revista de Previdência Social*, v. 22, nº 212, São Paulo: LTr, jul 1998. p. 541-48.

LEITÃO, A. S. *Aposentadoria Especial*. São Paulo, Quartier Latin, 2007.

LUNHMANN, N. Soziale Systeme. Frankfurt: Main, 1984.

MARITAIN, J. *Os direitos do homem*. (Tradução de Afranio Coutinho), Rio de Janeiro: José Olympio, sem referência ao ano.

MARTINEZ, G. P. *Lecciones de Derechos Fundamentales*. Madrid: Dykinson, 2004.

MARTINEZ, W. N. *Portabilidade na Previdência Complementar*. São Paulo: LTR, 2004.

_____. *Comentários à Lei Básica da Previdência Social*. 4ª ed. São Paulo: LTR, 2003.

_____. *Prova e Contraprova do Nexo Epidemiológico*. São Paulo: LTR, 2008.

MAXIMILIANO, C. *Hermenêutica e Aplicação do Direito*. Rio de Janeiro: Forense, 9ª ed., 1984.

MELLO, C. A. B. *Atos administrativos e direito dos administrados*. São Paulo: RT, 1981.

_____. *Conteúdo jurídico do princípio da igualdade*. São Paulo: Malheiros, 1999.

MELLO, M. A. *Discurso*. Revista do IASP, jan./jun. de 2008.

MIRANDA, J.; SILVA, M. A. M. (org.). *Tratado luso-brasileiro da dignidade da pessoa humana*. São Paulo: Quartier Latin, 2008.

NASCIMENTO, T. M. C. *Curso de Direito Infortunístico*. 2ª ed. Porto Alegre: Sergio Antonio Fabris, 1983.

NERY JR., N.; NERY, R. M. A. *Novo Código Civil e Legislação Extravagante Anotados*. São Paulo: Revista dos Tribunais, 2002.

NEVES, I. *Direito da Segurança Social*. Princípios Fundamentais numa Análise Prospectiva. Coimbra: Coimbra Editora, 1996.

NOGUEIRA, A. *O Estado é meio e não fim*. São Paulo: Saraiva, 1955.

OLIVEIRA, A. *Curso de Direitos Humanos*. Rio de Janeiro: Forense, 2000.

OLIVEIRA, S. G. *Indenizações por acidentes do trabalho ou doença ocupacional*. 4ª ed. São Paulo, LTR, 2008.

PASTOR, J. M. A. *Derecho de La Seguridad Social*. V. 1, 2ª ed. Madrid: Editorial Tecnos, 1977.

PENTEADO, B. N. Anulabilidade no Direito Administrativo e a Lei nº 9.784/1999, que regula o processo administrativo no âmbito da administração pública federal e o prazo para a Administração rever seus Atos. *Revista da Escola Paulista de Direito*. São Paulo, 2006.

PICARELLI, M. F. S. *Direito Sanitário do Trabalho e da Previdência Social*. *Direito Sanitário e Saúde Pública*. v.1. Distrito Federal: Ministério da Saúde, 2003.

PIERDONÁ, Z. L. *Contribuições para a seguridade social*. São Paulo: LTR, 2003.

PINTO, A. P. A crise constitucional. In: VELLOSO, C. M. S. *Princípios Constitucionais Fundamentais, estudos em homenagem ao professor Ives Gandra da Silva Martins*. São Paulo: Lex, 2005.

POPPER, K. *Em busca de um mundo melhor*. (Tradução Milton Camargo Mota) Martins Fontes: São Paulo, 2006.

PUGLIESE, M. *Por uma teoria do direito, Aspectos macrossistêmicos*. Tese apresentada para obtenção do título de livre docente ao departamento de Filosofia e teoria geral do Direito da faculdade de Direito da Universidade de São Paulo. 2005.

PULINO, D. *A aposentadoria por invalidez no direito positivo brasileiro*. São Paulo: LTR, 2001.

_____. *Ação Regressiva contra as empresas negligentes quanto à segurança e à higiene do trabalho*. Revista de Previdência Social, nº 182. São Paulo, 1996.

_____. *Ação Regressiva Acidentária e Responsabilidade Empresarial*. Jornal do 10º Congresso Brasileiro de Previdência Social, 1997.

QUEIROZ, C. *Direitos Fundamentais Sociais,* Coimbra: Coimbra Editora, 2006.

RAWLS, J. *Uma teoria da Justiça*. (Tradução de Almiro Pisetta e Lenita Maria Rímolis Esteves) São Paulo: Martins Fontes, 2002.

RIBEIRO, D. *O povo brasileiro*. A formação e o sentido do Brasil. São Paulo: Companhia das Letras, 2ª ed., 1998.

RISSI JR., João Baptista e NOGUEIRA, Roberto Passos. *As Condições de Saúde no Brasil*. Coordenadores João Baptista Rissi Jr. e Roberto Passos Nogueira. Disponível em: http://www.fiocruz.br/editora/media/04-CSPB02.pdf. Acessado em 31.mar.2009.

RIZZARDO, A. *A reparação dos acidentes de trânsito*. 8ª ed. São Paulo: RT, 2001.

ROCHA, J. C. S. *Direito da Saúde*. São Paulo: Ltr, 1999.

RÁO, V. Os Direitos Humanos como fundamento da Ordem Jurídica e Política. *Revista Brasileira de Política Internacional*, nº 1, p. 9.

SAMPAIO, R. M. C. *Direito Civil Responsabilidade Civil.* São Paulo: Atlas, 2000.

SANTOS, M. F. *O princípio da seletividade da prestação de seguridade social.* São Paulo: LTR, 2003.

SANTOS, N.; ROMEIRO, V. Inovação Tecnológica e Desenvolvimento Sustentável: o papel das empresas. In: TARREGA, M. C. V. B. *Direito Ambiental e Desenvolvimento Sustentável.* São Paulo: RCS, 2007.

SARAMAGO, J. *O ano da morte de Ricardo Reis.* São Paulo: Companhia das Letras, 1988.

SASSAKI, R. K. *Inclusão. Construindo uma sociedade para todos.* 7ª ed. Rio de Janeiro: WVA, 2006. p. 51.

SCHUBERT, B. *Oficina de Reabilitação. Órteses e Próteses. Importância do Trabalho Inter e Multidisciplinar.* São Paulo: Fundacentro, 2009.

SCHWARZER, H. *Segurança, Meio Ambiente e Saúde.* Revista Proteção. Ano XX, nº 185, 2007.

SEN, A. K. *Desenvolvimento como liberdade.* Prêmio Nobel. São Paulo: Companhia das Letras, 2004.

SEVERIANO, M. *10 Reportagens que Abalaram a Ditadura.* A sangue quente e a morte de Vlado. Rio de Janeiro/São Paulo: Record, 2005.

SILVA, J. A. *A Constituição e a Estrutura de Poderes. Estudos de Direito Constitucional em homenagem à Profª Maria Garcia.* São Paulo: IOB Thomson, 2007.

_____. *Comentário Contextual à Constituição.* 4ª ed. São Paulo: Malheiros, 2007.

SILVA, J. A. R. O. *A saúde do trabalhador como um direito humano.* São Paulo: LTR, 2008.

SILVEIRA, A. *Tratado sobre hermenêutica no direito brasileiro.* v.2. São Paulo: RT, 1968.

SMITH, A. *Riqueza das nações.* livro I, cap. 8. (Tradução Alexandre Amaral Rodrigues e Eunice Ostrensky) São Paulo: Martins Fontes, 2003.

SOARES, A. M.; VILHENA, M. A. *O mal: como explicá-lo?* São Paulo: Paulus, 2003. Coleção Questões Fundamentais do Ser Humano.

SOUSA, R. G. *Compêndio de Legislação Tributária.* São Paulo: Resenha Tributária, 1981.

SOUZA, H. D. *Contribuições para a Seguridade Social.* Caderno de Pesquisas Tributárias. v.17. São Paulo: Resenha Tributária, 1992.

SOUZA, M. C. M. *Responsabilidade civil decorrente de acidente do trabalho.* São Paulo: Agá Juris, 2000.

STAURENGHI, R. *Cartilha Residencial Barão de Mauá, Ministério Público responde.* (Colaboração de Márcia Camargo Frederico Ferraz de Campos, apoio do CAO Cível.) Ministério Público do Estado de São Paulo, 2008.

SUPIOT, A. *Homo juridicus.* Ensaio sobre a função antropológica do Direito. (Tradução Maria Ermantina de Almeida Prado Galvão.) São Paulo: Martins Fontes, 2007.

SÜSSEKIND, A. *Direito Internacional do Trabalho.* 3ª ed. São Paulo: Ltr, 2000.

_____. *Previdência Social Brasileira.* São Paulo: Freitas Bastos, 1955.

TAHAN, M. *O homem que calculava.* 73ª ed. Rio de Janeiro: Record, 2008.

TELES JR., G. *Carta aos brasileiros de 1977.* Edição comemorativa do 30º aniversário da Carta. São Paulo: Juarez de Oliveira, 2007.

TRINDADE, A. A. C. *Direitos Humanos e meio ambiente: paralelo dos sistemas de proteção internacional.* Porto Alegre: Sergio Antonio Fabris, 1993.

URRIOLA U, R. *La Protección Social em Salud.* Elaborado sob direção e coordenação editorial de Rafael Uriiola U, com a colaboração de José Ângulo, Sandra Madrid, Marcela Cameratti, Rodrigo Castro, Roberto Muñoz, Tatiana Puebla, editado pelo Ministério da Saúde do Governo do Chile e a seguradora FONASA, 2007.

VALENÇA, M. M. *Comentários à Lei de Benefícios (Lei nº 8.213/1991).* São Paulo: Quartier Latin, 2008.

VENTURA, D. F. L., *Direito Internacional Sanitário, Direito Sanitário e Saúde Pública*. v.1. Distrito Federal: Ministério da Saúde, 2003.

VILANOVA, L. *Escritos jurídicos e filosóficos*. v.1. Brasília: IBET/ECT, 2003.

WEINTRAUB. A. B. V.; BARRA, J. S. *Direito Sanitário Previdenciário e Trabalhista*. São Paulo: Quartier Latin, 2006.

WELLS, K. et al. "The functioning and wellbeing of depressed patients: results from the medical outcomes study". JAMA 1989; 262:914-9.

YOSHIDA, C. Y. M. *Direitos Fundamentais e Meio Ambiente*. In: MIRANDA, J.; SILVA, M. A. M. (org.). *Tratado luso-brasileiro da dignidade da pessoa humana*. São Paulo: Quartier Latin, 2008. p. 1130.

ZELENKA, A. *Organização Financeira da Seguridade Social*. Revista dos Industriários, nº 30, Brasília, 1952.

ZINGARELLI, L.; ZINGARELLI, N. *Vocabulario Della Lingua Italiana*, Firenze: Zanichelli, 1995.

Outras Fontes de Pesquisa

INTERNET

ACADEMIA DE DIREITO INTERNACIONAL DE HAIA. **Colóquio de 1978 sobre o direito à saúde como um direito humano.**

ACCESS. Administradora de serviços de saúde da carteira coletiva SulAmérica da classe dos advogados de São Paulo – CAASP. Disponível em <http://www.accessclube.com.br/nova3/informativo_1.asp>, no link cirurgias robóticas. Acesso em: 07.07.2009.

BARROS, C. M. *Saúde e Segurança do Trabalhador. Meio Ambiente do Trabalho.* Disponível em: <http://www.mesquitabarros.com.br/index.php?option=com_content&view=article&id=31%3Asaude-e-seguranca-do-trabalhador-meio-ambiente-de-trabalho&catid=7%3Aartigos&Itemid=3&lang=pt>. Acesso em: 09.03.2009.

BARROS JR, J. C. *Trecho do Prefácio II da Coleção Previdência Social, vol. 13.* Disponível em: <http://www.previdenciasocial.gov.br/arquivos/office/3_081014-111357-495.pdf>. Acesso em: 15.03.2009.

BARROSO, L. R. *Da falta de efetividade à judicialização excessiva: Direito à saúde, fornecimento gratuito de medicamentos e parâmetros para a atuação judicial.* Trabalho desenvolvido por solicitação da Procuradoria-Geral do Estado do Rio de Janeiro, baseado em pesquisa e debates desenvolvidos no âmbito do INSTITUTO IDEIAS. Disponível em: <http://www.conjur.com.br/dl/estudobarroso.pdf.>. Acesso em: 28.03.2009.

BORUCHOVITCH, E.; FELIX-SOUSA, I. C.; SCHALL, V. T. Disponível em: <http://www.scielosp.org/scielo.php?pid=S003489101991000600002&script=sci_arttext&tlng=pt>. Acesso em: 23.08.2008.

Censo 2000/IBGE- <http://www.ibge.gov.br/censo>.

COMMISSION ON LEGAL EMPOWEREMENT OF THE POOR. *Relatório Making the law work for everyone.* Disponível em: <http://www.undp.org/legalempowerment/report/;>.

MAZZILLI, H. N. *Os Interesses Transindividuais: Sua Defesa Judicial e Extrajudicial.* Texto cedido pelo FUNDESCOLA/MEC, integrante da publicação *"Encontros pela Justiça na Educação"* e revisado pelo autor, disponível em: <http://bvsms.saude.gov.br/bvs/publicacoes/direito_sanitarioVol1.pdf>, p. 82 e seguintes. Acesso em: 28.03.2009.

Ministério da Previdência Social – NTEP. Disponível: http://www.previdenciasocial.gov.br/conteudoDinamico.php?id=463. Acessado em: 26.jan.2009

PIERDONÁ, Z. L. *A inclusão social dos trabalhadores informais brasileiros: uma proposta para amenizar o problema.* Trabalho apresentado no II Congresso de Prevención de Riesgos Laborales em Ibero América, 2007, Cádiz, Espanha. Disponível em: <http://www.prevencia.org/lib/comunicaciones_3premio.pdf>. Acesso em: 03.03.2009.

RELATÓRIO DE DESENVOLVIMENTO HUMANO 2004. Publicado para o Programa das Nações Unidas para o Desenvolvimento (PNUD) . Lisboa:– Mensagem - Serviço de Recursos Editoriais, 2004.

Revista Proteção – <www.protecao.com.br>.

<http://g1.globo.com/Noticias/Ciencia/0,,MUL586629-5603,00-MENOS+DE+UM+TERCO+DOS+SOROPOSITIVOS+TEM+ACESSO+A+REMEDIO+CONTRA+AIDS+DIZ+OM.html.>. Acesso em: 16.09.2008.

<http://www.canaoeste.com.br/principal.phpxvar=ver_np_ind&xid_noticia=1735>. Acesso em: 01.02.2009.

<http://www.objetivosdomilenio.org.br/>. Acesso em: 1º.02.2009.

<www.opas.org.br/ambiente/default.cfm>. Acesso em: 23.08.2008.

JORNAIS E REVISTAS

FOLHA DE SÃO PAULO. Caderno Brasil, p. A22, 07/07/2005.

_____. Caderno Mais, p. 4, reportagem de Mário Magalhães e Joel Silva, 24.08.2008.

_____. Caderno Cotidiano, Especial "Retrato do Brasil", p. 8, 19.09.2008.

_____. Caderno C, p. 10/11, em reportagens de Ricardo Westin e Fabiano Maisonnave, respectivamente e do mesmo dia Caderno Mais, p. 05; 21.09.2008.

_____. caderno Dinheiro, pag. B11; 25.09.2008.

_____. caderno Especial C6, Cotidiano, matéria de Felié Bächtold; 18.10.2008.

_____. *É preciso avançar no combate à pobreza.* p. A3, GRYNSPAB, R. Diretora regional para a América Latina e o Caribe do Pnud (Programa das Nações Unidas para o Desenvolvimento), publicado em Tendências e Debates; 26.10.2008.

_____. P. A 3, LOTTENBERG, C. *A Receita de Obama para a saúde* publicado no jornal A Folha de São Paulo, Caderno A, Tendências e Debates; 25.03.2009.

JORNAL VALOR ECONÔMICO. Disponível em: <http://economia.uol.com.br/ultnot/valor/2007/11/08/ult1913u78565.jhtm>. Acesso em: 28/02/2008.

MANUAL DOS INDUSTRIÁRIOS, DA DIVISÃO DE ESTUDOS DO IAPI. *Lições sobre Seguridade Social,* Lição I da Repartição Internacional do Trabalho, (Tradução da Réveu de La Securité Sociale, números 93 e 94, de agosto de 1958) nº 70.

VASCONCELOS, Y. *Quem contrata mais e quem paga mais?* In: REVISTA EXAME. Abril, 22/06/2005.

<http://www.brasilescola.com/brasil/idh-brasileiro-mortalidade-infantil--no-brasil.htm>. Acesso em: 10.09.2008.

TEATRO

Bertold Brecht em seu clássico *A alma boa de Setsuan*, protagonizado no teatro por Denise Fraga.

CINEMA

– Filme inspirado no livro *O Jardineiro Fiel*, de John Le Carré, adaptado para o cinema por Fernando Meireles.

– *The Corporation*, documentário de Marc Achbar, Jennifer Abbot e Joel Bakan.

– *Tropa de Elite*, dirigido por José Padilha.

TELEVISÃO

Propaganda de cigarros Galaxy da década de 1970. Disponível em: <http://www.jrwp.com.br/artigos/leartigo.asp?offset=255&ID=226> e propaganda da cerveja Brahma veiculada em 2009.

MÚSICA

João Clemente Jorge Trinta, o Joãozinho Trinta, carnavalesco da Beija Flor ganhou fama ao afirmar, em 1980 "quem gosta de miséria é intelectual. Pobre gosta é de luxo". Fonte: Revista Veja Um Gênio do Povo, 13/02/1991, Ed Abril, p. 47. Ed digital disponível em http://veja.abril.com.br/acervodigital/ e vídeo rede glogo disponível http://fantastico.globo.com/platb/fantastico30anosatras/2010/01/27/joaozinho-trinta-quem-gosta-de-miseria-e-intelectual-pobre-gosta-de-luxo/.

ANEXO

Relatório que aponta incidência de acidentes do trabalho e doenças relacionadas às atividades econômicas dos empregadores com a colaboração de José Gustavo Penteado Aranha[420].

---

420 Economista em São Paulo.